Sexo e Temperamento

Coleção Debates
Dirigida por J. Guinsburg

Equipe de Realização – Revisão: Mary Amazonas Leite de Barros;
Produção: Ricardo W. Neves e Sergio Kon.

margaret mead
SEXO
E TEMPERAMENTO

 PERSPECTIVA

Título do original
Sex and Temperament in Three Primitive Societies

Copyright © by
William Morrow and Company, Inc.
New York

Dados Internacionais de Catalogação na Publicação (CIP)
(Câmara Brasileira do Livro, SP, Brasil)

Mead, Margaret, 1901-1978.
    Sexo e temperamento / Margaret Mead ; [tradução Rosa Krausz]. -- São Paulo : Perspectiva, 2015. -- (Debates ; 5 / dirigida por J. Guinsburg)

    1. reimp. da 5. ed. de 2014
    Título original: Sex and temperament in three primitive societies
    ISBN 978-85-273-0177-0

    1. Etnologia - Papua Nova Guiné 2. Papéis sexuais - Papua Nova Guiné 3. Papua Nova Guiné - Usos e costumes 4. Personalidade e cultura - Papua Nova Guiné 5. Sociedades primitivas I. Guinsburg, J. II. Título. III. Série.

06-8782   CDD-305.309953

Índices para catálogo sistemático:

    1. Papua Nova Guiné : Sexo e temperamento :
    Antropologia : Sociologia   305.309953

5ª edição – 1ª reimpressão
[PPD]

Direitos reservados em língua portuguesa

EDITORA PERSPECTIVA LTDA.

Av. Brigadeiro Luís Antônio, 3025
01401-000 São Paulo SP Brasil
Telefax: (11) 3885-8388
www.editoraperspectiva.com.br

2019

SUMÁRIO

Palavras para um novo século XI

Introdução à edição definitiva 1

Prefácio à edição de 1950 9

Prefácio à edição de 1963 13

Agradecimentos 15

Introdução 19

Primeira Parte

OS ARAPESH DAS MONTANHAS

1. A vida da montanha 31

2. Uma sociedade cooperativa 41

3. O nascimento de uma criança Arapesh 55

4. Primeiras influências que moldam a personalidade
   Arapesh 63

5. Crescimento e iniciação do jovem Arapesh 81

6. O crescimento e o noivado de uma menina Arapesh 97

7. O casamento Arapesh 113

8. O ideal Arapesh e os que dele se desviam 141

Segunda Parte

OS MUNDUGUMOR HABITANTES DO RIO

Encontro com Mundugumor 165

9. O ritmo de vida numa tribo canibal 169

10. A estrutura da sociedade Mundugumor 177

11. O desenvolvimento do Mundugumor característico .. 189

12. Juventude e casamento entre os Mundugumor 209

13. Os que se desviam do ideal Mundugumor 219

Terceira Parte

OS TCHAMBULI HABITANTES DO LAGO

A escolha dos Tchambuli 229

14. O padrão de vida social dos Tchambuli 231

15. Os papéis contrastantes dos homens e das mulheres
    Tchambuli 239

16. Os inadaptados em Tchambuli 255

Quarta Parte

A IMPLICAÇÃO DESSES RESULTADOS

17. A padronização do temperamento sexual 267

18. Inadaptado 277

Conclusão...293

Índice e glossário 305

PALAVRAS PARA UM NOVO SÉCULO

Quando minha mãe, Margareth Mead, começou a procurar por um editor para seu primeiro livro, *Coming of Age in Samoa*, ela conseguiu estabelecer um contato com William Morrow, o diretor de uma nova companhia editorial, que lhe deu uma sugestão fundamental para o resto de sua carreira, que ela acrescentasse "mais sobre o que tudo isto significa para os americanos." Isto fixou uma trajetória seguida por ela em toda sua vida, estabelecendo a atração da antropologia não apenas como uma pintura do exótico mas como uma fonte de autoconhecimento da civilização ocidental. O último capítulo de *Coming of Age* expõe um tema para os anos vindouros: "Educação por Opção".

Mesmo antes da Segunda Guerra Mundial, ainda usando a terminologia de seu tempo, que agora parece tão absoleta, e falando de "primitivos" e até de "selvagens", ela acreditava

XI

que os americanos deviam aprender não só a respeito dos povos do Pacífico, mas a partir deles. E depois de quase cada viagem de pesquisa de campo ela retornava a William Morrow, agora Harper Collins, editora em que muitos de seus livros continuam sendo publicados desde então, oferecendo novos significados às novas gerações de americanos. Um século após o nascimento da autora, eles são novamente disponibilizados, agora para o novo milênio, e hoje ainda têm muito a oferecer no que diz respeito ao modo como indivíduos amadurecem em seus cenários sociais e como comunidades humanas podem adaptar-se à mudança.

Várias das viagens de pesquisas de campo de Mead estavam focalizadas na infância. Escritores têm tentado durante séculos dizer aos pais como devem educar seus filhos; entretanto, a observação sistemática do desenvolvimento infantil estava então apenas começando, e ela se encontrava entre os primeiros a estudá-lo cruzando-o culturalmente. Ela foi uma dessas feministas que combinaram uma afirmação da necessidade de tornar as mulheres plena e igual partícipes na sociedade com uma contínua fascinação pelas crianças e a preocupação de satisfazer suas necessidades. Uma cultura que repudiasse crianças "não pode ser uma boa cultura", acreditava ela[1].

Depois de estudar adolescentes em Samoa, ela debruçou-se sobre a infância em Manus (*Growing Up in New Guinea*) e o cuidado com as criancinhas e os bebês em Bali; em todos os lugares em que ia, incluía mulheres e crianças, as quais haviam permanecido invisíveis aos pesquisadores precedentes. O trabalho dela continua afetando o modo como os pais, professores e planejadores olham para o universo infantil. Eu, de minha parte, sou grata pelo fato de que tudo quanto ela aprendeu dos padrões sofisticados e sensíveis do cuidado infantil que observou em outras culturas tenha repercutido em minha própria infância. Similarmente, contribuiu para minha maior liberdade forma com que seu interesse em mulheres na condição de mães expandiu-se em seu trabalho sobre gênero (*Sexo e Temperamento* e *Male and Female*).

Além desse crescente entendimento em relação às escolhas concernentes aos papéis de gênero e educação infantil, outro tema que emergiu de seu campo de trabalho foi mudança. Depois da guerra, o primeiro relato acerca de um trabalho de campo que ela entregou ao seu antigo editor, *New Lives for Old,* decreve seu retorno, em 1953, ao povo Manus da Nova Guiné.

(1) *Blackberry Winter: My Early Years*, New York: William Morrow and Company, 1972, p.206.

Não era um livro sobre como culturas tradicionais foram erodidas ou danificadas pela mudança, mas sobre a possibilidade de uma sociedade escolher a mudança e imprimir uma direção para seu próprio futuro. Mead é às vezes rotulada como "determinista social" (tão obcecados somos em reduzir todo pensador a um único rótulo). O termo reflete sua crença de que as diferenças no comportamento esperado e no caráter entre sociedades (por exemplo, entre samoanos e Manus) são em grande parte aprendidos na infância, modelados por padrões culturais transmitidos através de gerações que canalizam os potenciais biológicos de cada criança, mais do que por via genética. Por ser a cultura um artefato humano que pode ser remodelado, mais do que um destino inato, ela não era uma simples determinista, e suas convicções sobre política social sempre incluíam a fé na capacidade humana de aprendizado. Depois dos anos de 1950, Mead escreveu constantemente sobre mudança, como ela ocorre e como comunidades humanas podem manter os necessários fios de conexão através das gerações e ainda efetuar escolhas. Nesse sentido, a sua antropologia era a da liberdade humana.

Finalmente, Mead escreveu para Morrow a história de seus primeiros anos, *Blackberry Winter,* por ter a convicção de que sua educação por pais altamente intelectualizados e progressistas tornarem-na "à frente de seu tempo", de modo que um olhar sobre a sua experiência poderia ser de utilidade para os nascidos de gerações posteriores. Ela nunca se deteve na íntegra sobre seus últimos anos, mas publicou uma série de cartas enviadas a amigos, família e colegas no transcurso de cinqüenta anos de pesquisa de campo, que proporcionou o encontro com culturas pouco familiares às nossas próprias reflexões. Embora *Letters from the Field* tenha sido publicado em outra editora, a Harper & Row, mudanças corporativas foram desta vez felizes e tornaram possível incluir *Letters from the Field* nesta série da Harper Collins. Mead amiúde escreveu para outros editores, porém este conjunto em particular de livros estava ligado pelo antigo desejo de mostrar o que sua experiência pessoal e profissional poderia e deveria significar para os americanos. Esse desejo levou-a a escrever para a *Redbook* e a aparecer repetidas vezes na televisão, falando de maneira otimista e insistente sobre nossa capacidade de efetuar as escolhas certas. Ao contrário de muitos intelectuais, ela estava convencida da inteligência dos leitores comuns, da mesma forma como estava convencida da boa vontade essencial das instituições democráticas. Dirigindo-se ao público com respeito e afeição, ela tornou-se um nome de casa.

XIII

O trabalho de Margaret Mead recebeu muitas edições e os detalhes de suas observações e interpretações têm sido repetidamente criticados e aperfeiçoados, como todo trabalho científico pioneiro deve ser. A despeito de ocasionais ataques oportunistas, seus colegas continuam a valorar seu trabalho visionário e inovador. Mas ao prepararmos esta série, sentimos que seria importante buscar, fora da etnografia, introduções que iriam focar nos temas dos livros observados do ponto de vista dos americanos de hoje, que estão preocupados com a maneira como nós educamos nossos filhos, como preparamos a plena participação de todos os membros da sociedade, e como planejamos o futuro. Os tempos mudam, mas a comparação sempre estará iluminando e sempre sugerindo a possibilidade de escolha. Os estudos das meninas adolescentes em Samoa, nos anos de 1920, permitiram uma comparação esclarecedora em relação às adolescentes americanas daquela época, que estavam ainda vivendo à sombra da era vitoriana, e elas proporcionaram uma igualmente esclarecedora comparação com as garotas atuais, que estão sob prematura pressão das exigências de sua sexualidade e gênero. Meninos pré-adolescentes em Manus nos deram a oportunidade de examinar ênfases alternativas em habilidades físicas e imaginação na infância – e assim foi ao longo de cinqüenta anos de debate sobre como oferecer as coisas aos nossos filhos. Papéis de gênero que foram um objeto desafiador quando Mead era jovem, sofreram uma reversão durante o ressurgimento da domesticidade, no pós-guerra, e tornaram a recrudescer uma vez mais –, porém o fato mais importante a lembrar acerca do gênero é que ele é construído culturalmente e que seres humanos podem jogar com a biologia do sexo de muitas formas diferentes. Assim, lemos estas obras com seus ecos, não só de ambientes distantes mas de diferentes momentos da história americana, a fim de aprender a partir dos muitos meios que o ser humano tem para efetuar melhores escolhas para o futuro.

Mary Catherine Bateson

INTRODUÇÃO À EDIÇÃO DEFINITIVA

Uma maneira de ver

Na década de 1930, Margareth Mead introduziu nos círculos intelectuais americanos uma poderosa "maneira de ver", assim denominada por ela, a perspectiva do cruzamento cultural. Registrou a vida de sociedades ao redor do mundo; depois comparou a conduta e as crenças desses povos tradicionais com as nossas dos Estados Unidos. Com essa visão antropológica, ela forneceu novos *insights* para muitos problemas sociais americanos, o *Sturm und Drang* dos anos da adolescência à escalada da taxa do divórcio, até as tensas relações entre homens e mulheres. Essa perspectiva do cruzamento cultural impregna livros como *Sexo e Temperamento* e *Male and Female*.

Em ambos os livros, Mead trata também de um assunto complexo: Quão maleável é a natureza humana? E em ambos os livros ela advoga a visão de que a cultura, não a biologia, é a força principal a moldar a personalidade do indivíduo.

Ela chegou a esta conclusão ainda criança. Como escreveu em sua auto-biografia: "Quando nossos vizinhos, nos vários lugares em que vivi em minha infância, comportavam-se de maneiras diversas da nossa e uns dos outros, aprendi que era devido a suas experiências de vida [...] não por causa das diferenças de cor em nossa pele ou do formato de nossas cabeças"[1]. E, logo depois de chegar à Nova Guiné em 1931, aos trinta anos, ela encontrou evidência imediata desta flexibilidade humana. Enquanto escrevia *Sexo e Temperamento,* homens e mulheres Arapesh eram ambos "feminizados" e "desmasculinizados[2]; homens e mulheres Mundugumor eram ambos "masculinos", "viris" e "agressivos"[3]; e mulheres Tchambuli eram as "parceiras dominantes, impessoais e administradoras", enquanto os homens Tchambuli eram "menos responsáveis" e mais "emocionalmente dependentes."[4]

Os papéis do sexo nestas culturas, Mead relatava, eram diferentes um do outro e daqueles dos Estados Unidos. Assim ela concluiu que "a natureza humana é quase incrivelmente maleável"[5]. Em um de seus mais bem conhecidos e vívidos sumários, ela escreveu que podemos "afirmar que muitos, senão todos, os traços de personalidade que chamamos de masculinos ou femininos apresentam-se tão ligeiramente vinculados ao sexo quanto as vestimentas, as maneiras, e a forma de penteados que a sociedade, em determinados períodos, atribui a um ou outro"[6].

Os dados de Mead adequavam-se à época. Armado de teorias racistas odiosas, Hitler estava subindo ao poder. O racismo e o sexismo elevavam-se cada vez mais agressivamente através da Europa e da América. Contrariando isto, Mead forneceu evidência de que homens e mulheres de todos os grupos étnicos e sociais eram inerentemente iguais; é a cultura – não a biologia – que faz de nós os indivíduos variados que somos. O iminente antropólogo Marvin Harris escreveria a respeito dela, "A habilido-

---

(1) *Blackberry Winter*, p. 3.
(2) Ver infra, p. 168.
(3) Infra, p. 168; 267-268.
(4) Infra, p. 268.
(5) Idem.
(6) Idem.

sa apresentação das diferenças culturais para um amplo público profissional e leigo por Mead [...] deve ser computado entre os acontecimentos importantes na história do pensamento intelectual americano"[7].

De fato, Mead entrou na arena intelectual em um momento nodal não apenas nos assuntos do mundo, mas no amargo debate entre natureza/educação. Esta controvérsia existia pelo menos desde 1690 quando John Locke argumentou que no nascimento a mente humana era uma placa vazia, uma *tabula rasa*, na qual o ambiente inscrevia a personalidade.

A concepção de Locke viu-se sob vigoroso ataque em meados do século XIX quando o filósofo político e cientista social britânico, Herbert Spencer, começou a publicar ensaios em que argumentava que a ordem social humana era o resultado da evolução, especificamente da "sobrevivência do mais apto". Esse foi um termo que ele, e não Charles Darwin, introduziu. E Spencer utilizou esta plataforma intelectual para defender o capitalismo desregrado e opor-se a qualquer ajuda patrocinada pelo Estado aos pobres. Certas classes, nações e grupos étnicos dominavam outros, Spencer afirmava, porque eram mais "aptos".

Darwin, em *Sobre a Origem das Espécies*, publicado em 1859, desfechou o *coup de grâce*. O gênero humano evoluiu das formas mais simples por meio da seleção natural – criando variações genéticas entre indivíduos e populações. Darwin não estava interessado na aplicação política de suas teorias. Além do mais, o conceito de seleção natural não defende racismo ou sexismo. Mas, infelizmente, as idéias de Spencer logo tornaram-se conhecidas como "darwinismo social".

Esse dogma pernicioso então propagou-se na política social. A Europa, prospera e machista, estava às voltas com a revolução industrial e muitos desejavam justificar o *laissez-faire* do capitalismo, o colonialismo, o expansionismo e o sexismo. Na década de 1870, Sir Francis Galton começou a advogar programas sociais específicos para melhorar a raça humana, gerando o movimento de eugenia. Como resultado, na década de 1920, cerca de trinta estados da América do Norte decretaram programas de esterilização involuntária para refrear a procriação entre comprovados criminosos e débeis mentais. Leis imigratórias rigorosas também apareceram para restringir o influxo de imigrantes que poderiam portar defeitos genéticos. E

(7) Marvin Harris, *The Rise of Anthropological Theory*, New York: Thomas Y. Crowell Company, 1968, p. 409.

muitos sustentavam que as mulheres, de há muito vistas como inferiores aos homens, eram biologicamente o sexo inferior.

Foi neste clima intelectual que Mead entrou na Universidade de Columbia nos anos de 1920. Seu mentor, Franz Boas, amiúde chamado de "pai da antropologia", era um imigrante e um veemente opositor do movimento de eugenia. Inquestionavelmente, reconhecia que a biologia e a evolução criavam aspectos de natureza humana. Mas defendia com firmeza a idéia de que o ambiente cultural tinha um impacto dominante na personalidade e no comportamento das pessoas.

Boas compartilhava essa concepção tanto com pensadores tão diferenciados como Bertrand Russell e H. L. Mencken, como com um crescente número de pesquisadores acadêmicos no campo das ciências sociais. O psicólogo John Watson argumentava que as crianças eram quase infinitamente maleáveis e os freudianos estavam demonstrando como traumas da infância moldavam a personalidade adulta. Além disso, acentuava-se o movimento de migração para o norte de afro-americanos que iam ingressar na força de trabalho industrial; as mulheres, por seu lado, participavam crescentemente no comércio mundial; e ambos os grupos estavam pondo cada vez mais em relevo seu poder de inteligência e adaptabilidade. E, com a ascensão de Hitler ao poder, quase todo cientista ocidental pensante começou a endossar a opinião de que as diferenças étnicas e de gênero eram esculpidas em grande parte pela educação de cada um. Mead foi uma líder desta escola de pensamento e quer *Sexo e Temperamento* quer *Male and Female* refletem este ponto de vista.

Entretanto, como Boas, Mead reconhecia que havia diferenças biológicas entre os sexos. De fato, em *Sexo e Temperamento*, ela dedicou um capítulo aos "desviantes"* culturais – aqueles homens e mulheres nas sociedades de Nova Guiné que, por causa de sua natureza inata, não podiam adaptar-se ao papéis sexuais ideais de suas culturas. E em *Male and Female* ela discutiu algumas diferenças biológicas entre mulheres e homens. Na verdade, na introdução de 1962, ela escrevia, "Eu teria, se o estivesse escrevendo hoje, colocado mais ênfase na herança biológica específica do homem desde as primeiras formas humanas e

---

* N. da T.: O termo *déviant* não tem tradução exata para o português, pois as versões para transviado ultrapassam o sentido em inglês, de modo que mantivemos a acepção literal (desviante ou inadaptado).

também sobre paralelos entre o *Homo sapiens* e outro além das espécies mamíferas"[8].

Assim, embora Mead estivesse principalmente preocupada com os modos pelos quais a cultura constrói a personalidade, ela endossou o que se tornaria a visão predominante com respeito ao debate da natureza/educação: geralmente os cientistas mais bem informados acreditam que a biologia e a cultura estão inextricavelmente entrelaçadas, de que nenhuma delas determina o comportamento humano; de que *ambas* desempenham um papel essencial em moldar o pensamento humano e a ação. Mas eu me pergunto o que ela pensaria das novas pesquisas sobre o cérebro, as quais revelam dados que sugerem que uma terceira força contribui para o comportamento humano: uma força que tem sido chamada variadamente de self, de ego, de psique, e/ou de mente. Eis o que eu penso.

Atualmente os cientistas sustentam que o cérebro humano é composto de "módulos", "circuitos", ou "sistemas" que executam tarefas específicas, tais como contar na ordem inversa; palavras rimadas; relembrar rostos; ou sentir desejo sexual, raiva, ou amor romântico. Uma região cerebral primordial que integra sentidos, pensamentos e ações de uma pessoa é o córtex pré-frontal, uma área que se aloja diretamente atrás da fronte. Neurocientistas denominam essa região "executiva central" ou "encruzilhada da mente" porque ela tem conexões com muitas seções do cérebro e do corpo e se destina a processar informações. Com esta região do cérebro nós registramos miríades de bits de dados, os ordenamos e pesamos conforme se acumulam, e neles encontramos padrões. Também argumentamos hipoteticamente, analisamos contingências, consideramos opções, planejamos para o futuro, e tomamos decisões.

Como dizia o filósofo John Dewey, "A mente é um verbo". Eu concordo; a mente faz algo. Portanto hoje acredito que com o desenvolvimento do córtex pré-frontal durante a evolução humana, nossos ancestrais adquiriram um mecanismo cerebral – ao qual eu chamarei de mente – que os habilitava a tomar decisões e comportarem-se de formas raras, formas que podiam modificar, até suplantar, as forças potentes da biologia *e* da cultura.

Em suma, a biologia nos predispõe a perceber o mundo e a adotar comportamentos comuns. Experiências culturais moldam estas percepções e predisposições comportamentais, podando e construindo conexões sinópticas no cérebro. Então, com nossas

(8) *Male and Female*, p. XIX

mentes, cada um de nós assimila as forças da biologia e cultura em seu ou sua feição única, depois modificando circuitos do cérebro e percepções culturais. E todas as três forças afetam nosso namoro e hábitos de acasalamento, tendo em vista selecionar para uma nova geração de indivíduos, que carregam alguns genes diferentes, adotam algumas novas tradições culturais, e integram o mundo ao seu redor em algumas formas originais. Genes, mente e cultura são interdependentes. Cada força remodela constantemente as outras duas; nenhuma *nunca* age sozinha; e todas evoluem juntas. Eu creio que a medida que cientistas aprendem mais sobre como a biologia humana, a mente, e o ambiente interagem, a dicotomia de natureza/educação, que Mead procurou entender, poderá finalmente descansar.

O clima intelectual – e econômico – está mudando de várias maneiras que teriam interessado Mead. Em *Male and Female* ela proclamava a visão premonitora de que deveríamos "fazer uso total dos dons especiais das mulheres assim como fazemos daqueles dos homens[9]. Mead estaria feliz em ver que isto está ocorrendo. Indústrias de comunicações florescentes, a área de saúde, profissões da área de serviços, organizações sem fins lucrativos e outros segmentos da economia do século XXI, estão especialmente adaptados aos talentos naturais das mulheres – e essas forças econômicas estão atraindo números recordes de mulheres para o mercado de trabalho em culturas ao redor do mundo.

Margareth Mead tem tido muitos críticos. Uma crítica legítima, penso eu, relaciona-se a uma prática facilmente observada em ambos *Sexo e Temperamento* e *Male and Female*. Mead amiúde generalizou; ela fez declarações extensas sobre as sociedades que registrou. Porém sua propensão para generalizar origina-se, assim me parece, de seu treino universitário.

Sob a orientação de "Papa Franz", ela e sua notável colega, Ruth Benedict, desenvolveram um novo subcampo antropológico, a escola de "cultura e personalidade". Central à essa filosofia estava a crença de Mead de que a cultura era como a linguagem. Tinha uma gramática, uma estrutura subjacente, uma personalidade baseada em alguns traços psicológicos principais. Como Benedict a apresentava: "Culturas, deste ponto de vista, são psicologias individuais arremessadas em grande medida sobre uma tela"[10]. Assim, exatamente quando Benedict descrevia o caráter nacional dos japoneses com alguns adjetivos em *O Crisântemo*

(9) Idem, p. 6.

(10) Apud M. Harris, op. cit., p. 398.

e a Espada*, Mead usaria alguns adjetivos para sumariar os vários povos da Nova Guiné em seus escritos.

Atualmente poucos concordam com as conclusões de Margareth Mead. Eu, por exemplo, não penso que a paternidade humana é uma invenção social, algo que ela sustenta em *Male and Female*. Eu argumentaria, ao invés, que a humanidade desenvolveu há um milênio circuitos específicos no cérebro para atração romântica e ligação com um parceiro. Outros têm expresso objeções diferentes.

Alguns dizem que a maior contribuição de Mead foi o seu uso pioneiro da filmagem para gravar a vida tribal. Na verdade, com seu parceiro de trabalho e marido, Gregory Bateson, Mead tirou com sua Laica cerca de 25.000 fotos e cerca de 22.000 pés (6.705,60 metros) de filmes de 16mm para estudar de uma nova maneira as sociedades tradicionais. Porém, estou convencida de que a contribuição de Margareth Mead foi muito mais ampla e muito mais importante. Sua perspectiva baseada no cruzamento cultural ofereceu um valioso recurso para entender várias questões vitais no plano social americano. Sua ênfase no papel da cultura na produção de caráter e categoria social deu esperança às minorias étnicas e às mulheres. E estou convencida de que Mead também influenciou a sociedade de muitas outras formas, menos perceptíveis – como um evento em uma noite chuvosa de 1976 tornou claro para mim.

Eu participava da reunião anual de trabalhos da Associação Americana de Antropologia em Washington, D.C. Era quase meia-noite, e uma moção fôra apresentada para que se banisse o novo livro, *Sociobiology: The New Synthesis,* de Edward O.Wilson, um biólogo de Harvard. A obra discutia o papel da biologia no entendimento de comportamentos tão complexos como o altruísmo e a fraude, e muitos antropólogos temiam que ele augurasse o retorno do darwinismo social ao pensamento acadêmico. De fato, fez-se diante do microfone uma fila de participantes do conclave que pretendiam denunciar Wilson e instar, veementemente, que *Sociobiology* fosse oficialmente rejeitada pela comunidade antropológica.

Neste ponto, Mead arrebatou o microfone, bengala na mão. Ela não era nenhuma proponente da sociobiologia. Mas colocou-se ali e declarou, "Queima de livros – estamos falando de queima de livros". Então proferiu um impressionante discurso sobre liberdade de expressão. Logo depois votamos. Eu fui a

---

* Trad. bras. 3.ed., São Paulo: Perspectiva, 2009 (N. da E.).

favor da liberdade. Assim fizeram 177 outros. E a resolução sobre a "queima de livros" foi derrotada por 53 votos. Quantas outras idéias e pessoas controvertidas Mead teria apoiado? Nunca saberemos. Mas ela deve ter galvanizado muitos eruditos e leigos a perseguir em seus interesses – indivíduos que em seguida trouxeram melhorias à sociedade.

Conta-se uma história apócrifa sobre os momentos finais de Mead. Uma enfermeira se aproxima de seu leito no hospital de Nova York, segura sua mão para confortá-la, e sussurra, "Dra. Mead, todos têm de morrer." Mead, ao que se relatou respondeu, "eu sei, mas isso agora é diferente". Eu suspeito que o "modo de ver" de Margareth Mead, sua tremenda energia, sua torrente de idéias originais, e seu vigoroso apoio a muita gente e muitas causas, infiltrou-se profundamente no tecido da vida moderna. Na verdade, suas realizações eram de outra ordem. Mesmo agora, cem anos depois de seu nascimento, com a republicação de seus livros, ela continua mudando o mundo.

Helen Fisher

PREFÁCIO À EDIÇÃO DE 1950

Dos meus livros é este o menos compreendido, por isso dediquei algum cuidado em tentar entender por quê. Eis as dificuldades, tais como as vejo.

Em 1931, pus-me em campo para estudar um problema: o "condicionamento das personalidades sociais dos dois sexos". Esperava que semelhante investigação lançaria certa luz sobre as diferenças de *sexo*. Após dois anos de trabalho, verifiquei que o material reunido esclarecia antes as diferenças de *temperamento*, isto é, diferenças entre dons individuais *inatos*, sem consideração de sexo. Cheguei à seguinte conclusão: enquanto não conseguirmos entender cabalmente como uma sociedade pode moldar todos os homens e mulheres nascidos em seu âmbito de modo que se aproximem de um comportamento ideal inerente apenas a alguns poucos, ou restringir a um sexo um ideal de comportamento que outra cultura logrou limitar ao sexo oposto, não poderemos falar de forma muito compreensiva sobre diferenças sexuais. Todavia, depois que este livro veio a público, e muitas vezes a partir de então, particularmente talvez com a publicação de *Male and Female* (onde discuti diferenças sexuais), tenho sido acusada de que, ao escrever *Sexo e Temperamento*, acreditava não existirem tais diferenças.

Em segundo lugar, conforme julgam alguns leitores, meus resultados formam um padrão "bonito demais". Aqui, procurando reconhecidamente alguma luz sobre a questão das diferenças sexuais, encontrei três tribos, todas convenientemente situadas dentro de uma área de cem milhas. Numa delas, homens e mulheres agiam como esperamos que as mulheres ajam: de um suave modo parental e sensível; na segunda, ambos agiam como esperamos que os homens ajam: com bravia iniciativa; e na terceira, os homens agem segundo o nosso estereótipo para as mulheres, são fingidos, usam cachos e vão às compras, enquanto as mulheres são enérgicas, administradoras, parceiros desadornados. Isso, acharam muitos leitores, era demais. Era demasiado bonito. Eu por certo encontrara o que estava procurando. Mas essa concepção errônea nasce da falta de compreensão do que significa a antropologia, da largueza de mentalidade com que se deve olhar e ouvir, registrar em espanto e admiração, aquilo que a gente não seria capaz de adivinhar. É verdade que, se por alguma trica do destino (e seria necessária apenas uma muito ligeira, um conselhozinho diferente de algum funcionário distrital do lugar, um ataque de malária numa outra época), qualquer das três tribos não fosse escolhida, mas outra em seu lugar, o presente livro não seria escrito desta forma. Não obstante, o padrão aparentemente "bom demais para ser verdadeiro" é, na realidade, um reflexo da forma que se encontra nessas três culturas, elas mesmas obedecendo, como fazem as culturas, às intrincadas e sistemáticas potencialidades de nossa natureza humana comum. As três culturas em apreço foram esclarecedoras *neste* aspecto particular e forneceram-me rico material sobre até onde pode uma cultura impor, a um ou a ambos os sexos, um padrão que é adequado a apenas um segmento da raça humana.

Em terceiro, é difícil falar de duas coisas ao mesmo tempo: de sexo no sentido das diferenças sexuais biologicamente dadas, e de temperamento no sentido de dom individual inato. Eu queria falar de como cada um de nós pertence a um sexo e tem um temperamento, temperamento compartilhado com outros do nosso sexo e com outros do sexo oposto. Em nossa atual cultura, atormentada por uma série de problemas de *alternativas*, há uma tendência a dizer: "Ela não pode ter um e outro juntos; se ela mostra que culturas diferentes moldam homens e mulheres de modos opostos às nossas idéias de diferenças sexuais inatas, então não pode pretender também que *existem* diferenças sexuais".

Felizmente para a espécie humana, não só podemos ter um e outro juntos, como ainda muito mais do que isso. A humanidade pode valer-se dos contrastes que se apresentam em nossas diferentes potencialidades temperamentais, das várias e infinitas maneiras de a cultura humana distribuir os padrões de comportamento congeniais ou não-congeniais. As bases biológicas de nosso desenvolvimento como seres humanos, embora proporcionem limitações que é preciso honestamente levar em conta, podem ser encaradas como potencialidades de modo algum drenadas por nossa imaginação humana.

Margaret Mead
Nova York, julho de 1950.

PREFÁCIO À EDIÇÃO DE 1963

Nos vinte e sete anos decorridos desde a primeira publicação deste livro, as mulheres, nos Estados Unidos, passaram a confiar mais na definição de si próprias em termos de sexo, e a dar menos ênfase à sua autoprocura como indivíduos. Um importante aspecto da individualidade é o temperamento. Seria de esperar, acho eu, que esta pesquisa de como culturas primitivas e simples puderam confiar nas chaves do temperamento fosse de utilidade para deslocar a atual ênfase extrema sobre os papéis sexuais para uma nova ênfase sobre os seres humanos como personalidades distintas, as quais, homens e mulheres, partilham muitas das mesmas contrastantes e diferentes abordagens temperamentais da vida.

Desde que este livro foi escrito, passamos a considerar-nos, tão seriamente quanto possível, uma espécie de criaturas vivas num universo que pode conter outras espécies de criaturas vivas, talvez mais inteligentes do que nós. Essa possibilidade acrescenta novo sabor à exploração de nossas próprias potencialidades – como membros de uma espécie, incumbida de preservar um mundo ameaçado. Cada diferença é preciosa e deve ser cuidada com carinho.

Margaret Mead
Nova York, 26 de novembro de 1962

AGRADECIMENTOS

Os resultados que aparecem nos capítulos seguintes são parte do material que acumulamos, Dr. Fortune e eu, na expedição de dois anos que fizemos à Nova Guiné, em 1931-33. De meu lado, esta pesquisa foi empreendida como parte de minhas obrigações no departamento de antropologia do American Museum of Natural History e minha expedição foi financiada pelo Voss Research Fund. Devo, pois, agradecimentos especiais ao Museum, e particularmente ao Dr. Clark Wissler, conservador-chefe do Departamento de Antropologia desta instituição, pela oportunidade que me deu de prosseguir tais pesquisas. O trabalho do Dr. Fortune foi feito com uma subvenção do Social Science Research Council da Columbia University. Trabalhando juntos durante toda a expedição, pudemos partilhar e, assim, reduzir muitas de nossas despesas, pelo que agradeço a ambos os organismos que apoiaram nossas respectivas pesquisas.

Pela assistência em campo meus agradecimentos maiores são para o Dr. Fortune, cuja companhia tornou-me possível trabalhar com povos selvagens e em locais inacessíveis, que eu sozinha não teria podido alcançar; pela cooperação na compilação do material lingüístico e etnológico em que se baseiam os presentes estudos; e por boa parte do material concreto referente aos cultos masculinos e a todos os aspectos, das vidas dos homens, praticamente inacessíveis ao estudo de uma etnóloga. Sou particularmente grata por sua análise da dificílima língua Arapesh, e pelos relatos das cerimônias realizadas fora de Alitoa, onde fiquei presa devido à natureza acidentada da região – mais especialmente pelo material relativo às Planícies. A divisão do trabalho entre nós variou de uma tribo para outra. Junto aos Mundugumor e aos Tchambuli, coube-lhe grande parte do trabalho etnológico; por essa razão, descrevi os Arapesh mais amplamente e, quando tratei das outras tribos, forneci apenas o mínimo de material etnográfico necessário para compreender os problemas especiais que discutia.

Pela orientação preliminar na escolha do campo, que resultou afinal na seleção da região Arapesh, sou grata ao Dr. Briggs, da Sydney University, que alguns anos antes empreendera uma viagem de levantamento em toda a região. Quanto aos elementos em que se apoiou o trabalho em Tchambuli, sou agradecida à obra publicada e à inédita de Mr. Bateson, e à sua ajuda na obtenção de algum conhecimento da cultura do Médio Sepik, o que permitiu conduzir a pesquisa em Tchambuli, como um estudo intensivo de uma variante de uma forma cultura conhecida.

No tocante à aprovação administrativa, devo agradecer ao Ministério do Interior e Territórios da Austrália. Pela assistência, encorajamento e hospitalidade da parte de membros do Governo, sou grata ao Meritíssimo Administrador Interino, Juiz Wanless; ao Meritíssimo Juiz Phillips; a Mr. Chinnery, Antropólogo do Governo; aos Funcionários Distritais, T. E. McAdam e E. D. Robinson; aos Oficiais Patrulheiros Mac Donald, Thomas e Bloxan. Sou especialmente grata a Mr. e Mrs. M. V. Cobb, da Karawop Plantation, que me ofereceram a hospitalidade mais ampla e permitiram-me o uso de sua fazenda como base durante o trabalho junto aos Arapesh. Por muitas cortesias, especialmente no problema do transporte de suprimentos, devo agradecer a Mr. e Mrs. Thomas Ifould de Boram, Mr. e Mrs. MacKenzie do Lady Betty, e Senhores Mason, Overall, Gibson e Eichom.

Este manuscrito foi preparado enquanto ainda estavam frescas em minha mente as impressões derivadas do Seminário

Sobre Relações Humanas, realizado em Hanover no verão de 1934, e quero confessar minha dívida especial a Mr. Laurence K. Frank e ao Dr. Earle T. Engle pelas opiniões desenvolvidas durante o seminário. Sou, além disso, particularmente grata, pelas críticas de abordagem teórica e pela assistência detalhada na organização do manuscrito, à Dra. Ruth F. Benedict e ao Dr. John Dollard. Pela ajuda na preparação do manuscrito devo agradecer minha mãe Emily Fogg Mead, Miss Marie Eichelberger, Miss Isabel Ely Lord e Mrs. Violet Whittington.

Margaret Mead
American Museum of Natural History
Nova York, janeiro de 1935

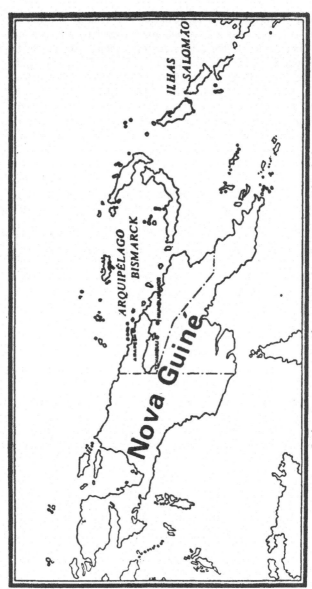

Onde vivem os Arapesh, os Mundugumor e os Tchambuli

INTRODUÇÃO

Quando estudamos as sociedades mais simples, não podem deixar de nos impressionar as muitas maneiras como o homem tomou umas poucas sugestões e as trançou em belas e imaginosas texturas sociais que denominamos civilizações. Seu ambiente natural muniu-o de alguns contrastes e periodicidades notáveis: o dia e a noite, a mudança das estações, o incansável crescer e minguar da lua, a desova dos peixes e as épocas de migração dos animais e pássaros. Sua própria natureza física forneceu-lhe outros pontos importantes: idade e sexo, ritmo de nascimento, maturação e velhice, a estrutura do parentesco consangüíneo. Diferenças entre um e outro animal, entre um e outro indivíduo, diferenças em ferocidade ou em mansidão, em coragem ou em esperteza, em riqueza de imaginação ou em perseverante obtusidade — todas proporcionaram sugestões a partir das quais foi possível desenvolver as idéias de categoria e casta, de sacerdócios especiais, do artista e do oráculo. Trabalhando com novelos tão universais e tão simples como esses, o hómem construiu para si mesmo uma trama de cultura em cujo interior cada vida humana foi dignificada pela forma e pelo significado. O homem não se tornou simplesmente um dos animais que se acasalavam, lutavam por seu alimento e morriam, mas um ser humano, com um nome, uma posição e um deus. Cada povo constrói essa tessitura de maneira diferente, escolhe alguns novelos e ignora outros, acentua um setor diferente da gama total das potencialidades humanas. Onde uma cultura emprega, por trama principal, o ego vulnerável, pronto a sentir-se insultado ou a sucumbir de vergonha, outra escolhe a coragem inflexível e mesmo, de forma que não haja covardes reconhecidos, pode, como os Cheyenne, inventar uma posição social especialmente complicada para os supermedrosos. Cada cultura simples e homogênea pode dar largas somente a alguns dos diversos dotes humanos, desaprovando ou punindo outros demasiado antitéticos ou por demais desvinculados de seus acentos principais para que encontrem lugar entre suas paredes. Tendo originalmente tirado os seus valores dos valores caros a alguns temperamentos humanos e estranhos a outros, na cultura incorpora esses valores cada vez mais firmemente à sua estrutura, a seus sistemas político e religioso, à sua arte e sua literatura; cada geração nova é amoldada, firme e definitivamente, às tendências dominantes.

Nessas circunstâncias, assim como cada cultura cria de modo distinto a tessitura social em que o espírito humano pode enredar-se com segurança e compreensão, classificando, recompondo e rejeitando fios na tradição histórica que ele compartilha com vários povos vizinhos, pode inclinar cada indivíduo nascido dentro dela a um tipo de comportamento, que não reconhece idade, nem sexo, nem tendências especiais como motivos para elaboração diferencial. Ou então uma cultura apodera-se dos fatos realmente óbvios de diferença de idade, sexo, força, beleza, ou das variações inusuais, tais como o pendor nato a visões ou sonhos, e converte-os em temas culturais dominantes. Destarte, sociedades semelhantes às dos Masai e dos Zulus fazem do nivelamento de todos os indivíduos pela idade um ponto básico de organização, e os Akikiyu da África Oriental consideram um drama maior a destituição cerimonial da geração mais velha pela mais jovem. Os aborígines da Sibéria elevaram o indivíduo de instabilidade nervosa à dignidade de xamã, cujos pronunciamentos acreditavam ser de inspiração sobrenatural e constituíam lei para os outros membros mais equilibrados da tribo. Parece-nos bastante claro um caso extremo como esse, onde todo um

20

povo se curva ante a palavra de um indivíduo que nós classificaríamos de insano. Os siberianos, fantasiosamente e — ao modo de ver da nossa sociedade — de forma injustificada, elevaram uma pessoa anormal a um lugar socialmente importante. Basearam-se num desvio humano que nós desaprovaríamos, ou, caso se tornasse importuno, encerraríamos numa prisão.

Quando ouvimos dizer que, entre os Mundugumor da Nova Guiné, as crianças que nascem com o cordão umbilical em volta do pescoço são distinguidas como artistas de direito inato e indiscutível, sentimo-nos estar diante de uma cultura que não somente institucionalizou um tipo de temperamento que reputamos anormal — igual ao caso do xamã siberiano — como também uma cultura que associou arbitrariamente, de forma artificial e fantasiosa, dois pontos completamente desvinculados entre si: modo de nascimento e habilidade de pintar desenhos complicados sobre córtex. Quando ficamos sabendo, a seguir, que a insistência nessa associação é tão firme que apenas os assim nascidos podem fazer boas pinturas, enquanto os homens que nasceram sem um cordão estrangulante trabalham com humildade e sem arrogância e não alcançam nunca qualquer virtuosismo, verificamos a força de que podem revestir-se tais associações irrelevantes, uma vez enraizadas firmemente na cultura.

Mesmo quando deparamos casos menos patentes de elaboração cultural, quando lemos que, em determinado povo, o primogênito do sexo masculino é considerado de espécie diferente dos seus irmãos mais jovens, compreendemos que também nesse caso a imaginação humana trabalhou, reavaliando um simples fato biológico. Embora nossa própria tradição histórica nos sugira que o primogênito é "naturalmente" um pouco mais importante do que os outros, ainda assim, quando sabemos que, entre os Maori, o filho primogênito de um chefe era tão sagrado que somente pessoas especiais podiam cortar-lhe os cachos infantis sem arriscar-se à morte por esse contato, reconhecemos que o homem tomou a circunstância da ordem de nascimento e sobre ela construiu uma superestrutura de hierarquia. Nosso distanciamento crítico, nossa capacidade de sorrir a esses arroubos de imaginação — que vêem no primeiro ou no último filho, no sétimo filho do sétimo filho, no gêmeo ou na criança nascida com uma coifa, um ser especialmente dotado de poderes preciosos ou malévolos — permanece inalterado. Todavia, quando dessas construções primitivas e "evidentes por si mesmas" passamos para pontos de elaboração que partilhamos com povos primitivos, para pontos em que não mais somos

21

espectadores, porém partícipes diretos, nosso distanciamento desaparece. É sem dúvida pura imaginação atribuir a aptidão de pintar ao nascimento com o cordão em volta do pescoço, ou capacidade de escrever poesias ao fato de ter nascido gêmeo. Escolher líderes ou oráculos dentre temperamentos raros ou extravagantes, que nós rotularíamos de alienados, não é totalmente imaginário; mas, pelo menos, fundamenta-se numa premissa muito diferente, a qual seleciona uma potencialidade natural da raça humana que não usamos nem valorizamos. No entanto, a insistência nas mil e uma diferenças inatas entre homens e mulheres, muitas das quais não mostram relação mais imediata com os fatores biológicos do sexo do que tem a habilidade de pintar com a forma do nascimento, e outras diferenças que apresentam uma congruência com o sexo que não é nem universal nem necessária — como no caso da associação entre ataque epilético e pendor religioso — essas, sim, não consideramos fruto da imaginação da mente humana, ocupada em dar significado a uma existência vazia.

Este estudo não se ocupa da existência ou não de diferenças reais e universais entre os sexos, sejam qualitativas ou quantitativas. Não trata de saber se a mulher é mais instável do que o homem, como se pretendeu antes que a doutrina da evolução exaltasse a variabilidade, ou menos instável, como se afirmou depois. Não é um tratado sobre os direitos da mulher, nem uma pesquisa das bases do feminismo. É, muito simplesmente, um relato de como três sociedades primitivas agruparam suas atitudes sociais em relação ao temperamento em torno dos fatos realmente evidentes das diferenças sexuais. Estudei esse problema em sociedades simples, porque nelas temos o drama da civilização redigido de forma sucinta, um microcosmo social semelhante em espécie, porém diferente, em tamanho e grandeza, das complexas estruturas sociais de povos que, como o nosso, dependem de uma tradição escrita e da integração de grande número de tradições históricas conflituais. Estudei essa questão nos plácidos montanheses Arapesh, nos ferozes canibais Mundugumor e nos elegantes caçadores de cabeças de Tchambuli. Cada uma dessas tribos dispunha, como toda sociedade humana, do ponto de diferença de sexo para empregar como tema na trama da vida social, que cada um desses três povos desenvolveu de forma diferente. Comparando o modo como dramatizaram a diferença de sexo, é possível perceber melhor que elementos são construções sociais, originalmente irrelevantes aos fatos biológicos do gênero de sexo.

Nossa própria sociedade usa muito essa trama. Atribui papéis diferentes aos dois sexos, cerca-os desde o nascimento com uma expectativa de comportamento diferente, representa o drama completo do namoro, casamento e paternidade conforme os tipos de comportamento aceitos como inatos e, portanto, apropriados a um ou a outro sexo. Sabemos vagamente que esses papéis mudaram mesmo dentro de nossa história. Estudos, como *The Lady*[1], de Mrs. Putnam, retratam a mulher como uma figura de barro infinitamente maleável, sobre a qual a humanidade dispôs trajes característicos de uma época, constantemente variáveis, de acordo com os quais murchava ou se tornava dominante, flertava ou fugia. Entretanto, todas as discussões acentuaram, não as personalidades sociais relativas atribuídas aos dois sexos, mas, antes, os padrões de comportamento superficiais consignados às mulheres, porém apenas para as da classe alta. O reconhecimento afetado de que essas mulheres da classe alta eram fantoches de uma tradição em mudança obscureceu mais do que esclareceu a questão. Não tocou nos papéis atribuídos aos homens, que, segundo se supunha, prosseguiam ao longo de um caminho masculino especial, moldando as mulheres às suas manias e caprichos com respeito à feminilidade. Qualquer discussão acêrca da posição da mulher, do seu caráter e do temperamento, da sua escravização ou emancipação, obscurece a questão básica; o reconhecimento de que a trama cultural por trás das relações humanas é o modo como os papéis dos dois sexos são concebidos e de que o menino em crescimento é formado para uma ênfase local e especial tão inexoràvelmente como o é a menina em crescimento.

Os Vaërting abordaram o problema em seu livro *The Dominant Sex*[2], embora sua imaginação crítica fosse prejudicada pela tradição cultural européia. Eles sabiam que, em algumas partes do mundo, houve e ainda há instituições matriarcais que dão à mulher liberdade de ação, dotam-na de uma independência de escolha que a cultura européia histórica concede tão-somente aos homens. Com um simples passe de mágica, eles inverteram a situação européia e construíram uma interpretação das sociedades matriarcais onde as mulheres eram consideradas frias, altivas e dominantes, e os homens, fracos e submissos. Os atributos das mulheres na Europa foram impingidos aos homens das comunidades matriarcais — isso foi tudo. Foi um retrato simples, que na realidade nada acrescentou à nossa compreensão do problema, baseado, como estava, no conceito limitativo de que, se um sexo tem personalidade dominante,

(1) E. J. S. Putnam, *The Lady*. Sturgis e Walton, 1910.
(2) Mathilde e Mathis Vaërting. *The Dominant Sex*. Doran, 1923.

o outro, *ipso facto*, tê-la-á submissa. A raiz do erro dos Vaërting reside em nossa tradicional insistência em contrastes entre a personalidade dos dois sexos, em nossa capacidade de ver apenas uma única variação no tema do macho dominante: a do marido dominado. Entretanto, imaginaram a possibilidade de um arranjo de dominação diferente do nosso tradicional, principalmente porque para o pensar baseado em instituições patriarcais a própria existência de uma forma matriarcal da sociedade implica uma inversão imaginária da posição temperamental dos dois sexos.

No entanto, estudos recentes de povos primitivos nos tornaram mais sofisticados[3]. Sabemos que todas as culturas humanas não pertencem a um ou a outro lado de uma única escala e que a uma sociedade é possível ignorar completamente uma saída, que duas outras sociedades resolveram de modo contrastante. O fato de um povo respeitar o ancião pode significar que considerem pouco as crianças, porém pode ocorrer também que um povo, a exemplo dos Ba Thonga da África do Sul, não respeitem nem velhos nem crianças; ou, como os Índios das Planícies, honrem a criança pequena e o avô; ou ainda, como entre os Manus e em regiões da América moderna, considerem as crianças o grupo mais importante da sociedade. Na expectativa de simples inversões — isto é, quando um aspecto da vida social não é especìficamente sagrado, deve ser especificamente secular; ou, se o homem é forte, a mulher há de ser fraca — ignoramos o fato de que as culturas gozam de uma licença muito maior do que esta na seleção dos possíveis aspectos da vida humana que serão minimizados, superacentuados, ou ignorados. E embora toda cultura tenha de algum modo institucionalizado os papéis dos homens e das mulheres, não foi necessàriamente em termos de contraste entre as personalidades prescritas dos dois sexos, nem em termos de dominação ou submissão. Com a escassez de material para elaboração, nenhuma cultura deixou de apoderar-se dos fatos de sexo e idade de alguma forma, seja a convenção de uma tribo filipina de que o homem não sabe guardar segredo, a crença dos Manus de que somente os homens gostam de brincar com bebês, a prescrição dos Toda de que quase todo trabalho doméstico é demasiado sagrado para as mulheres, ou a insistência dos Arapesh em que as cabeças das mulheres são mais fortes do que as dos homens. Na divisão do trabalho, no vestuário, nas maneiras, na atividade social e

(3) Vê especialmente Ruth Benedict, *Patterns of Culture*, Houghton Miflin, 1934.

religiosa — às vezes apenas em alguns destes aspectos, outras vezes em todos eles — homens e mulheres são socialmente diferenciados, e cada sexo, como sexo, é forçado a conformar-se ao papel que lhe é atribuído. Em algumas sociedades, estes papéis socialmente definidos são expressos, especialmente, nas roupas ou na ocupação, sem qualquer insistência nas diferenças temperamentais inatas. As mulheres usam cabelos compridos e os homens, curtos; ou os homens usam cachos e as mulheres raspam suas cabeças; as mulheres usam saias e os homens, calças; ou as mulheres vestem calças e os homens, saias. As mulheres tecem e os homens não; ou os homens tecem e as mulheres não. Vinculações simples como estas entre roupa ou ocupação e sexo são facilmente ensinadas a toda criança e não suscitam hipóteses a que uma dada criança não se adapte com facilidade.

Não ocorre o mesmo nas sociedades que diferenciam rigorosamente o comportamento do homem e da mulher em termos que admitem uma diferença genuína de temperamento. Entre os Dakota das Planícies sustentava-se freneticamente que a aptidão de enfrentar qualquer grau de perigo ou dificuldade era característica masculina. Logo que um menino completava 5 ou 6 anos de idade, todo o esforço educacional consciente da família era dirigido no sentido de torná-lo um homem incontestável. Toda lágrima, toda timidez, todo apego a uma mão protetora, ou o desejo de continuar brincando com crianças mais jovens ou com meninas era obsessivamente interpretado como prova de que ele não se estava desenvolvendo como verdadeiro homem. Em tal sociedade, não é surpreendente encontrar um *berdache*, o homem que de bom grado desistiu de lutar por conformar-se ao papel masculino e que usa roupas femininas e executa serviços de mulheres. A instituição do *berdache*, por sua vez, serviu de advertência a todo pai; o temor de que o filho se convertesse em *berdache* fornecia aos esforços paternos um desespero adicional, e a própria pressão que ajudava a orientar o menino nessa escolha era redobrada. O invertido que carece de base física visível para a sua inversão intrigou por muito tempo os estudiosos do sexo, os quais, quando não encontram qualquer anormalidade glandular observável, voltam-se para as teorias de condicionamento anterior, ou identificação com o pai do sexo oposto. No decorrer desta investigação, teremos oportunidade de examinar a mulher "masculina" e o homem "feminino", como ocorrem nestas diferentes tribos, observar se é sempre a mulher de natureza dominante que é considerada masculina, ou é o homem dócil, submisso, que gosta de crianças ou bordados, que é reputado feminino.

Nos capítulos seguintes, preocupar-nos-emos com a padronização do comportamento dos sexos à luz do temperamento, com as presunções culturais de que certas atitudes temperamentais são "naturalmente" masculinas e outras "naturalmente" femininas. Neste assunto, os povos primitivos parecem ser, superficialmente, mais sofisticados do que nós. Assim como sabem que os deuses, os hábitos alimentares e os costumes de casamento da tribo vizinha diferem dos seus, e não afirmam que uma forma é verdadeira ou natural enquanto a outra é falsa ou inatural, também sabem amiúde que as tendências temperamentais que consideram naturais nos homens ou nas mulheres diferem dos temperamentos naturais masculinos e femininos entre seus vizinhos. Apesar disso, dentro de um alcance mais limitado e com menos pretensões de validade biológica ou divina de suas formas sociais do que às vezes antecipamos, cada tribo tem certas atitudes definidas em relação ao temperamento, uma teoria de como são os seres humanos naturalmente, sejam homens, mulheres ou ambos, uma norma pela qual julgar e condenar os indivíduos que se desviam.

Duas destas tribos não têm idéia de que os homens e mulheres são diferentes em temperamento. Conferem-lhes papéis econômicos e religiosos diversos, habilidades diferentes, vulnerabilidades diferentes a malefícios mágicos e influências sobrenaturais. Os Arapesh acreditam que a pintura em cores é adequada apenas aos homens, e os Mundugumor consideram a pesca tarefa essencialmente feminina. Mas inexiste totalmente qualquer idéia de que os traços temperamentais da ordem de dominação, coragem, agressividade, objetividade, maleabilidade estão indissoluvelmente associados a um sexo (enquanto oposto ao outro). Isto pode parecer estranho a uma civilização que, em sua sociologia, sua medicina, sua gíria, sua poesia e sua obscenidade admite para as diferenças socialmente definidas entre os sexos uma base inata no temperamento, e vê em qualquer desvio do papel socialmente determinado uma anormalidade de origem congênita, ou amadurecimento precoce. Isto me causou surpresa, porque eu estava por demais habituada a empregar, em meu raciocínio, certos conceitos, como "tipo misto", a imputar a alguns homens temperamentos "femininos", ou a algumas mulheres mentalidade "masculina". Impus-me como problema o estudo do condicionamento das personalidades sociais dos dois sexos, na esperança de que tal investigação lançasse alguma luz sobre as diferenças sexuais. Eu compartilhava a crença geral da nossa sociedade de que havia um temperamento ligado ao sexo natural, que no máximo poderia ser destorcido ou afastado da expressão normal. Nem de leve eu suspeitava que os temperamentos que reputamos naturais a um sexo pudessem, ao invés, ser meras variações do temperamento humano a que os membros de um ou ambos os sexos pudessem, com maior ou menor sucesso no caso de indivíduos diferentes, ser aproximados através da educação.

Primeira parte

OS ARAPESH DAS MONTANHAS

1. A VIDA DA MONTANHA

Os povos de língua Arapesh ocupam um território em forma de cunha, que se estende desde a costa, através de uma tripla fileira de íngremes montanhas, até as verdes planícies da bacia do Sepik em direção oeste. O povo do litoral continua em espírito um povo boscarejo. Adotaram das ilhas vizinhas o costume de construir canoas, porém se sentem mais à vontade na pesca, não no mar, mas nos poços escondidos entre os charcos de sagüeiros. Detestam a areia do mar e constroem pequenos abrigos de fôlhas de palmeira, para evitar-lhe a invasão. Levantam forquilhas onde colocam as cestas, para as manterem longe da areia, e trançam esteiras em quantidade a fim de que as pessoas não se sentem na areia, que é considerada suja. Tais precauções, não as tomam os povos da montanha:

habitualmente se sentam na terra, sem qualquer sentimento de que é suja e deve ser evitada. Os Arapesh que habitam a praia vivem em casas espaçosas, de quinze a dezoito metros de comprimento, construídas sobre estacas, com varandas cuidadosamente fechadas e empenas enfeitadas. Amontoam-se em grandes aldeias, e vão diariamente para suas hortas e campos de sagu, situados a pequena distância. Estes habitantes do litoral são roliços e bem alimentados. Seu ritmo de vida é lento e pacífico; os alimentos são abundantes; potes e cestas, enfeites de conchas e formas novas de dança podem ser adquiridas à passagem das canoas daqueles que mercadejam pela costa.

Mas, à medida que galgamos as estreitas trilhas escorregadias que se espalham em malhas definidas, acima das montanhas íngremes, muda todo o tom de vida. Não mais existem grandes aldeias, apenas pequenos povoados, onde vivem três ou quatro famílias, aglomerados de 10 a 20 casas, algumas sobre estacas, outras diretamente no chão e de construção tão frágil que dificilmente poderiam merecer o nome de casa. A terra é nua e estéril; o sagu, raro e cultivado, em vez de crescer nativo nos grandes pântanos naturais. Os riachos produzem pouco, a não ser alguns pitus, que só raramente valem o trabalho de pescar. Existem grandes áreas de capoeiras onde não se vêem plantações, áreas reservadas à caça das várias espécies de cangurus, gambás e casuares. Entretanto, nestas mesmas regiões, os antepassados dos Arapesh caçaram durante muitas gerações, e a caça é rara, de modo que não se pode contar com ela. As plantações empoleiram-se precariamente nas faldas das montanhas, apresentando o problema quase insolúvel da cerca, problema que os nativos dificilmente tentam resolver. Simplesmente se resignam às devastações dos porcos que vivem selvagens na mata.

Os porcos do povoado não são gordos como os da costa; são magros e mais delgados e tão mal alimentados que morrem com freqüência. Quando morre um porco, a mulher que o criava é acusada de gulodice, por comer não só todo o taro, como também as cascas, nada deixando para o seu porco. Plantações, campos de sagu, áreas de caça ficam a distâncias muito maiores do que no litoral, e os habitantes aumentam as dificuldades optando sempre por trabalhar em pequenos grupos cooperativos, ora nas plantações de um, ora nas de outro. Isso exige um número interminável de caminhadas, pelas trilhas escorregadias e tortuosas, e grande gritaria de um cume a outro das montanhas, para enviar mensagens de um membro a outro da família.

É tão escassa a terra plana que raramente há espaço para construir sequer uma pequena aldeia! A maior aldeia

32

na região montanhosa era Alitoa[1], onde residimos durante muitos meses. Contava vinte e quatro casas, nas quais oitenta e sete pessoas tinham pretensões de residir; porém essas pretensões só eram exercidas esporadicamente e apenas três famílias faziam de Alitoa sua residência principal. Mesmo com tão poucas casas, algumas delas foram construídas projetando-se por sobre o declive escarpado que se inclinava a partir da aldeia para todos os lados. Quando há uma festividade, os visitantes transbordam a capacidade da povoação, cachorros e crianças se espalham por todos os cantos, e as pessoas são forçadas a dormir no chão úmido debaixo das casas, pois no interior não existe lugar suficiente. Quando um Arapesh se refere retoricamente a uma festa, diz: "Fomos queimados pelo sol e lavados pela chuva. Sentimos frio, sentimos fome, mas viemos vê-lo".

Juntar comida e lenha suficientes para manter qualquer número de pessoas num único lugar também é difícil. As montanhas em volta da povoação foram vasculhadas à procura de lenha durante gerações; as plantações são distantes e as mulheres precisam labutar dias e dias no transporte de suprimentos para um único dia de festa. Nessas ocasiões, os homens não transportam nada, exceto porcos e outras cargas pesadas de carne e os grandes toros que arderão no centro do povoado e que se usam para acender cigarros. Quando carregam porcos, reúnem-se muitas turmas que se revezam, pois as varas de carregar esfolam seus ombros inacostumados. As mulheres, entretanto, mourejam para cima e para baixo, pelas trilhas das montanhas, com cargas de 25 a 30 quilos, amarradas à testa, e às vezes com uma criança pequena numa casca atada ao peito. Suas mandíbulas, sob a pressão das tiras da cabeça, estão cerradas como ratoeiras, dando-lhes à face uma expressão medonha e severa que não é vista em nenhuma outra ocasião. Contrasta com a caminhada alegre e festiva dos homens, que vão pelo mato cantando e gritando, enquanto transportam os porcos. Mas então é justo que as mulheres transportem cargas mais pesadas do que os homens, pois as cabeças femininas, dizem eles, são muito mais duras e fortes.

Os modos do povo da montanha proclamam de imediato habitarem uma região não acostumada aos ataques dos caçadores de cabeça. As mulheres andam desacompanhadas; pares de criancinhas perambulam pelas trilhas,

---

(1) Usei o presente em todas as descrições de costumes; o passado, quando o evento descrito ocorreu no passado ou ao tratar-se de situações anteriores de cuja continuidade não tenho evidência; ou para referir-me a atitudes usuais, modificadas ou eliminadas pela fiscalização do governo ou pelo contato com os costumes europeus.

33

caçando lagartos com seus arcos e flechas em miniatura; as mocinhas dormem sozinhas nas povoações desertas. Um grupo de visitantes de outra localidade primeiro pede fogo, que seus anfitriões se apressam a dar-lhes; a seguir, tem início uma conversa excitada à meia voz. Os homens se aglomeram à volta de uma fogueira; as mulheres cozinham nas proximidades, muitas vezes ao ar livre, as panelas altas e pretas apoiadas sobre grandes pedras; as crianças ficam sentadas por ali, em sonolenta satisfação, brincando com os lábios, chupando os dedos ou enfiando na boca os pequenos joelhos pontudos. Alguém relata um pequeno incidente e todos riem ruidosa e contentemente, num riso provocado pelo mais leve toque de humor. Cai a noite e o frio da montanha úmida aproxima a todos do fogo; sentam-se em volta das brasas e entoam canções importadas de toda a parte, que refletem os cânones musicais de muitos povos diferentes. Um gongo estreito, às vezes, soa ao longe e as pessoas discutem alegre e irresponsavelmente sua mensagem: alguém matou um porco ou um casuar; chegaram visitas e um hóspede ausente está sendo convidado; alguém está morrendo, morreu, ou foi enterrado. Todas as explicações são dadas como igualmente válidas e não há qualquer tentativa de averiguar suas probabilidades relativas. Pouco depois do anoitecer, anfitriões e visitantes se retiram para dormir nas casinholas, onde os afortunados se deitam perto do fogo e os desafortunados "não dormem nada". Faz tanto frio que, muitas vezes, as pessoas se aproximam demais das toras ardentes da lareira de terra, e acordam com uma saia de palha queimada ou várias queimaduras de fagulhas na pele do bebê. Pela manhã, sempre se insiste com as visitas para que permaneçam, mesmo que isso signifique fome para a família dos anfitriões no dia seguinte, pois os suprimentos escasseiam e a plantação mais próxima está a meio dia de viagem. Se os visitantes recusam o convite, os anfitriões os acompanham até os limites da povoação e, com gritos alegres, prometem uma próxima visita de retribuição.

Nesta região alcantilada, cortada de ravinas, onde dois pontos, facilmente alcançados por gritos, podem estar separados por uma descida e uma subida de quinhentos metros, toda terra plana é chamada de "bom lugar", e todo sítio agreste, úmido e escarpado é o "mau lugar". Em volta de cada povoado, o terreno se desfaz nestes maus lugares, usados para porcos ou para latrinas, e onde se constroem as cabanas habitadas por mulheres menstruadas ou em parto, cujo sangue perigoso traria riscos para a aldeia que é plana, boa e está associada com alimentos. No centro da povoação, ou às vezes em dois centros se a aldeia se desgarra um pouco, fica o *agehu*, o local de

34

festas e cerimônias do povoado. Em volta do *agehu* vêem--se algumas pedras, vagamente associadas a ancestrais e cujos nomes são do gênero masculino, como todas as palavras que designam homem[2]. Quando se constrói o forno divinatório para descobrir a localização da feitiçaria que está consumindo alguém, coloca-se ao fogo uma destas pedras do *agehu* da povoação. Porém, o *agehu* é mais um lugar bom do que sagrado; ali as crianças rolam e brincam, ali um bebê pode ensaiar os primeiros passos, e um homem ou uma mulher senta-se para enfiar dentes de gambá, ou trançar uma pulseira. Às vezes os homens constroem no *agehu* pequenos abrigos de folhas de palmeira, sob os quais podem sentar-se durante um aguaceiro. Ali as pessoas com dores de cabeça, proclamando seu triste estado por uma tira apertada em volta da testa, vêm desfilar de um lado para o outro e consolar-se com a piedade que recebem. Ali são amontoados os inhames para as festas, ou filas dos grandes pratos pretos de festa e. as tigelas de barro, menores e vivamente pintadas, são dispostos cheios de belos e alvos croquetes de coco, cuja preparação é uma arte recém-importada, de que os montanheses muito se orgulham.

Todos estes luxos e refinamentos de vida, canções e passos de dança, novos pratos, diferentes estilos de penteados, ou novo corte de saias de palha são importados, em lentos estágios, das povoações do litoral, que as adquiriram anteriormente dos que mercadejam pela costa. A praia simboliza, na mente dos montanheses, a moda e a despreocupação. Da praia veio a idéia de usar roupas, idéia que não alcançara ainda a maior parte das vilas montanhesas mais afastadas, e que ainda assenta mal nos montanheses, os quais amarram os cordões em forma de *G* de suas tangas de córtex com tal descuido e menosprezo de sua finalidade, que choca os mais sofisticados do litoral. As mulheres importaram as modas pouco a pouco e de forma casual; seus aventais de palha pendem, negligentemente, de uma corda que circunda a parte mais gorda de suas coxas, e cintos separados e apertados, que nada seguram, cingem-lhes as cinturas. Os homens importaram o estilo praiano de cabelo, um longo coque cônico à grega, repuxado para trás da testa e passado através de um anel largo de trançado. Este tipo de penteado combina muito mal com a caça na mata espessa e é periodicamente abandonado e adotado pelos indivíduos à medida que seu

---

(2) Os Arapesh falam uma língua que tem 13 classes ou gêneros de substantivos, cada um dos quais se distingue por possuir um conjunto de sufixos e prefixos pronominais e adjetivos. Há um gênero masculino, um gênero feminino e outro que engloba objetos de gênero indeterminado ou misto, e dez classes mais que não se podem descobrir com exatidão.

entusiasmo pela caça cresce ou desvanece. A caça é uma ocupação que o homem pode seguir ou não, à vontade: aqueles que a convertem na principal atividade usam o cabelo cortado rente.

Todas estas importações do litoral são agrupadas em complexos de danças, vendidos de aldeia em aldeia. Cada aldeia, ou grupo de pequenas aldeias, organiza-se durante um longo período preliminar para coligir os porcos necessários, bem como tabaco, penas e colares de conchas (que constituem a moeda Arapesh), com que adquirem uma dessas danças de uma povoação mais próxima do mar, que já se cansou dela. Com a dança compram novos estilos de roupa, novos tipos de mágica, novas canções e novos truques de adivinhação. A exemplo das canções que as pessoas cantam, que constituem os resquícios de danças há muito esquecidas, estas importações têm pouca relação entre si; de poucos em poucos anos, um novo tipo de truque de adivinhação, um novo estilo de penteado ou pulseira é importado, desfrutado entusiasticamente por alguns meses e depois esquecido — exceto quando um objeto material, que jaz olvidado em alguma prateleira empoeirada da casa, possa trazê-lo de novo à mente. Por trás destas importações está a crença de que tudo o que vem do litoral é superior, mais sofisticado, mais bonito e que algum dia os habitantes das montanhas, a despeito de sua terra estéril e dos porcos miseráveis, hão de alcançar, hão de adquirir uma vida cerimonial tão alegre e complexa quanto a dos grupos litorâneos. Todavia, sempre estão muito aquém dos habitantes do litoral, que dão de ombros quando importam uma nova dança e comentam que certas partes do complexo — por exemplo, este belo capacete de conchas de tartaruga — jamais sairão da costa, porque os miseráveis montanheses nunca terão o bastante para comprá-lo. Apesar disso, geração após geração, os povos da montanha economizam para importar estas coisas encantadoras, não como indivíduos, mas como povoados, para que cada membro do povoado possa cantar as novas canções e usar os novos modelos.

Assim, os Arapesh reputam a zona litorânea uma fonte de felicidade. Existem, é verdade, tradições de encontros hostis com grupos costeiros mais belicosos, em dias passados, quando os montanheses desciam em busca de água do mar para fazer sal. Porém, na maioria das vezes, a enfase é posta nas danças, e as povoações do litoral são chamadas de "aldeias-mães" e as fieiras de povoados da montanha que se estendem diretamente atrás delas são denominadas suas "filhas". Aldeias-mães e filhas ligam-se por trilhas entrecruzadas, que constituem três sistemas principais de caminhos, denominados "o caminho do

36

dugongo", "o caminho da víbora" e "o caminho do sol poente". Por estas vias são importados os complexos de dança, e pelas trilhas que completam os caminhos os viajantes solitários andam em segurança da casa de um amigo-de-trocas hereditário a outro. Entre estes amigos realiza-se uma troca informal de presentes que supre os montanheses de machados de pedra, arcos e flechas, cestas e enfeites de conchas, e à gente praieira de tabaco, penas de pássaros, potes e sacos de rede. Todo esse intercâmbio, mesmo que envolva a provisão de ferramentas e utensílios absolutamente indispensáveis à vida do grupo, é chamado de dádiva voluntária. Não se mantém uma contabilidade exata, jamais se cobra ou reprova alguém, e durante todo o tempo que passamos entre os Arapesh, jamais vi ou ouvi falar de alguma discussão a propósito desses presentes trocados. Como os montanheses não têm excedentes de fumo, ou manufaturas próprias, salvo algumas placas de madeira, sacos de rede sem ornamentação, toscas colheres de casca de coco, e travesseiros de madeira inadequados a seu próprio uso, a retribuição dos objetos que recebem da praia deve ser feita em forma de fumo e manufaturas que adquirem dos habitantes das Planícies[3], além das montanhas. O lucro da transação, da qual o homem da montanha obtém seu próprio estoque de provisões, baseia-se teoricamente no transporte; um montanhês caminhará um dia inteiro para o interior a fim de receber um saco de rêde de um amigo da Planície, e dois dias de volta para a costa, para oferecer este saco, que agora possui o valor da raridade, a um amigo do litoral. A isso os Arapesh chamam de "ir à cata de anéis", uma ocupação em que os homens mostram graus variados de interesse. Mas tão casual, informal e amigável é o sistema que um homem amiúde caminha em direção errada por lucro, como no caso de um praiano que sobe às montanhas para receber um saco de rede, em vez de esperar que um amigo montanhês o traga.

Tal como a praia simboliza a alegria, as coisas novas e coloridas, a região das planícies, além da última cadeia de montanhas, tem um significado muito preciso para o montanhês. Ali vive um grupo de sua própria língua, porém dotado de caráter e aparência física muito diferentes. Os montanheses são franzinos, de cabeças pequenas e pelos esparsos; já os habitantes das Planícies são mais atarracados, mais robustos, com grandes cabeças, barba espessa, que eles usam em franja abaixo do queixo sempre

---

(3) Para distinguir o ramo Planícies dos Arapesh de outras tribos das planícies, usei a palavra Planícies com letra maiúscula.

37

escanhoado. Lutam com lanças, e não usam o arco e a flecha que os homens da montanha compartilham com os do litoral. Os homens andam nus e as mulheres, que são guardadas ciosamente, andam nuas até o casamento, quando começam usar vestimentas sumárias. Assim como os montanheses procuram na praia as suas novas inspirações, os Arapesh das Planícies buscam-nas na tribo vizinha Abelam, um alegre e artístico grupo de caçadores de cabeça, que ocupam as grandes e relvosas planícies desarborizadas e da bacia do Sepik. Dos Abelam, os Arapesh das Planícies adotaram o estilo de templos altos e triangulares, que se erguem a 20 ou 25 metros acima da praça quadrada das grandes povoações, templos que apresentam cumeeiras bem inclinadas e fachadas admiravelmente pintadas. Ainda com os Abelam e outros grupos das áreas planas, os Arapesh das Planícies compartilham a prática da feitiçaria, com que aterrorizam seus vizinhos montanheses e litorâneos.

Os Arapesh das Planícies estão totalmente isolados do mar, cercados por inimigos, e dependem da colheita de fumo e da manufatura de colares de conchas de mexilhões, para o seu comércio com os Abelam, de quem importam sacos de rede, adagas de casuar desenhadas, lanças, máscaras e adornos para dança. As gigantescas conchas de mexilhão vêm da costa, e para os homens das Planícies é importante poder caminhar com segurança através da região das montanhas para obtê-las. Eles andam soberba e arrogantemente sem medo, devido à feitiçaria. Com um pouco de exúvias, um resto de alimento, uma tira de roupa usada, ou, ainda melhor, um pouco de secreção sexual, acredita-se que o feiticeiro das Planícies é capaz de causar à sua vítima a doença e a morte. Se um homem da montanha ou da praia irritou-se com o vizinho, roubou um pedaço de sua "sujeira"[4] e entregou-a em mãos de um feiticeiro, a vítima estará para sempre sob o domínio deste. A briga que causou o roubo da sujeira pode ser remediada, mas a sujeira permanece nas mãos do feiticeiro. Por força do fato de dispor das vidas de muitos montanheses, o feiticeiro anda sem medo entre eles, bem como seus irmãos, primos e filhos. De vez em quando, faz uma pequena

---

(4) A palavra "sujeira" (*dirt*) é usada em *pidgin* pelos nativos das colônias britânicas para referir-se "às exúvias usadas nas práticas de feitiçaria". Os Arapesh classificam essas exúvias em dois grupos; o primeiro inclui partes de alimentos, pontas de cigarros, toros de cana-de-açúcar etc. e lhes aplicam o adjetivo que significa "externo" ou "de fora"; ao segundo, que inclui emanações do corpo — suor, saliva, crostas de ferida, sêmen, secreção vaginal; porém, exceto no caso de criancinhas, se excluem excrementos de todo tipo — aplicam um termo especializado diferente. Os Arapesh consideram estas emanações do corpo com verdadeiro desprazer e isso parece congruente com sua atitude em reter o termo *pidgin*. (O inglês *pidgin* é um jargão, derivado do inglês, usado no Oriente.)

chantagem, que a vítima é forçada a pagar, no temor de que o feiticeiro volte a colocar no fogo mágico a sujeira, cuidadosamente preservada. Anos após a rusga original, quando a vítima da montanha morre, culpa-se ao homem das Planícies, que não ficou satisfeito com a chantagem, ou à malícia de algum inimigo novo e desconhecido, que tornou a subvencionar o feiticeiro. Assim, o Arapesh da montanha vive com medo deste inimigo exterior e procura esquecer que foi um parente ou vizinho que entregou cada um deles ao domínio do feiticeiro. Como a feitiçaria é possível, como é tão fácil pegar um osso semi-roído de gambá e escondê-lo em um saquitel, como os parentes ou vizinhos ocasionalmente fazem coisas que provocam medo ou raiva, a sujeira cai às mãos dos feiticeiros. Mas, se não houvesse feiticeiros, se não passassem constantemente de um lado para o outro, fomentando o negócio, atiçando pequenas brigas, sugerindo quão facilmente se pode completar uma vingança, então, dizem os Arapesh, não haveria mortes por magia negra. Como poderia haver, perguntam eles, se os habitantes da montanha e do litoral não conhecem feitiços relacionados com a morte?

Não só a doença e a morte, mas também a desgraça, um acidente durante a caça, uma casa queimada, a deserção da esposa — tudo isso se atribui aos feiticeiros das Planícies. Para causar estes desastres menores, não é imprescindível que o feiticeiro esteja de posse da sujeira da vítima real; precisa apenas fumar a sujeira de algum outro da mesma localidade, murmurando sobre ela seus desejos malévolos.

Não fosse a gente praiana, não haveria novos prazeres, não haveria novas diversões, nem drenagem dos parcos recursos dos montanheses para a aquisição das bugigangas de uns poucos dias de alegria; não fossem os homens da Planície, não haveria medo, as pessoas viveriam até a velhice, e morreriam sem dentes e trôpegas, depois de uma vida suave e respeitada. Contudo, não fossem as influências originárias das planícies e do litoral, restar-lhes-ia apenas a aventura serena de viver em suas montanhas, montanhas tão estéreis que nenhum vizinho inveja sua posse, tão inóspitas que nenhum exército poderia invadi-las e encontrar alimentos suficientes para sobreviver, tão escarpadas que a vida em seu âmbito só poderia ser difícil e rigorosa.

Embora os Arapesh sintam serem suas maiores alegrias e principais experiências oriundas dos outros, todavia não se consideram presos numa armadilha e perseguidos, vítimas de uma posição desfavorável e de um meio pobre. Ao contrário, encaram a vida como uma aventura de coisas em crescimento, crianças crescendo, porcos crescendo,

39

inhames e carás e cocos e sagus crescendo e observando fiel e cuidadosamente todas as regras que fazem crescer as coisas. Aposentam-se alegremente na meia-idade, depois de anos bem empregados na educação dos filhos e no plantio de palmeiras suficientes para prover êsses filhos para a vida inteira. As regras que governam o crescimento são muito simples. Existem dois bens incompatíveis no mundo: os associados ao sexo e as funções reprodutivas das mulheres; e os associados com alimento, crescimento e as atividades masculinas de caça e·plantio, que devem sua eficácia a auxílios sobrenaturais e à pureza e aspectos do sangue masculino dados pelo crescimento. Deve-se evitar que estes dois bens entrem em contato muito íntimo. O dever de cada criança é crescer, e o dever de cada homem e de cada mulher é obedecer às regras, a fim de que cresçam as crianças e o alimento de que elas dependem. Os homens, como as mulheres, estão inteiramente empenhados nesta nutritiva aventura. Pode-se dizer que o papel do homem, como o da mulher, é maternal.

2. UMA SOCIEDADE COOPERATIVA

A vida Arapesh está organizada em torno desta trama central: como homens e mulheres, fisiologicamente diferentes e dotados de potencialidades diversas, unem-se numa façanha comum, que é primordialmente maternal, nutritiva e orientada para fora do eu, em direção às necessidades da geração seguinte. É uma cultura em que homens e mulheres fazem coisas diferentes pelas mesmas razões; em que não se espera que os homens respondam a uma série de motivações e as mulheres a outras; em que, se é dada maior autoridade ao homem é porque a autoridade é um mal necessário que alguém, e este alguém é o parceiro mais livre, deve exercer. É uma cultura em que, se as mulheres são excluídas das cerimônias, é por causa delas próprias, e não como um artifício para favorecer o orgulho

41

dos homens, que se esforçam árdua e desesperadamente no sentido de guardar os segredos perigosos que tornariam suas esposas doentes e deformariam seus filhos nascituros. É uma sociedade onde o homem concebe a responsabilidade, a chefia, a apresentação pública e a adoção de arrogâncias como obrigações onerosas que lhe são impostas, e das quais ele se sente muito feliz em escapar na idade madura, logo que seu filho mais velho atinge a puberdade. Para entender uma ordem social que substitui a agressividade, a iniciativa, a competição e a dominância — as motivações familiares de que depende nossa cultura — pela compreensão das preocupações alheias e pela atenção às necessidades de outrem, é necessário discutir com alguma minúcia a forma de organização da sociedade Arapesh.

Não existem unidades políticas. Aglomerados de povoações são agrupados em localidades e cada localidade e seus habitantes têm nomes. Estes nomes, às vezes, são usados retòricamente em festas, ou para referir-se à região, mas as localidades em si não contam organização política. Casamentos, organização de festas e choques semi-hostis ocasionais entre grupos vizinhos ocorrem entre povoações ou aglomerados de povoações através dos limites das localidades. Cada povoado pertence teoricamente a uma linha de família patrilinear, que ademais tem um nome para distingui-la. As famílias patrilineares, ou pequenos clãs localizados, também possuem terras de caça e de plantação, e situado algures em sua região de caça existe um poço, ou zona de areia movediça ou uma queda d'água escarpada, habitado pelo seu *marsalai*, um ente sobrenatural que aparece sob a forma de uma cobra ou lagarto mítico bizarramente colorido, ou eventualmente outro animal maior. Na morada do *marsalai* e ao longo das fronteiras das terras ancestrais, vivem os espíritos dos mortos do clã, inclusive as esposas dos homens do clã, as quais, após a morte, continuam a conviver com seus maridos, em vez de retornar às terras do seu próprio clã.

Os Arapesh não se julgam proprietários destas terras ancestrais, e sim pertencentes às terras; em sua atitude nada há do orgulhoso domínio do dono de terras que vigorosamente defende seus direitos contra todos os forasteiros. A própria terra, os animais de caça, as árvores de madeira de lei, o sagu e, em especial, as árvores de fruta--pão, consideradas muito antigas e caras aos espíritos — tudo isso pertence aos espíritos. O *marsalai* é um ponto focal dos sentimentos e atitudes dos espíritos. Este ser é e não é exatamente um antepassado — a negligência Arapesh não tenta resolver a questão. O *marsalai* é dotado de sensibilidade particular no tocante a alguns pontos do ritual; desgosta de mulheres menstruadas, grávidas e ho-

42

mens que acabam de ter relações com suas esposas. Tais delitos, ele os pune com doença e morte para as mulheres ou crianças nascituras, a menos que seja especialmente aplacado com uma oferenda simulada de uma presa de porco, uma caixa vazia de bétele, um recipiente de sagu e uma folha de taro, à qual descerá a alma de um dos ancestrais sob a forma de um pássaro ou uma borboleta, e absorverá o espírito da oferenda. Os espectros mesmos são os moradores das terras e um homem que se encaminhe à sua própria terra herdada deverá anunciar o nome e sua relação com eles: "Sou eu, seu neto, de Kanehoibis. Vim para cortar algumas estacas para minha casa. Não se oponham à minha presença, nem ao corte da madeira. Ao meu regresso, afastem os espinheiros de minha trilha e dobrem os galhos para que eu possa caminhar facilmente". Deve assim proceder mesmo que esteja andando sozinho pela terra que herdou de seus ancestrais. Na maioria das vezes, traz consigo alguém menos diretamente ligado, um parente ou um cunhado com quem está caçando ou que planeja fazer uma plantação em sua terra. Nesse caso, são feitas as apresentações: "Vejam, meus avós, este é meu cunhado, esposo de minha irmã. Ele vem plantar comigo aqui. Tratem-no como seu neto, não se oponham à sua presença. Ele é bom". Se negligenciadas tais precauções, um furacão derrubará a casa do homem descuidado ou um desmoronamento destruirá sua horta. Ventos, chuvas e deslizamentos de terra são enviados pelos *marsalai*, que usam destes meios para disciplinar aqueles que negligenciam exprimir atitudes apropriadas em relação à terra. Em tudo isso, nada há do senso de propriedade com que o homem dá as boas-vindas ao estranho em sua terra ou orgulhosamente derruba uma árvore, porque ela é sua.

No topo da montanha vizinha, a aldeia de Alipinagle apresentava-se tristemente exaurida. Na geração seguinte, não haveria gente suficiente para ocupar a terra. O povo de Alitoa dizia entre suspiros: "Ah! pobre Alipinagle, depois que a gente de agora tiver ido, quem cuidará da terra, quem ficará sob as árvores? Precisamos dar--lhes algumas crianças para adotar, a fim de que a terra e as árvores tenham gente quando nos formos". Tal generosidade, naturalmente, tinha as conseqüências práticas de colocar uma ou mais crianças em posição mais vantajosa, mas esse fato nunca foi expresso deste modo, nem as pessoas reconheciam quaisquer formulações baseadas na posse de terras. Na localidade, havia apenas uma família que era possessiva, e sua atitude se afigurava incompreensível a todos os outros. Gerud, um jovem adivinho popular e filho mais velho de sua família, certa vez, em uma sessão, sugeriu para motivo de um

43

alegado roubo de sujeira, o fato de que o acusado concedera de má vontade, aos filhos de um recém-chegado à povoação, um quinhão futuro nos terrenos de caça. O restante da comunidade considerou seu raciocínio próximo da loucura. Evidentemente, as pessoas pertenciam à terra, não a terra às pessoas. Como um correlato deste ponto de vista, ninguém se preocupa absolutamente em relação ao local onde mora, e é freqüente os membros de um clã viverem, não em suas aldeias ancestrais, mas nas de primos ou cunhados. Sem organização política, sem quaisquer regras sociais, fixas ou arbitrárias, é bastante fácil às pessoas agir dessa maneira.

Como fazem com os sítios de moradia, assim agem com as plantações. É de dois tipos o cultivo dos Arapesh: plantações de taro e de bananas, onde os homens fazem a limpeza inicial, a derrubada de árvores e a cerca, e as mulheres plantam, mondam e colhem; e as plantações de inhame que, salvo pequeno auxílio dado pelas mulheres na monda e no transporte da colheita, cabem inteiramente aos homens. Entre muitas tribos da Nova Guiné, cada casal limpa e cerca uma gleba do terreno inculto herdado, cultivando-a mais ou menos sozinhos, com o auxílio de seus filhos menores, pedindo muitas vezes a ajuda de outros parentes para a colheita. Deste modo, uma horta na Nova Guiné torna-se um local íntimo, quase tão íntimo quanto a casa, e usado amiúde para a cópula; é seu lugar próprio. Um homem, ou sua esposa podem ir à horta todos os dias, consertar uma brecha na cerca, protegendo-a assim das incursões dos animais do mato. Todas as circunstâncias externas do meio ambiente Arapesh indicariam tal método de cultivo como extremamente prático. As distâncias são longas e os caminhos, difíceis. As pessoas muitas vezes são obrigadas a dormir em suas hortas, pois se encontram a grande distância de outro abrigo; por isso, constroem no solo pequenas cabanas sem conforto, mal cobertas, pois não vale a pena construir uma casa sobre estacas para usá--la apenas um ano. As ladeiras íngremes tornam os cercados insatisfatórios e há constantes invasões de porcos. Os alimentos são escassos e pobres, e pareceria provável que, em tais condições de penúria e miséria, as pessoas fossem muito ciosas e cuidadosas com suas próprias hortas. Ao contrário, os Arapesh desenvolveram um sistema diferente e dos mais extraordinários, dispendioso em tempo e esforço humano, mas conducente à sincera cooperação e sociabilidade que reputam muito mais importante.

Cada homem planta não apenas uma horta, mas várias, cada uma em cooperação com um grupo diferente de parentes. Num dos campos de cultivo, ele é anfitrião, nos outros, visita. Em cada uma destas hortas, três a seis homens, com uma ou duas esposas cada, e às vezes uma filha crescida ou mais, trabalham juntos, cercam juntos, limpam juntos, mondam juntos, colhem juntos e, quando empenhados num trabalho mais prolongado, dormem juntos, aglomerados num abrigo pequeno e inadequado, com a chuva pingando pelo pescoço de mais da metade dos que dormem. Estes grupos horticultores são instáveis — alguns indivíduos não conseguem resistir à pressão de uma colheita magra; tendem a culpar os companheiros de plantio e, no ano seguinte, procuram novas alianças. A escolha, ora de um pedaço de terra, inculto por muito tempo, ora de outro, torna muitas vezes o local de plantio do ano seguinte distante demais para alguns daqueles que plantaram juntos no ano anterior. A cada ano, porém, as plantações de um homem acham-se, não em local sob seu controle direto, porém espalhadas, ao pé dos espíritos e nas terras de seus parentes, três milhas numa direção, cinco em outra.

Esta organização de trabalho apresenta vários resultados. Duas hortas nunca são plantadas ao mesmo tempo e, por isso, os Arapesh não têm a "época de fome" tão característica daqueles povos inhamecultores cujas hortas são plantadas simultaneamente. Quando vários homens trabalham juntos para limpar e cercar uma área antes de se espalharem para cooperar na limpeza e no cercado de outros lotes, as colheitas se sucedem. Este método de cultivo não se baseia na mais leve necessidade física de trabalho cooperativo. As árvores altas não são derrubadas, mas simplesmente circundadas e os galhos cortados para deixar passar a luz, de forma que a plantação parece um exército de fantasmas brancos contra os arredores verde--escuros da mata. A cerca é feita com árvores novas que até um adolescente poderia cortar. Contudo, há uma acentuada preferência pelo trabalho em pequenos grupos felizes, em que um homem é anfitrião e pode obsequiar seus trabalhadores visitantes com um pouco de carne — se achá-la. E assim, as pessoas sobem e descem as encostas das montanhas de um campo para outro, mondando aqui, estaqueando vinhas ali, colhendo em outro ponto, chamados cá e lá pelas necessidades de plantações em épocas diferentes de maturação.

Esta mesma falta de individualismo emerge na plantação de coqueiros. Um homem planta essas árvores para seus filhos pequenos, mas não em suas próprias terras. Ao contrário, caminhará quatro ou cinco milhas, carregando um coco em germinação, a fim de plantá-lo à porta de seu tio ou cunhado. Um censo das palmeiras feito em qualquer aldeia revela um número espantoso de proprietários residentes longe e não tem qualquer relação com os

45

que de fato ali residem. Da mesma forma, homens que são amigos plantam palmeiras de sagu juntos e, na geração seguinte, seus filhos tornam-se uma unidade de trabalho.

À caça também um homem não vai só; vai com um companheiro, às vezes um irmão, amiúde um primo ou um cunhado; a mata, os espíritos e o *marsalai* pertencem a um do par ou trio. O homem, seja anfitrião ou visita, que primeiro avista a caça, reclama sua posse e o único tato necessário no caso é não avistá-la com muito mais freqüência do que os outros. Homens que adquirem o hábito de sempre reivindicar a primazia não são convidados à caça conjunta, e podem tornar-se caçadores bem melhores do que os outros, com características crescentemente não-sociais. Sumali, meu pai autonomeado, era um homem assim, e apesar de sua habilidade, era pouco estimado em tarefas cooperativas. Foi seu filho que adivinhou que a parcimônia no tocante aos terrenos de caça era motivo para a imputada feitiçaria; e quando a casa de Sumali queimou-se toda, acidentalmente, ele atribuiu o acontecido à inveja pela terra. Suas armadilhas colhiam mais do que as de qualquer outro na região, sua perícia em seguir rastos era a maior e sua pontaria a mais precisa, mas ele caçava só, ou com seus filhos jovens, e oferecia a caça aos parentes quase tão formalmente como o teria feito a estranhos.

Ocorre o mesmo com a construção de casas. São tão pequenas que em verdade exigem pouquíssimo trabalho comunal. Os materiais de uma casa ou de várias casas demolidas são remontados em outra; as pessoas derrubam suas casas e reconstroem-nas noutra orientação; não há qualquer tentativa de cortar os caibros do mesmo comprimento ou de serrar os paus da cumeeira se forem demasiado longos para a casa projetada — se não servirem para esta casa, servirão sem dúvida para a próxima. Mas nenhum homem, a não ser aquele que deixou de ajudar os outros na construção da casa, constrói sozinho. Um homem anuncia a intenção de erguer uma casa, e dá talvez uma pequena festa a fim de levantar a viga mestra. Então, seus irmãos, primos e tios, quando caminham pelas matas em suas várias andanças, trazem em mente aquela casa parcialmente pronta, e detêm-se para juntar um feixe de cipós que irá amarrar o telhado, ou um maço de folhas de sagüeiro para a cobertura. Tais contribuições, eles as levam à nova casa, quando passam por lá, e, gradual e casualmente um pouco de cada vez, a casa é edificada, fruto do incontado labor de muitos.

Todavia, esta forma vagamente cooperativa em que é organizado todo trabalho, mesmo a rotina diária de plantar e caçar, significa que nenhum homem é dono de seus

46

próprios planos durante muitas horas seguidas. Antes de tudo, é menos capaz de planejar e executar qualquer tarefa consecutiva do que a mulher, que ao menos sabe que as refeições, a lenha e a água têm de ser providenciadas diariamente. Os homens gastam nove décimos de seu tempo respondendo aos planos de outros, cavando nas hortas dos outros, participando de caçadas empreendidas por outros. Toda a ênfase de sua vida econômica é posta na participação em atividades que outros iniciaram e só rara e tìmidamente alguém tenta sugerir um plano próprio.

Esta ênfase constitui um fator na falta de organização política. Onde todos são educados a uma pronta receptividade a qualquer plano, e um brando ostracismo é suficiente para induzir o retardatário à cooperação, a liderança apresenta um problema diferente do de uma sociedade onde cada homem opõe sua própria agressividade à de outro. Se há um assunto sério a decidir, que possa envolver a aldeia ou um punhado de aldeias numa disputa ou acusações de feitiçaria, a decisão é tomada de uma forma calma, indireta e inteiramente característica. Suponhamos, por exemplo, que um jovem ache um porco pertencente a uma povoação distante que se perdeu em sua plantação. O porco é um invasor, a carne é escassa, ele gostaria de matá-lo. Mas seria prudente fazê-lo? O julgamento deve levar em conta todas as espécies de relações com os proprietários do porco. Haverá uma festa iminente? Ou um noivado ainda não decidido? Dependerá algum membro de seu próprio grupo da ajuda do proprietário do porco para algum procedimento cerimonial? O jovem não tem discernimento para resolver todas estas questões. Dirige-se a seu irmão mais velho. Se este não opuser qualquer objeção à matança do porco, os dois irão aconselhar-se com outros parentes masculinos, mais velhos, até que, finalmente, é consultado um dos mais velhos e mais respeitados homens da comunidade. Deste tipo de homens cada localidade com uma população de cento e cinqüenta a duzentas almas tem um ou dois. Se o ancião der sua aprovação, mata-se e come-se o porco e nenhuma censura dos mais velhos recairá sobre o jovem; todos cerrarão fileira para defender seu quinhão de pirataria legal.

A guerra é praticamente desconhecida entre os Arapesh. Não há tradição de caça de cabeças, nem sentimento de que, para ser corajoso e másculo, deve-se matar. Na verdade, os que já mataram outros homens são encarados com certo mal-estar, como indivíduos ligeiramente apartados. A eles compete realizar as cerimônias purificatórias sôbre um nôvo criminoso. Os sentimentos em relação ao assassino e ao homem que mata em uma batalha não são em essência diferentes. Não há insígnias de qualquer espé-

47

cie para os bravos. Apenas um pouco de mágica protetora que podem usar aqueles que se dirigem a uma luta: podem raspar um pouco de pó dos ossos de seus pais e comem-no com noz de areca e ervas mágicas. Contudo, embora não existam guerras verdadeiras — expedições organizadas para pilhar, conquistar, matar ou conseguir glória — ocorrem disputas e conflitos entre povoações, principalmente por causa de mulheres. O sistema matrimonial é tal que mesmo a mais descarada fuga de uma mulher noiva ou casada deve ser expressa como um rapto e, já que o rapto constitui ato hostil da parte do outro grupo, requer vingança. Este sentimento de ajustar a balança, de pagar o mal com mal, não em medida maior, porém, na medida exata, é muito forte entre os Arapesh. Consideram um infortúnio o início de hostilidades; o rapto de mulheres é, na verdade, o resultado de desacordos maritais e da formação de novas ligações pessoais, e não são atos hostis da parte da comunidade vizinha. O mesmo ocorre com os porcos, pois os indivíduos tentam mantê-los em casa. Se um porco se desgarra, é um acidente ruim, porém se é morto, deveria ser vingado.

Todos os choques semelhantes entre aldeias se iniciam com uma conversa tensa, vindo a parte ofendida, armada porém não incumbida de lutar, à povoação dos ofensores. Segue-se uma discussão; os ofensores podem justificar ou desculpar sua conduta, negar qualquer conhecimento da fuga, ou repudiar que conheciam a propriedade do porco — não tinha ainda seu rabo cortado, como poderiam saber que não era um porco do mato? e assim por diante. Se a parte agravada estiver protestando mais por uma questão de formalidade do que de cólera verdadeira, é possível que o encontro termine com algumas palavras ásperas. No caso contrário, progredirá da censura ao insulto, até que a pessoa mais estourada e mais facilmente irritável arremessa uma lança. Não é isso sinal de desordem geral; ao invés, cada um observa cuidadosamente onde cai a lança — que nunca é arremessada para matar — e a pessoa mais irritável do grupo oposto atira uma lança no homem que jogou a primeira. Isto, por sua vez, é observado durante um minuto de atenção, e uma lança é jogada de volta. Cada represália é expressa como um objetivo de escolha precisa: "Então Yabinigi arremessou uma lança. Atingiu meu primo no pulso. Fiquei bravo, porque meu primo foi ferido e joguei uma lança de volta e atingi Yabinigi no tornozelo. Daí o irmão da mãe de Yabinigi, enraivecido porque o filho de sua irmã fora ferido, recuou seu braço e arremessou uma lança em mim, mas não me atingiu", e assim por diante. Esta troca de lanças em série, cuidadosamente registrada, onde o propósito é ferir levemente, não matar, continua até que alguém sofra um ferimento de certa gravidade, quando então os membros do grupo atacante dão aos calcanhares. Mais tarde faz-se a paz pela troca de colares, cada homem ofertando um colar a quem ele feriu. Se, como acontece eventualmente, alguém é morto num desses recontros, tenta-se tudo para negar qualquer intenção de matar: a mão do assassino escorregou; foi por causa da feitiçaria dos habitantes das Planícies. Quase sempre os do outro bando são designados com termos de parentesco, e é lógico que nenhum homem mataria voluntariamente um parente. Se o morto for parente próximo, um tio ou primo irmão, é aceita a hipótese da involuntariedade e a feitiçaria se afigura como estabelecida; o homicida recebe condolências, sendo-lhe permitido prantear, de todo o coração, o morto com os outros. Se o parentesco for mais distante e mais ampla a possibilidade de genuína intenção, o assassino poderá fugir para outra comunidade. Não se seguirá nenhuma rixa entre famílias, embora possa ocorrer uma tentativa de subsidiar contra ele a feitiçaria dos habitantes da Planície. Mas, em geral, mortes por feitiçaria são vingadas com mortes por feitiçaria, e todos os homicídios dentro da localidade, ou dentro de uma distância de vingança, são considerados demasiado anômalos, por demais inesperados e inexplicáveis para a comunidade ocupar-se deles. E cada indivíduo ferido numa luta tem uma penalidade a mais a pagar, pois é obrigado a indenizar os irmãos de sua mãe e os filhos dos irmãos de sua mãe, por seu próprio sangue derramado. Todo o sangue chega à criança através de sua mãe; é, pois, propriedade do grupo materno. O irmão da mãe tem o direito de verter o sangue do filho da irmã; é ele que deve lancetar um furúnculo, êle que escarifica o adolescente. Assim, o homem que se fere de algum modo sofre não apenas fisicamente, como também no seu suprimento de objetos de valor: deve pagar por ter estado em qualquer episódio em que é ferido. Essa sanção estende-se a ferimentos em caça e ao envolvimento em situação vergonhosa.

A política geral da sociedade Arapesh é punir aqueles que são assaz indiscretos para se envolverem em qualquer tipo de cena violenta ou desabonadora, aqueles que são bastante descuidados para ferir-se na caça, ou bastante estúpidos para se converterem em alvo de vituperação pública da parte de suas esposas. Nesta sociedade desacostumada à violência, que admite serem todos os homens brandos e cooperativos e sempre se espanta com os indivíduos que não o são, não existem sanções para lidar com o homem violento. Contudo, há o sentimento de que é possível manter em ordem aqueles que estúpida e descuidadamente suscitam a violência. Em agravos ligeiros, como

49

no caso de um homem que tenha participado de um grupo de briga, o irmão de sua mãe, sozinho, reclama um pagamento. Afinal, o pobre filho da irmã já sofreu um ferimento e perda de sangue. Mas, se, ao invés, ele se envolveu em disputa pública e vergonhosa com uma esposa, ou com um parente jovem a quem ouviram insultá-lo, então, todo o grupo de homens da aldeia, ou grupo de aldeias pode agir, ainda instigado pelos irmãos da mãe, que são os executores oficiais do castigo. O grupo de homens levará as flautas sagradas, a voz do *tamberan* — o monstro sobrenatural patrono do culto dos homens — e encaminhando-se à noite à casa do ofensor, fazem ostentação diante da esposa e dele próprio acerca do motivo da visita, invadem sua casa, enchem o chão de folhas e detritos, cortam uma arequeira, ou coisa que o valha, e partem. Se o indivíduo andou perdendo constantemente a estima da comunidade, se não foi cooperativo, dado à feitiçaria, de má índole, poderão apreender seu fogo e jogá-lo fora, o que praticamente equivale a dizer que dispensam a sua presença — durante um mês pelo menos. A vítima, profundamente envergonhada por este procedimento, foge para a casa de parentes distantes e não volta enquanto não tiver obtido um porco, com o qual presenteia a comunidade, resgatando assim sua ofensa.

Mas contra o indivíduo realmente violento, a comunidade não tem remédio. Tais homens incutem em seus companheiros uma espécie de terror estupefato; quando irritados, ameaçam queimar as próprias casas, quebrar todos os seus potes e colares e abandonar aquela região para sempre. Seus parentes e vizinhos, consternados com a perspectiva de serem abandonados desta forma, suplicam ao homem violento que não os deixe, não os abandone, não destrua sua propriedade, e aplacam-no, dando-lhe o que deseja. É apenas porque toda a educação dos Arapesh tende a apequenar a violência e confundir as motivações do violento que a sociedade consegue atuar, disciplinando antes aqueles que provocam e sofrem a violência do que aqueles que realmente a praticam.

Sendo o trabalho uma questão de cooperação amigável e as diminutas lutas armadas tão escassamente organizadas, a única necessidade que a comunidade tem de liderança é para a execução de extensas operações cerimoniais. Sem qualquer espécie de chefia, sem nenhuma recompensa afora o prazer diário de ingerir um pouco de comida e cantar algumas canções com os companheiros, a sociedade poderia continuar mui confortavelmente, mas não haveria ocasiões cerimoniais. E o problema da direção social, os Arapesh não o concebem como a necessidade de limitar a agressividade ou refrear a ganância, mas de forçar alguns

50

dos homens mais capazes e bem dotados a tomar, mau grado seu, suficiente responsabilidade e liderança, a fim de que, ocasionalmente, cada três ou quatro anos, ou mesmo em intervalos mais longos, se possa organizar um cerimonial de fato atraente. Ninguém, supõe-se, deseja efetivamente ser um líder, um "chefão". Os grandes "chefões" precisam planejar, iniciar intercâmbios, devem ser pomposos e arrogantes e falar em altos brados, precisam vangloriar-se de suas façanhas no passado e do que irão fazer no futuro. Em tudo isso os Arapesh vêem o comportamento mais difícil e incompatível, o tipo de comportamento a que nenhum homem normal se entregaria se pudesse evitá-lo. É um papel que a sociedade impõe a alguns homens, em certas formas reconhecidas.

Enquanto os meninos se acham na adolescência, os pais tendem a classificar suas capacidades de se tornarem "chefões". A aptidão natural é, a grosso modo, dividida em três categorias: "aqueles que têm ouvidos e gargantas abertos", que são os mais bem dotados, os homens que entendem a cultura e são capazes de dar expressão articulada à sua compreensão; "aqueles que têm os ouvidos abertos e as gargantas fechadas", homens calados e úteis que são sábios, porém tímidos e inarticulados; e um grupo dos dois tipos menos úteis de pessoas, "aqueles que têm ouvidos fechados, mas as gargantas abertas", e "aqueles que têm os ouvidos e gargantas fechados". Um menino da primeira categoria recebe especial treinamento, ao ser-lhe designado, no início da adolescência, um *buanyin*, ou parceiro de troca, dentre os jovens de um clã onde um de seus parentes masculinos mais velhos tenha um *buanyin*. A relação de *buanyin* é uma relação recíproca de oferecimento de presentes entre pares de homens, membros de clãs diferentes, e de preferência pertencentes a organização dual oposta — que é vagamente hereditária. É uma instituição social que desenvolve a agressividade e encoraja o raro espírito competitivo. É dever dos *buanyin* insultarem-se mutuamente onde quer que se encontrem, inquirir zombeteiramente se o outro *buanyin* pretende algum dia fazer alguma coisa da vida — não tem porcos, nem inhame, não tem sorte na caça, não tem amigos de troca nem parentes, nunca dá festas ou organiza uma cerimônia? Será que, ao nascer, primeiro nasceu a cabeça, como um ser humano normal, ou talvez do ventre de sua mãe saíram primeiro os pés? A relação de *buanyin* é também campo de treino quanto ao tipo de firmeza que um grande homem deve ter, que num Arapesh normal é considerada indesejável.

O funcionamento desta relação de *buanyin* deve ser compreendido em face das atitudes Arapesh no tocante à

51

troca de alimentos. Para um povo que disfarça todo o seu comércio em doação de presente voluntária e casual, é incompatível qualquer prestação de contas rígida. Tal como ocorre no comércio de aldeia em aldeia, assim acontece em troca entre parentes. A distribuição ideal de alimentos é que cada pessoa coma alimento plantado por outrem, coma caça morta por outrem, coma carne de porcos que não apenas não lhe pertencem, como também foram engordados por gente a uma distância tal que se ignoram mesmo os seus nomes. Orientado por este ideal, um Arapesh caça para mandar a maioria dos animais abatidos ao irmão de sua mãe, a seu primo ou a seu sogro. O homem mais baixo na comunidade, aquele que se acredita estar tão afastado do limite da moral que é inútil discutir com ele, é o homem que come os animais abatidos por ele próprio — mesmo que seja um minúsculo passarinho, mal uma dentada ao todo.

Ninguém é encorajado a formar um excedente de inhames, a colheita grande e segura que pode ser armazenada e cujo aumento depende da conservação da semente. Qualquer pessoa que possua uma colheita de inhame visivelmente maior do que a do vizinho é cortesmente autorizado a dar um *abullu*, festa especial em que, depois de pintar de cores berrantes os inhames e dispô-los sobre uma fita métrica de rotim, que ele pode guardar como troféu, doa todos os inhames para semente. Chegam seus parentes e vizinhos, trazendo-lhe um presente de retribuição que eles mesmos escolhem, e partem com um saco de sementes. Desta semente ele nunca deve comer; mesmo até a sua multiplicação na quarta ou quinta reprodução, é mantido um registro cuidadoso. Desta forma, a boa sorte ou o melhor cultivo de um homem não redunda em lucro pessoal, mas é socializado, e o estoque de inhames-semente da comunidade é aumentado.

De todo este modo socializado de tratar o alimento e a propriedade, deste dar-e-tirar não-competitivo e não-calculado distingue-se o padrão *buanyin* de participação. Em seu âmbito são precisamente encorajadas todas as virtudes de um sistema competitivo de computação de custos. Um *buanyin* não espera o estímulo de um insulto feito na cólera; ele insulta seu *buanyin* como coisa natural. Não apenas compartilha sua fartura, mas decididamente cria porcos ou caça animais, a fim de dá-los pública e ostensivamente ao seu *buanyin*, acompanhados de alguns insultos bem escolhidos no tocante à incapacidade de seu *buanyin* de retribuir o presente. É mantida uma contabilidade cuidadosa de cada posta de porco ou pernil de canguru, e um feixe de varetas de folhas de coqueiro é usado para assinalar este registro na disputa pública em que os *buanyin* cobram um ao outro. O mais espantoso de tudo é a convenção definida de mesquinhez entre *buanyins*. Um *buanyin* generoso separará uma cesta especial de vísceras escolhidas, e sua esposa a entregará em segredo à esposa de seu *buanyin*, depois de uma festa. Nesse caso, não há necessidade de retribuição. Todavia, embora seja esperado um bom comportamento em toda a vida social, as pessoas se conformam quando seus *buanyins* negligenciam este gesto generoso.

Assim, numa sociedade em que é norma os homens serem gentis, não-gananciosos e cooperativos, em que nenhum indivíduo soma as dívidas que o outro tem para com ele, e cada um caça para que outros possam comer, existe uma educação definida para o comportamento especial e contrastante que os "grandes" devem exibir. Os jovens em vias de se tornarem grandes homens sofrem pressão contínua dos mais velhos, bem como de seus *buanyins*. São instados a assumir a responsabilidade de organizar as festas preliminares que, afinal, culminarão em grande cerimônia de iniciação, ou na compra de novo complexo de dança do litoral. E alguns deles cedem a toda esta pressão, aprendem a bater o pé e contar seus porcos, plantar terrenos especiais e organizar expedições de caça e manter durante vários anos o planejamento a longo prazo, necessário para realizar uma cerimônia que não dura mais de um dia ou pouco mais. Porém, quando seu filho mais velho atinge a puberdade, pode o grande homem aposentar-se; não precisa mais bater o pé e gritar, não precisa mais ir a festas à cata de oportunidades de insultar seu *buanyin;* pode ficar sossegadamente em casa, orientando e educando seus filhos, plantando e arranjando os casamentos de sua prole. Pode retirar-se da vida competitiva ativa que sua sociedade pressupõe, em geral com acerto, ser eminentemente incompatível e repugnante a ele.

3. O NASCIMENTO DE UMA CRIANÇA ARAPESH

A tarefa de procriação de um pai Arapesh não termina com a fecundação. Os Arapesh não imaginam que, depois do ato inicial que estabelece a paternidade fisiológica, o pai possa ir embora e voltar nove meses depois e encontrar sua esposa seguramente desembaraçada da criança. Tal forma de paternidade eles considerariam impossível e, ainda mais, repulsiva, pois a criança não é produto de um momento de paixão, mas é moldada pelo pai e pela mãe, cuidadosamente, com o passar do tempo. Os Arapesh distinguem dois tipos de atividade sexual: o folguedo, que representa toda atividade sexual que não é reconhecida como tendo induzido o crescimento de uma criança, e o trabalho, atividade sexual propositada, dirigida à criação de uma determinada criança, à sua alimentação e formação durante as primeiras semanas no ventre materno. Aqui a tarefa do pai é idêntica à da mãe; a criança é o produto do sêmen paterno e do sangue materno, combinados em quantidades iguais no início, para formar o novo ser humano. Quando os seios maternos apresentam o inchaço e descoloramento característicos da gravidez, então diz-se que a criança está terminada — um ovo perfeito, agora repousará no ventre materno. Daí por diante, é proibida toda relação, pois a criança precisa dormir tranqüila, absorvendo placidamente a comida que lhe faz bem. A necessidade de um ambiente calmo é sempre ressaltada. A mulher que deseja conceber deve ser tão passiva quanto possível. Agora, como guardiã da criança em crescimento, precisa tomar certas precauções: não comer rato-gigante ou morrerá de um parto difícil, pois este animal se enfia muito profundamente na terra, nem sapo, ou a criança nascerá muito rápido, nem enguia, ou a criança nascerá muito cedo. Não deve comer sagu que venha de lugar de um *marsalai,* nem cocos de uma palmeira que foi considerada tabu pelo *tamberan,* o padroeiro sobrenatural do culto dos homens. Se a mulher deseja um filho do sexo masculino, outras mulheres lhe avisarão que nunca corte nada no meio, pois este corte produzirá uma fêmea.

O enjôo matinal no período da gravidez é desconhecido. Durante os nove meses o nascituro dorme. Diz-se que a criança cresce como o pintinho num ovo; primeiro, há apenas sangue e sêmen, depois emergem os braços e as pernas e finalmente a cabeça. Quando esta é libertada, a criança nasce. Não se admite que uma criança possa mostrar sinais de vida até o momento que antecede o nascimento, quando ela se vira, produzindo assim a primeira dor do parto.

No instante do nascimento, o pai não pode estar presente, em virtude das crenças Arapesh com relação à natureza antitética das funções fisiológicas femininas e das funções mágicas de obtenção de alimentos próprias dos homens. O sangue do parto, como o menstrual, é perigoso, e a criança deve ser partejada habilmente, fora do povoado. Apesar disso, o verbo "dar à luz" é usado indiscriminadamente para homem ou mulher, e a gravidez é considerada um sacrifício pesado tanto para o homem como para a mulher, particularmente em razão da atividade sexual vigorosa e severa exigida do pai durante as primeiras semanas após a cessação da menstruação. Enquanto a criança está sendo partejada, o pai espera à distância, ao alcance da voz, até que se conheça o sexo do bebê, que as parteiras lhe participam gritando. A esta informação, ele responde laconicamente: "Lavem-no" ou "Não o lavem". Se a ordem é "lavem-no", o filho deve ser criado. Em alguns casos, quando nasce uma menina, e já existem várias na família, não será poupada; será abandonada, não lavada, com o cordão por cortar, na bacia de córtex em que se deu o parto. Os Arapesh preferem meninos; o menino ficará com os pais e será a alegria e o conforto de sua velhice. Se, depois de poupar uma ou duas meninas, também for preservada uma outra, a possibilidade de ter um filho é adiada para mais tarde, e assim, não dispondo de anticoncepcionais, os Arapesh algumas vezes recorrem ao infanticídio. Às vezes também, quando o alimento é escasso, ou se há muitas crianças, ou se o pai morreu, um recém-nascido pode não ser poupado, desde que se sinta serem diminutas suas possibilidades de saúde e crescimento.

Lavada a criança e removidos as páreas e o cordão — que são colocados no alto de uma árvore, pois o porco que os comer tornar-se-á ladrão de hortas — mãe e criança são trazidas para a aldeia e abrigadas em pequena casa térrea. O chão de terra da povoação é intermediário entre o "mau lugar" e o assoalho de uma casa comum de morada, onde não podem entrar as pessoas que se acham em estado especial — os pais de um recém-nascido, pessoas enlutadas, um homem que derramou sangue, e assim por diante. O pai vem, então, compartilhar com a esposa a tarefa de cuidar do recém-nascido. Traz-lhe um feixe de folhas macias e aveludadas, com que ela forra o pequeno saco de rede na qual a criança passará pendurada a maior parte do tempo em que estiver acordada, numa posição pré-natal, arqueada. Traz-lhe uma casca de coco com água para banhar o bebê, e folhas especiais de cheiro picante que protegerão a cabana das más influências. Traz seu pequeno travesseiro de madeira, que os homens usam para proteger, durante o sono, os penteados elaborados, e deita-se ao lado da esposa. Agora, no modo de dizer nativo, ele está "na cama tendo o bebê". A nova vida torna-se, então, tão intimamente unida à sua como é à da mãe. O espírito da vida, que se agita suavemente sob o peito da criança e que ali permanecerá até a velhice, a não ser que as maquinações da magia negra, ou o tabu ultrajado de algum *marsalai*, tentem-no a erguer-se e, com um golpe sufocante, a sair do corpo — este espírito da vida pode derivar tanto do pai como da mãe. Mais tarde, as pessoas olharão o rosto da criança e o compararão com o dos pais, e saberão se o espírito da vida foi dado pelo pai ou pela mãe. Mas isso, na verdade, não importa, a alma pode vir tão facilmente de um genitor como de outro; a semelhança facial apenas indica de onde veio.

O pai deita-se pacatamente ao lado do filho recém--nascido, e de vez em quando dá pequenos conselhos à mãe. Ele e ela jejuam juntos no primeiro dia. Não podem fumar, nem beber água. De tempos em tempos, realizam pequenos ritos mágicos que irão assegurar o bem-estar da criança e sua capacidade de cuidarem-na. As esposas do irmão do pai são as enfermeiras oficiais. Trazem os materiais necessários para a magia. No caso é uma vara comprida e descascada. O pai convoca algumas das crianças que estão rondando a cabana, ansiosas por dar uma espiada no novo bebê. Ele esfrega a vara contra suas costas pequenas e fortes, depois contra as costas do nenê, recitando um encantamento:

> Eu te dou vértebras,
> uma de um porco,
> uma de uma cobra,
> uma de um ser humano,
> uma de uma cobra de árvores,
> uma de uma píton,
> uma de uma víbora,
> uma de uma criança.

A seguir, quebra a vara em seis pedaços pequenos, que são pendurados na casa. Isto assegura que, mesmo que ao passar pelo local o progenitor quebre um galhinho com o pé, as costas da criança nada sofrerão. Depois, ele pega um grande inhame e corta-o em pedacinhos. Cada pedaço recebe o nome de um menino da aldeia: Dobomugau, Segenamoya, Midjulamon, Nigimarib. A esposa continua por sua vez a enumeração, começando na outra extremidade, dá a cada pedaço o nome de uma menina: Amus, Yabiok, Anyuai, Miduain, Kumati. Em seguida, o pai joga fora os pedaços de inhame. Este encantamento garante que a criança será hospitaleira e amável com as outras pessoas; por isso é que são usados os nomes das crianças dos vizinhos.

O pai de um primeiro filho se acha numa posição especialmente delicada, mais delicada do que a da esposa. No caso da mulher, as cerimônias são as mesmas para o primeiro filho, para o quinto, para menino ou menina; é o comportamento do pai que é ajustado a estas diferenças. O homem que tem o primeiro filho se vê num estado tão precário como o menino recém-iniciado ou o indivíduo que matou pela primeira vez numa luta. Sòmente poderá purificá-lo deste estado um homem que já teve filhos, o qual se tornará seu padrinho e executará a cerimônia necessária. Após um período de cinco dias, durante os quais permanece na mais rigorosa segregação com sua esposa, sem tocar o tabaco com as mãos, usando de uma varinha para se coçar e ingerindo todos os alimentos com uma colher, é levado à beira d'água, onde foi construída uma pequena choça de folhagens, alegremente ornamentada com flores vermelhas e ervas apropriadas para a magia do inhame. Esta casinha é levantada perto de um poço, em cujo leito se coloca um grande colar branco, chamado ritualmente de "enguia". O pai do recém-nascido e seu padrinho descem ao poço, onde o progenitor ritualmente limpa a boca num colar que seu padrinho lhe estende. Em seguida, o pai bebe água do poço onde foram mergulhadas algumas ervas aromáticas e perfumadas, e banha o corpo inteiro. Entra na água e consegue capturar a enguia, que ele devolve ao padrinho. A enguia está intimamente ligada, de maneira simbólica, ao falo, e é tabu especial para meninos durante os períodos de crescimento e iniciação. Poder-se-ia dizer que a cerimônia simboliza a reconquista da natureza masculina do pai depois de sua importante participação nas funções femininas; mas, se é este o significado, não está mais explícito na mente dos nativos, que a consideram simplesmente um detalhe ritual necessário na cerimônia. Então o padrinho unge a cabeça do novo pai com uma tinta branca especial, com que é ungida também a fronte de um adolescente. Agora o novo pai entrou no rol daqueles que tiveram um filho com sucesso.

Todavia, suas tarefas maternais ainda não chegaram ao fim. Durante alguns dias seguintes, ele e sua esposa executam as cerimônias que os libertam de todos os tabus, exceto do de comer carne. Fumo e noz de areca são distribuídos a todos que vêm visitar o bebê — aos homens, pelo pai, às mulheres, pela mãe — e aqueles que recebem tais presentes das mãos dos novos pais se obrigam a ajudá-los em qualquer empreendimento futuro, e desta forma o bem-estar do bebê fica ainda mais garantido. A esposa executa uma cerimônia especial, com o propósito de atestar que sua arte na cozinha não será prejudicada pela experiência por que acabou de passar. Faz um suposto pudim vegetal de verduras silvestres não comestíveis, que é jogado fora para que os porcos o comam. Finalmente, o casal volta à sua casa e, um mês ou mais depois, dão uma festa que suspende o tabu de comer carne, e ao mesmo tempo fazem uma festa para a parteira e as outras mulheres que os alimentaram durante o seu confinamento. O pai e a mãe podem, então, andar tão à vontade quanto desejem, mas não é bom carregar o bebê enquanto ele não ri. Quando ri para o rosto do pai, recebe um nome, o nome de algum membro do clã paterno.

A vida da criança, entretanto, depende da atenção especial e constante, tanto do pai quanto da mãe. O pai deve dormir toda noite com a mãe e o bebê, e há um

59

tabu rigoroso quanto às relações sexuais, não só com a mãe da criança, como também, se tiver duas esposas, com a outra mulher. Relações extramaritais também seriam perigosas. Todavia, embora se acredite ser a freqüência de relações entre seus pais necessária ao crescimento da criança durante as primeiras semanas de sua vida pré--natal, uma vez solidamente composta, todo contato com o sexo por parte de um dos progenitores é julgado prejudicial à criança, até que atinja aproximadamente um ano de idade. Se uma criança é franzina e doentia, ou se tem os ossos fracos e não anda cedo, é culpa dos pais, que não observaram o tabu. Raramente, porém, admite-se terem os pais realmente infringido o tabu; quando escolhem conservar a criança, sabem o que implica educá-la. Conta uma lenda o caso de uma mãe que insistia em conservar a criança, embora o pai quisesse destruí-la. O comentário das pessoas acerca do incidente é que se tratava de comportamento inteiramente acertado no tempo dos *marsalais,* isto é, nos tempos míticos antigos, mas que atualmente seria insensato, pois a criança não viveria a menos que o pai cooperasse ativamente no seu cuidado; portanto, que interesse teria a mãe em salvar inicialmente a vida da criança, para vê-la perecer por falta de atenção paterna?

Os Arapesh guardam o tabu das relações sexuais até que a criança dá seus primeiros passos, quando é considerada suficientemente forte para suportar outra vez o contato penoso com a sexualidade dos progenitores. A mãe continua a amamentá-la até que atinja os três ou mesmo quatro anos de idade, se não engravidar outra vez. O tabu é suspenso após um período de retiro menstrual. A mãe volta da choça menstrual, e ambos, pai e mãe, jejuam durante um dia. Depois, podem manter relações e o esposo poderá dormir com a outra esposa, se o desejar; sua imediata presença todas as noites não é mais essencial à criança. (Às vezes, é claro, o pai é obrigado a deixar o filho e participar de expedições demasiado distantes e arriscadas para que mãe e filho o acompanhem; tais ausências, porém, não são consideradas perigosas para a saúde da criança, a não ser que seja o sexo a razão que levou o pai a manter--se afastado.) Os Arapesh têm plena consciência do valor destes tabus para regular a gravidez. É desejável que as mulheres não tenham filhos muito em seguida; além de ser muito penoso para elas, uma criança é forçosamente desmamada porque outra virá logo depois. O ideal é que a criança aprenda mais e mais a ingerir alimentos sólidos, procurando o seio materno menos pelo alimento e mais por mera afeição, insegurança ou dor, até que, por fim, apenas o medo e a dor a levem aos braços maternos. Mas, se a mãe engravida, a criança pode ser desmamada aos dois anos de idade. Para fazê-lo, untam-se os bicos dos seios com lama, dizendo-se à criança, com todas as fortes expressões mímicas de nojo, que se trata de fezes. Tive a oportunidade de observar de perto apenas duas crianças que foram desmamadas desta forma; ambos eram meninos. Um deles, um garoto de dois anos e meio, transferiu toda a sua dependência para o pai, que assumiu os cuidados essenciais para com ele; o outro, Naguel, era extraordinariamente independente de seus pais, e aos sete anos perambulava, procurando pais substitutos, de uma forma desolada e infeliz, marcadamente atípica nas crianças Arapesh. É claro que dois casos não são suficientes para quaisquer conclusões, mas vale observar que os pais Arapesh consideram o desmame abrupto como cruel e passível de afetar o crescimento da criança de forma negativa. Sentem-se culpados de haverem precipitado uma situação desfavorável à criança e esta culpa mesma pode alterar a relação progenitor-filho, tornando o pai, por exemplo, extremamente solícito, como foi o caso de Bischu, o pai da criança mais nova, ou particularmente supercrítico e áspero, como foi a atitude de Kule com o pobre Naguel. Os pais que, mediante rigoroso autocontrole, garantiram à criança completa participação no seio materno, por sua vez se sentem virtuosos e satisfeitos. É a atitude típica dos pais Arapesh. Quando a criança é desmamada gradativamente, a mãe não sente culpa ao dizer a seu robusto rebento de três anos: "Você, nenê, já teve leite suficiente. Veja, estou ficando completamente esgotada em alimentá-lo. Você é excessivamente pesado para que eu possa carregá-lo comigo a todas as partes. Aqui está, coma esta taioba e acabe com este seu choramingo".

Quando se indaga dos Arapesh a respeito da divisão de trabalho, respondem: Cozinhar o alimento cotidiano, trazer lenha e água, capinar e transportar — é trabalho feminino; cozinhar o alimento cerimonial, carregar porcos e toras pesadas, construir casas, costurar folhas de palmeiras, limpar e cercar, esculpir, caçar e cultivar inhames — são tarefas masculinas; fazer ornamentos e cuidar dos filhos — é trabalho de ambos, homens e mulheres. Se a tarefa da esposa é a mais urgente — quando não há verduras para a refeição da noite, ou um pernil tem de ser levado a um vizinho na aldeia próxima — o esposo fica em casa e cuida do bebê. Ele tem tanto prazer nessa tarefa e é tão pouco severo com sua criança quanto a esposa. Às vezes, na extremidade de uma aldeia, encontra-se uma criança berrando de raiva e um pai orgulhoso que observa: "Veja, meu filho chora o tempo todo. É forte e robusto, exatamente como eu", e na outra extremidade uma criança de dois anos, sofrendo estoicamente a extração

61

dolorosa de um estilhaço de sua fronte, enquanto seu pai diz, com igual orgulho: "Veja, meu filho nunca chora. É forte, exatamente como eu".

Os pais mostram-se tão pouco embaraçados quanto as mães em remover os excrementos das crianças pequenas, e têm tanta paciência quanto as suas esposas em persuadir um filho pequeno a comer a sopa de uma das toscas colheres de casca de coco, sempre grandes demais para a boca da criança. O escrupuloso cuidado diário com as crianças pequenas, com sua rotina, suas exasperações, seus choramingos de infelicidade que não podem ser corretamente interpretados, é tão apropriado ao homem quanto à mulher Arapesh. E em reconhecimento a este cuidado, bem como em reconhecimento à contribuição inicial do pai, se alguém comenta que um homem de meia idade é bem-parecido, as pessoas respondem: "Bem-parecido? Si-im? Mas você deveria tê-lo visto antes de ter todas aquelas crianças"

4. PRIMEIRAS INFLUÊNCIAS
QUE MOLDAM A PERSONALIDADE ARAPESH

De que maneira é o bebê Arapesh moldado e formado para transformar-se na personalidade tranqüila, delicada e receptiva que é o adulto Arapesh? Quais são os fatores determinantes na educação inicial da criança, que asseguram que será plácida e satisfeita, não-agressiva e não-iniciatória, não-competitiva e receptiva, cordial, dócil e confiante? É verdade que, em qualquer sociedade simples e homogênea, as crianças terão, quando adultas, os mesmos traços gerais de personalidade que seus pais tiveram antes deles. Mas não é esse um caso de simples imitação. Prevalece uma relação mais delicada e precisa entre a maneira como a

63

criança é alimentada, posta a dormir, disciplinada, ensinada a ter autocontrole, acariciada, punida e encorajada, e o ajustamento adulto final. Além disso, o modo como homens e mulheres tratam seus filhos é uma das coisas mais significativas acerca da personalidade adulta de qualquer pessoa, e um dos pontos em que aparecem com mais destaque os contrastes entre os sexos. Somente podemos entender os Arapesh, e o temperamento cordial e maternal tanto dos homens como das mulheres, se compreendermos sua experiência de infância e a experiência que eles, por sua vez, impõem a seus filhos.

Durante seus primeiros meses de vida, a criança nunca está longe dos braços de alguém. Quando a mãe passeia, carrega o bebê em sua cestinha de rede apoiada em sua fronte, ou pendurado, sob um seio, numa tipóia de córtex. Este último método é o costume litorâneo; quanto ao modo da cesta de rede, é usado pelos habitantes das Planícies; as mulheres das montanhas usam ambos os métodos, dependendo em grande parte da saúde da criança. Se for impaciente e irritadiça, é carregada na tipóia, onde lhe pode ser dado, tão depressa quanto possível, o seio reconfortante. O choro de uma criança é uma tragédia a evitar a todo custo, e esta atitude é mantida na vida futura. Para a mãe, o período mais difícil é aquele em que o filho de três ou mais anos já é grande demais para ser confortado com o seio e muito pequeno e inarticulado para dizer claramente as razões de seu choro. As crianças são mantidas por muito tempo em posição ereta, de modo que possam empurrar, com os pés, os braços ou pernas da pessoa que a segura. Resulta daí que os bebês podem ficar de pé, apoiados pelas mãos, antes de poderem sentar-se sozinhos. Amamentada sempre que chora, nunca deixada muito longe de uma mulher que lhe possa dar o seio se necessário, dormindo em geral em contato íntimo com o corpo materno, pendurada numa fina cesta de rede às costas, aninhada nos braços, ou enrolada no regaço enquanto a mãe cozinha ou trança, a criança vive, continuamente envolta numa cálida sensação de segurança. É submetida a apenas dois choques, e ambos têm suas repercussões no desenvolvimento posterior da personalidade. Depois das primeiras semanas, durante as quais é banhada cautelosamente com água aquecida, a criança toma banho sob um jato violento de água fria, arremessado sobre ela de um condutor de bambu pontiagudo, produzindo um choque frio, desagradável e abrupto. Os bebês quase sempre se ressentem deste tratamento, e continuam a odiar

64

o frio e a chuva por todas as suas vidas[1]. Também quando uma criança urina ou defeca, a pessoa que a segura empurra-a rapidamente para o lado, a fim de evitar que suje a si mesma ou a ela. Este empurrão interrompe o curso normal da excreção e irrita a criança. Na vida futura, os Arapesh têm um controle esfincteriano notavelmente baixo, e consideram normal perdê-lo diante de qualquer situação altamente carregada.

De resto, a vida do bebê é muito cálida e feliz. Nunca é deixado sozinho; a reconfortante pele humana e as reconfortantes vozes humanas sempre estão a seu lado. Tanto os meninos como as meninas se interessam muito por bebês — há sempre alguém que deseja segurar a criança. Quando a mãe vai trabalhar na horta, leva consigo um menino ou menina para segurar o bebê, em vez de deitá-lo sobre um pedaço de córtex, ou pendurá-lo, durante a manhã, em sua pequena cesta de rede. Se o pajem for um menino, segurará a criança ao colo; se for menina, levará a cesta com o bebê às costas.

Quando a criança começa a andar, o ritmo contínuo e sossegado de sua vida se altera ligeiramente. Agora é cada vez mais pesada para ser carregada pela mãe em suas longas caminhadas até a horta, e além disso, supõe-se que sobreviva sem mamar por uma hora ou mais. A mãe deixa a criança na aldeia, com o pai, ou com algum outro parente, enquanto vai trabalhar na horta ou buscar lenha. Muitas vezes, ao voltar, encontra um bebê choroso e indisposto. Arrependida, desejosa de compensá-lo, senta-se e o amamenta por uma hora. Este ritmo, que começa com uma hora de ausência e uma hora de amamentação compensatória, alcança períodos cada vez mais longos até a idade de três anos ou mais, quando a criança será submetida a um dia de abstinência — suplementada, é claro, por outro alimento — seguido de um dia de amamentação, no qual a mãe, sentada o dia inteiro, deixa-a mamar à vontade, brincar, mamar novamente, brincar com os seios, recuperando gradativamente seu senso de segurança. Trata-se de uma experiência que a mãe aprecia tanto quanto a criança. Do momento em que a criança tem idade suficiente para brincar com os seios, a mãe participa ativamente do processo de aleitamento. Segura o seio na mão e move suavemente o bico entre os lábios infantis. Sopra na orelha do filho, faz-lhe cócegas, bate delicadamente nos seus ór-

---

(1) Não sugiro que a aversão dos Arapesh pela chuva e pelo frio seja inteiramente, ou mesmo em sua maior parte, causada por esta prática, mas é interessante notar que as crianças Tchambuli, que são banhadas na água quente do lago, que quase nunca esfria, mesmo depois do pôr do sol, não têm a aversão Arapesh pela chuva e andam o dia inteiro sob ela com bastante alegria.

gãos genitais, ou faz cócegas nos dedos dos pés. A criança, por sua vez, tamborila no corpo de sua mãe e no seu, brinca com um seio enquanto suga o outro, toca-o com as mãos, brinca com os próprios órgãos genitais, ri e murmura, fazendo da amamentação uma brincadeira longa e agradável. Assim, toda a nutrição se transforma em ocasião de grande afetividade e é, inclusive, um meio pelo qual a criança desenvolve e mantém a sensibilidade a carícias em todas as partes do corpo. Não é como uma criança inteiramente vestida que recebe uma mamadeira dura e fria, persuadida com firmeza a tomar seu leite e a dormir imediatamente, para que os braços doloridos da mãe possam deixar de segurar a mamadeira. Ao contrário, a amamentação é, para mãe e filho, um jogo longo, gostoso e bastante carregado, no qual se alicerça a afetividade feliz e cálida de uma vida inteira.

Entrementes, à medida que vai crescendo, a criança aprende a substituir os seios maternos por novos prazeres durante suas ausências cada vez mais longas. Aprende a brincar com os lábios. Esta brincadeira ela vê nas crianças mais velhas, e elas também brincam com os lábios do bebê, estabelecendo assim a primeira parte do padrão que se ajusta tão bem à solidão temporária e à fome da criança. Bastante interessante é que nenhuma criança Arapesh jamais chupa seu polegar ou outro dedo continuamente[2]. Mas entrega-se a todos os tipos concebíveis de brincadeiras labiais. Balança levemente o lábio superior com o polegar, com o indicador, com o médio; enche as bochechas e as aperta; borbulha os lábios com a palma e com as costas da mão; faz cócegas com a língua por dentro do lábio inferior; lambe os braços e os joelhos. Uma centena de diferentes formas estilizadas de brincar com a boca estão presentes nos folguedos das crianças mais velhas e são transmitidas, pouco a pouco, às crianças em desenvolvimento.

Esta brincadeira com os lábios é a linha de conduta que firma a vida emocional da criança, que liga a segurança feliz que sente nos braços da mãe complacente ao gozo plácido das longas noites diante da fogueira entre seus pais, e finalmente a uma vida sexual satisfeita, não--específica. Os próprios Arapesh consideram o brincar com os lábios um símbolo da infância. Quando meninos e meninas contam lendas que só poderiam ser contadas devidamente por adultos, são aconselhados a borbulhar os

---

(2) É provável que o chupar do polegar, ausente na maioria dos povos primitivos, seja um hábito adquirido nos primeiros meses de vida, período em que as crianças primitivas quase sempre são amamentadas, quando quer que chorem.

lábios em seguida; do contrário, seus cabelos se tornarão prematuramente grisalhos. E aos meninos que foram iniciados, os homens mais velhos aconselham cessar com as brincadeiras labiais; por acaso ainda serão crianças para brincarem desse modo? Ao mesmo tempo, permite-se-lhes que as substituam pela mastigação de bétel e pelo fumo, de modo que os lábios, acostumados durante tanto tempo a um estímulo constante, não fiquem abandonados. Às moças, porém, é permitido borbulhar os lábios até que tenham dado à luz, e iremos ver como isto se ajusta à maneira pela qual o desenvolvimento das mulheres é considerado mais lento que o dos homens.

Enquanto a criança pequena permanece no colo materno, aquecida e excitada pela sua atenção, aí constrói a confiança no mundo, uma atitude receptiva e hospitaleira para com o alimento, para com cachorros e porcos, para com as pessoas. Segura um pedaço de taioba na mão e, enquanto mama, a mãe observa em voz baixa e monótona: "taioba boa, taioba boa, você comeria, você comeria, você comeria, um pouco de taioba, um pouco de taioba, um pouco de taioba", e quando a criança larga o seio por um momento, um pouco de taioba é posto em sua boca. O cachorro ou o porquinho manso, que enfia o focinho curioso por baixo do braço da mulher, ali permanece e a pele da criança e o couro do cachorro esfregam-se um no outro; a mãe, embalando a ambos delicadamente, murmura: "Bom cachorro, boa criança, bom cachorro, bom, bom, bom". Do mesmo modo, todos os parentes da criança são recomendados à sua confiança e os próprios termos de parentesco são dotados de feliz conteúdo. Antes que o bebê possa compreender o que diz, a mãe começa a murmurar-lhe ao ouvido, parando para soprar levemente entre palavras: "Esta é sua outra mãe (a irmã da mãe), outra mãe, outra mãe. Veja sua outra mãe. Ela é boa. Ela lhe traz comida. Ela sorri. Ela é boa". Tão completo é este treino que as próprias palavras acabam por trazer tanta segurança que a criança age sob sua compulsão, quase contra a evidência dos sentidos. Assim, quando uma criança de dois anos fugiu de mim aos gritos, uma estranha, de cor estranha, a mãe acalmou seus receios, acentuando que eu era a irmã de sua mãe, ou de seu pai, ou sua avó. A criança, que um pouco antes arfara de terror, vinha sentar-se tranqüilamente ao meu colo, aconchegando-se novamente num mundo seguro.

À criança não se impõem gradações de comportamento, a não ser um leve reconhecimento da diferença de idade. Destarte, pedem-lhe que corra mais depressa para dar um recado ao avô do que ao pai; ela notará a grande bondade e o senso de realização e satisfação com que seu avô observa: "Agora eu fico em casa e os meus netos se aglomeram ao redor da minha escada". O fato de ser o segundo ou terceiro filho é freqüentemente mencionado. "Veja, o segundo filho come bem, e o primeiro se senta e brinca com sua comida", ou, "o segundo filho vai trabalhar agora e o primeiro fica sossegadamente em casa". Tais reparos acerca de sua própria posição na família e das posições relativas de seus pais servem para ressaltar o único ponto de diferenciação a que os Arapesh prestam muita atenção. De resto, a criança aprende a confiar em todos aqueles com quem se encontra, a amá-los e a depender deles. Não há ninguém a quem não chame tio, irmão ou primo, ou nomes semelhantes para as mulheres. E como estes termos são empregados em larga extensão e com total indiferença quanto às gerações, até mesmo as gradações de idade nelas implicadas se apagam. A criança de colo já está acostumada a levar pancadinhas em baixo do queixo e, por brincadeira, a ser chamada de "meu avôzinho" ou "meu gordo tiozinho". As relações tornam-se ainda mais indistintas devido à despreocupação Arapesh que permite a um homem chamar de "tio" o mais velho de um grupo de irmãos e irmãs, de "avó" a segunda e de "filho" o terceiro, dependendo do ponto de vista do qual esteja considerando sua relação no momento. Ou pode um homem denominar uma mulher de "irmã" e ao seu marido de "avô". Num mundo semelhante, onde não há um comportamento especial imposto entre primos ou entre cunhados, onde ninguém tem vergonha de ninguém, e todas as relações são impregnadas de confiança e afeição mútuas, com garantias de alimentos, cooperação e uma vida compartilhada, naturalmente a criança pequena não faz quaisquer distinções nítidas.

Embora a distinção entre os sexos seja clara na terminologia, é obscura no comportamento. A criança não aprende que somente o pai e mãe podem dormir desacompanhados numa casa, enquanto que uma prima ou tia se esquivaria a um contato tão íntimo com um parente do sexo oposto. Os Arapesh nada sabem de tais restrições. Ao menino Arapesh ensinam os pais: "Quando você viajar, em qualquer casa onde houver uma irmã da mãe, ou do pai, ou prima ou sobrinha, ou cunhada, ou nora, ou sobrinha por afinidade, aí poderá dormir em segurança". O ponto oposto, de que pessoas entre as quais são proibidas as relações sexuais não deveriam ser deixadas sozinhas, é tão estranho aos Arapesh que nunca lhes passa pela cabeça.

Nem as meninas nem os meninos usam roupas até a idade de quatro ou cinco anos; ensinam-lhe a aceitar sem embaraço ou vergonha suas diferenças fisiológicas. A excreção não é, para as crianças, um assunto sobre o qual se exija recato; na verdade, os adultos vão simplesmente por acaso até o limite da aldeia — sua atitude é caracterizada por timidez, mas dificilmente por vergonha. As mulheres dormem nuas à noite e, como já dissemos, os homens usam suas tangas descuidadamente, puxando-as para o lado ao se coçarem. As criancinhas aprendem a observar as regras de limpeza, não através da invocação da vergonha, mas das expressões de nojo. Isto é altamente desenvolvido nelas, de forma que crianças de quatro e cinco anos fogem amedrontadas de substâncias novas como mucilagem ou môfo verde sobre couro. A associação mais comum de excreção com viva consciência dos órgãos genitais, e conseqüentemente das diferenças de sexo, é pouquíssimo desenvolvida.

Não se exige das crianças menores um comportamento diferente para com as crianças de seu próprio sexo e do sexo oposto. As de quatro anos de idade podem rolar e dar cambalhotas juntas no chão, sem que ninguém se preocupe com o contato corporal que resulte. Isso desenvolve nas crianças uma fácil e despreocupada familiaridade com os corpos de ambos os sexos. Não há pudor que a complique e, em troca, o contato físico cálido e total adquire maior valor.

À medida que vai crescendo, a criança não mais é tão estreitamente limitada aos cuidados de seus próprios pais. Crianças são emprestadas. Uma tia, ao voltar de uma visita, traz consigo o pequeno de quatro anos para uma estada de uma semana, passando-o a outro parente para eventual devolução aos pais. Isto significa que a criança aprende a conceber o mundo como cheio de pais, não meramente um lugar em que toda a sua segurança e felicidade dependem da continuidade de suas relações com seus próprios pais. Alarga seu círculo de confiança, sem entretanto, supergeneralizar sua afeição. Ela não vê, o tempo todo, meia dúzia de pais e meia dúzia de mães, de modo que seus verdadeiros pais se apagam num quadro generalizado de pais. Ao contrário, ela vê principalmente os seus progenitores e depois, em série, outros conjuntos de pais, em grande intimidade, nos pequenos e compactos grupos familiares. A rápida reação de uma criança Arapesh à afeição demonstrativa é uma das formas em que se efetua esta transferência de um lar para outro. Meia hora de carinhos, e um bebê Arapesh irá com qualquer um a qualquer lugar. Já treinada para encarar o mundo inteiro como um lugar seguro onde possa vadiar, acompanha com alegria qualquer membro deste mundo bondoso que lhe fizer cócegas na barriga, ou que coçar suas pequenas costas

69

sempre ardentes. As crianças ziguezagueiam pelo chão, de um adulto amistoso a outro, instalando-se junto a qualquer um que lhes dê atenção determinada.

Não há insistência alguma para que as crianças cresçam depressa, ou adquiram habilidades e proficiência especiais, verificando-se uma correspondente falta de técnicas para treiná-las fisicamente. São autorizadas a empreender tarefas muito além de suas forças, a tentar galgar escadas e perder a coragem no meio do caminho, a brincar com facas com as quais podem cortar-se se não forem constantemente vigiadas. Há uma única exceção. As meninas são adestradas no transporte de cargas; volumosas cestas são colocadas sobre suas cabeças, quando ainda são tão pequenas que ainda passam a maior parte do trajeto aninhadas em cestas maiores às costas de suas mães. É-lhes permitido, com grande favor, que carreguem os pertences de seus progenitores, aprendendo a aceitar a carga como um símbolo honroso de crescimento. Mas com essa única exceção, todo o crescimento físico dos filhos é informal. Um bebê tenta subir uma das estacas entalhadas que servem de escada da casa; tomado de medo, grita. Alguém imediatamente corre para segurá-lo. Uma criança tropeça; é levantada e acariciada. O resultado é que a criança cresce com um senso de segurança emocional baseado no cuidado alheio, não em seu próprio controle do meio ambiente. Trata-se de um mundo frio, úmido, cheio de despenhadeiros, de raízes ocultas no caminho, de pedras em que tropeça os pezinhos. Mas sempre há uma mão amiga, uma voz gentil para salvar. Confiança naqueles que estão em torno é tudo o que se exige. O que alguém faz para si próprio importa muito pouco.

Toda esta atitude para com as ferramentas e o controle do corpo se reflete, mais tarde, nas habilidades técnicas fortuitas e imperfeitas dos adultos. Os Arapesh não contam técnicas bem definidas; mesmo os nós com que amarram as partes de uma casa são variados e de estilos diversos. Quando medem uma extensão, quase sempre o fazem de maneira errada, e longe de corrigi-lo, ajustam o resto da estrutura a este erro. As casas são construídas descuidada e assimetricamente. Seu pequeno artesanato, de esteiras, cestas, braçadeiras e cintos, é rústico e imperfeito. Continuamente importam modelos bem feitos, mas ou desfiguram o desenho com uma cópia mal feita ou desistem de tudo. Nunca lhes foi dada qualquer disciplina manual ou visual.

A pintura é talvez a arte em que conseguem o máximo. Um amplo estilo impressionista de pintura em grandes pedaços de casca de árvore dá ao homem especialmente dotado a possibilidade de criar, quase sem tradição, eventuais desenhos encantadores. Todavia, tal aptidão de alguém exerce escasso efeito permanente sobre a falta de convicção dos outros nas próprias habilidades, sobre a sua contínua dependência do trabalho artístico dos outros povos porque se julgam incapazes. Na melhor das hipóteses, as crianças são acostumadas ao entusiasmo, ao prazer rápido e alegre quando lhes é apresentada uma cor viva ou nova melodia. Esta atitude, eles aprendem dos adultos, cuja reação a uma fotografia colorida de uma revista americana não é: "O que é isso?," porém sempre: "Oh! que bonito!"

A contínua mudança de um lugar para outro tem sua repercussão na vida das crianças. Não estando habituadas a grupos bastante grandes, não fazem jogos de conjunto; ao invés, cada criança apega-se a um adulto, um irmão ou irmã mais velhos. As grandes caminhadas de uma plantação a outra, da casa da horta para a aldeia, cansam-nas, de modo que, chegando ao fim da jornada, enquanto a mãe cozinha o jantar e o pai se senta e conversa com outros homens, as crianças ficam em volta, borbulhando com os lábios. Raramente realizam jogos. As crianças pequenas só têm permissão de brincar entre si enquanto não brigam. Ao menor sinal de desentendimento, o adulto intervém. O agressor, ou as duas crianças, se a outra revidar ao ataque, são arrastadas para fora do campo de luta e seguras firmemente. À criança zangada permitem que esperneie e grite, que role na lama e jogue pedras ou lenha no chão, mas não deixam tocar no companheiro. Este hábito de descarregar a raiva de outros sobre seu próprio ambiente persiste na vida adulta. Um homem zangado passará uma hora golpeando um gongo de tira, ou retalhando com o machado uma das palmeiras de sua propriedade.

A finalidade de todo o treinamento das crianças menores não é ensiná-las a controlar a emoção, mas cuidar que sua manifestação não prejudique outra pessoa além delas próprias. No caso das meninas, a expressão de raiva é reprimida mais cedo. As mães confeccionam-lhes bonitas saias, de fibras, que um tombo na lama devido a um acesso de raiva poderá estragar, e em suas cabeças colocam cestas cujo conteúdo seria uma pena derramar. O resultado é que as meninas controlam os ataques de raiva e de choro muito mais cedo do que os meninos, que às vezes rolam e gritam na lama até a idade de quatorze ou quinze anos sem qualquer sentimento de vergonha. A diferença entre os sexos, neste caso, é acentuada por mais dois pontos. Os garotos de quatro e cinco anos tendem a transferir para o pai sua maior devoção; seguem-nos, dormem à noite em seus braços e são muito dependentes deles. Mas o homem tem menos possibilidade de levar uma criança consigo a todos os lugares do que a mulher. Assim, o menino é

71

muitas vezes abandonado, rejeitado por aquele de quem mais depende, e chora desesperado quando o pai parte para uma viagem. À medida que se torna mais velho, o pai passa a deixá-lo não aos cuidados da mãe, ou da co-esposa a quem a criança também chama de mãe, mas de irmãos mais velhos, o que o levará a sentir-se ainda mais abandonado. A mais leve provocação do irmão maior, especialmente uma recusa de alimento, lançá--lo-á em ataques de choro, seguidos de acessos de raiva. Parece restabelecer-se a antiga situação traumática, quando sua mãe o deixava sozinho durante horas seguidas e, com seus ataques infantis de raiva, ele tenta produzir a antiga seqüela, um pai solícito e arrependido. E em parte o consegue, pois todos, inclusive o irmão que o irritou, ficam consternados diante de sua infelicidade e fazem o possível para acalmá-lo. Entretanto, as meninas participam mais cedo do trabalho familiar; estão mais envolvidas no cuidado das crianças pequenas e, como raras vezes se apegam fundamentalmente aos pais, não sofrem este segundo desmame. É de notar que as três garotinhas que demonstravam os mesmos acessos de raiva dos meninos não tinham irmãos do sexo masculino, e por isso eram tratadas como meninos. As inevitáveis ocasiões surgiam quando o pai era forçado a partir para uma caçada ou para fazer trocas, ou mesmo para procurar um feiticeiro cujo feitiço estava levando um parente à morte. Nesse instante, as meninas rasgavam as saias de palha e rolavam na lama com tanto gosto quanto os meninos. Geralmente, porém, as meninas não são submetidas a esta espécie de segundo desmame, a não ser depois de crescidas, quando seus maridos morrem e, então, como viúvas, sofrem a traumática experiência da perda de paternidade às vezes com violentos distúrbios emocionais. Tal experiência, contudo, não sobrevém a toda mulher, e se acontece a uma menina, é bem tarde na vida.

Além disso, como se considera apropriado aos grandes homens simular raiva e desprezo em suas falas públicas, brandir uma lança, bater os pés e gritar, o menino tem à sua frente um modelo de expressão violenta que falta à menina, e é muito jovem para compreender que o comportamento do grande homem é sempre, pelo menos em teoria, simples atitude teatral.

Estes ataques temperamentais quase sempre são motivados por alguma insegurança ou rejeição: a recusa a um pedido da criança, a não-permissão de acompanhar alguém, um empurrão ou uma abordagem mais rude que recebe de uma criança mais idosa, uma repreensão ou, o mais importante, a recusa de alimento. Os ataques causados por recusa de alimento são os mais numerosos e os mais interessantes, porque a criança não se acalma com o oferecimento posterior do alimento. A recusa de um coco desejado, ou de uma tora de cana-de-açúcar, provocou toda uma cadeia de reações, que supera de longe qualquer força que um simples alimento possa ter para detê-la, e a criança soluça às vezes por uma hora, vítima indefesa de uma situação repetitiva em que o pai é igualmente impotente. Tais acessos relacionados com a rejeição servem para canalizar a raiva como resposta a um ato hostil da parte de outrem, e a educação definida contra a agressividade para com outras crianças completa este padrão.

A desaprovação paterna à briga entre os filhos é sempre reforçada por repreensões expressas em termos de relações: "Você, o irmão mais novo, bater nele que é primogênito?" "Você, que é o filho da irmã do pai dele, bater no filho do irmão de sua mãe?" "Não é direito que dois primos lutem entre si como dois cachorrinhos." As crianças não são treinadas a aceitar a aspereza, aquilo que costumamos chamar de esportividade, aquela disposição de levar pancada, considerada mais consoante com o temperamento masculino em nossa sociedade. Os garotos Arapesh são tão protegidos da agressão e do embate de rudes medidas disciplinares por parte de crianças mais velhas e de pais irritados, como a mais frágil menina ternamente educada entre nós. Resulta disso que os meninos Arapesh jamais desenvolvem o "bom espírito esportivo"; seus sentimentos ficam intoleràvelmente feridos por um tapa, ou mesmo por uma palavra acre. A mais leve zombaria é tomada como expressão de inimizade, e um homem adulto romperá em lágrimas diante de uma acusação injusta.

Levam para a vida adulta o medo de qualquer brecha entre companheiros. A cultura possui umas poucas formas simbólicas externas com que pode expressar uma real separação, sinais públicos de um desacordo que podem ser estabelecidos para enfrentar a situação sem choques pessoais verdadeiros entre os indivíduos envolvidos. Raramente, porém, são usados. Entretanto, às vezes acontece que um homem resolva, afinal, que sua mulher é incapaz de alimentar porcos. Trata-se de uma decisão muito séria, pois engordar porcos é uma das glórias que ornam a mulher na realização social. A situação se complica ainda mais pelo fato de que nunca, ou quase nunca, ela engorda porcos de sua propriedade ou do marido, mas, antes, um porco de um parente seu ou de seu esposo. A morte do animal, por doença, desgarramento, ou captura por um gavião ou píton, é uma grande tragédia, e o marido sente a necessidade de castigá-la por isso. Êle o faz, no caso de várias destas mortes trágicas, por um sinal colocado à

73

porta, e todos ficam sabendo que ela é incapaz de criar porcos. O marido amarra a uma lança um pedaço de inhame ou de taro, e com ela espeta um pedaço da casca do cocho onde o porco comia, e assim por diante; também criva de flechas os cantos da casca. Deste modo, todos ficarão sabendo o que ele acha do assunto, mas não precisa discuti-lo com a esposa e, se ela se zanga, o faz diante de uma situação puramente impessoal e formal. Assim, quando os parentes estão realmente zangados entre si, o mais enraivecido dá um nó mnemônico numa folha de cróton e a pendura em seu próprio umbral, significando que ele jamais voltará a comer com os parentes que o irritaram. Para remover este signo formal de rompimento, a pessoa que deu o nó original deve matar um porco. Assim também, um *buanyin* que reputa intoleráveis as relações de *buanyin* pode cortá--las, se colocar uma tigela de madeira esculpida, cercada de galhinhos, sobre o *agehu*, declarando com isso o término da relação. Todavia, são raros todos estes métodos altamente estilizados de rompimento de relações; um homem pensa muito tempo antes de empreender um passo tão drástico e de suscitar uma situação que lhe será muito difícil manter e muito dispendioso interromper.

O medo e o mal-estar resultantes de qualquer manifestação de raiva desenvolvem-se mais tarde no padrão de feitiçaria. Uma pessoa zangada pode não agredir outra, pode não recorrer a qualquer insulto extremo. Porém, pode, em represália, adotar por um instante o comportamento apropriado não a um parente ou membro da mesma localidade, mas adequado a um homem das Planícies, um estranho e inimigo. As crianças Arapesh crescem com a noção de que o mundo se divide em duas grandes porções: *parentes*, porção que inclui umas trezentas ou quatrocentas pessoas, todos os membros de sua localidade, e os de aldeias de outras localidades, ligados a eles ou a seus parentes por casamento, e as longas linhas de esposas e filhos dos amigos de troca hereditários de seu pai; e *estranhos* e *inimigos*, formalmente denominados *waribim*, porção dos homens das Planícies, literalmente "homens das terras ribeirinhas". Estes homens das Planícies desempenham na vida das crianças o duplo papel de fantasma a temer e inimigo a odiar, ridicularizar, ludibriar, a quem se transfere ativamente toda hostilidade desaprovada no grupo. As crianças ouvem as murmurações e as pragas dos pais quando os arrogantes homens das Planícies passam; ouvem falar de morte e infelicidade atribuídas aos feiticeiros. Quando contam cinco anos ou mais, são avisadas: "Nunca deixe qualquer sobra de alimento jogada num lugar onde haja estranhos. Se quebrar um talo de cana-de-açúcar, tome cuidado para que nenhum estranho o perceba; do contrário, ele voltará para apanhar o toco e usá-lo a fim de pôr feitiço em você. Se comer uma noz de areca, cuide para não jogar fora com a casca um pedaço da amêndoa. Se comer o inhame duro e resistente coma-o todo; não largue qualquer pedaço que um estranho possa pegar e usar contra você. Quando dormir numa casa onde haja estranhos, deite-se com o rosto para cima, para que nenhuma gota de saliva possa pingar na casca e depois ser recolhida e escondida pelo inimigo. Se alguém lhe der um osso de gambá, fique com o osso até que possa escondê-lo em algum lugar, quando ninguém estiver olhando". Para carregar estes restos de comida, a fim de que não caiam nas mãos do estranho, ao menino dão uma cesta de folhas de palmeira e à menina, uma cesta de malha. Esta constante preocupação com a "sujeira" torna todos os que vivem na cultura Arapesh obcecados pelo assunto. Ao comer, ao mascar noz de areca, ao fumar, ao ter relações sexuais, o invíduo continuamente é forçado a ceder uma porção da sua pessoa, que poderá cair nas mãos de estranhos, e causar-lhe enfermidade ou morte. O medo da doença, da morte, da infelicidade, é dramatizado nesta insistência quanto ao cuidado com a própria sujeira. A criança acaba acreditando que a hostilidade, um sentimento existente apenas entre estranhos, normal e regularmente se expressa no roubo e na ocultação de um pouco de sujeira. Esta concepção que liga o medo e a raiva a um padrão definido de comportamento é compulsiva na vida adulta dos Arapesh.

Suponhamos que um irmão fira um homem, ou um primo o maltrate, não como um parente normalmente deveria agir, mas tornando-se no momento o "inimigo", o "estranho". O homem ferido não tem um senso de gradação a que recorrer; não foi educado para um círculo limitado de parentes muito íntimos e amigos e um círculo ligeiramente menos amistoso de parentes menos chegados — não foi educado para um comportamento diferenciado com o irmão e o cunhado. Conhece duas únicas categorias de comportamento: o de um membro de seu grupo amplo e de confiança e o do inimigo. O irmão com quem se zanga passa por um instante à categoria de inimigo, e ele furta a sujeira do irmão e leva-a aos homens das Planícies. Na prática, toda a sujeira dos montanheses que é encaminhada aos pequenos esconderijos dos feiticeiros das Planícies é roubada não por estes, mas pelos próprios montanheses, irmãos, primos e esposas zangados. Todos os habitantes das montanhas conhecem bem este fato. Quando querem localizar a aldeia de feiticeiros que provavelmente está de posse da sujeira de um homem doente, seguem a

75

linha dos amigos de troca hereditários do homem a quem o doente tenha dado recentemente motivo de raiva. Porém, quando um homem morre, a morte não é atribuída ao homem que roubou a sujeira. Acredita-se que ele tenha esquecido sua raiva há muito tempo. Ao contrário, é atribuída ao feiticeiro, cujo comportamento o homem irado originalmente imitou, de forma compulsiva, durante a raiva que sentiu do amigo.

Destarte, a ausência de quaisquer expressões intermediárias de zanga e a existência de apenas duas categorias, amigo completo ou completo inimigo, forçam os Arapesh a se comportarem de uma forma que eles próprios repudiam como inválida e intrusa, como a loucura inexplicável de um momento. E a ausência de qualquer espécie de esporte violento, de qualquer briga corriqueira, um pouco mais carregada, entre crianças, torna o Arapesh particularmente vulnerável quando se depara com a mais leve expressão de ira. Daí resultam o medo e o pânico, e o roubo compulsivo da sujeira segue-se mais do que provavelmente. Quando um homem relata ato semelhante, fá-lo sem afetação, como se descrevesse um movimento involuntário dos olhos diante de uma luz resplendente: "Ele me era hostil. Colocou-se contra mim. Ajudou as pessoas que causaram a morte de minha mãe. Disse que ela poderia continuar casada com aquele homem. Não me ajudou. Eu morava com ele na casa do irmão de minha mãe. Ele comeu um pedaço de carne de canguru. Pôs o osso de lado. Esqueceu-o. Levantou-se e saiu de casa. Meus olhos viram que ninguém estava olhando. Minha mão moveu-se e apanhou o osso. Escondi-o depressa em minha cesta. No dia seguinte, encontrei um homem de Dunigi no caminho, a quem chamei de avô. Dei-lhe o osso. Apenas dei-lhe. Não lhe dei junto nenhum anel". (Se ao feiticeiro é dado um pedaço de sujeira sem pagamento, fica entendido que ele não tomará qualquer medida, porém aguardará um honorário de manutenção, seja da pessoa que originalmente lhe entregou a sujeira, ou de outra que foi ofendida mais recentemente; este último pagamento inexiste na prática, mas é invocado como álibi.) Semelhante relato é feito em voz baixa e sem emoção, sem orgulho ou remorso, sem nenhuma admissão de genuína cumplicidade. O padrão aprendido na primeira infância afirmou-se simplesmente como um todo.

Voltando à educação lúdica das crianças: à medida que elas crescem e fazem jogos, não brincam de nada que possa encorajar a agressividade e a competição[3]. Não há

---

(3) O futebol americano, jogado com uma lima, está sendo agora introduzido por jovens trabalhadores que retornaram.

corridas, nem disputas entre dois partidos. Em vez disso, brincam de ser gambás e cangurus, ou um deles é um casuar adormecido que os outros vão assustar. Muitos dos jogos se assemelham às brincadeiras de jardim de infância de crianças bem pequenas, cantigas em que uma pantomima muito simples, como a da imitação do corte do sagu, acompanha as palavras tradicionais. Mesmo estas brincadeiras são raras. No mais das vezes, os momentos em que as crianças se reúnem em grupos suficientemente grandes para fazer um jogo que valha a pena, são as ocasiões festivas; mas, havendo danças e cerimonial adulto, o papel de espectador lhes parece muito mais absorvente. É este um papel a que, desde os primeiros anos, o borbulhar dos lábios os ajudou a conformar-se. Também, quando eram ainda bebês, dançaram nos ombros das mães e tias, durante as longas noites de dança. Nestas danças, que celebram a conclusão de alguma obra, como a colheita do inhame ou uma expedição de caça, as mulheres preferem dançar com crianças aos ombros; e assim, as mulheres ora dançam, ora sentam-se e fumam tranqüilamente ao redor das pequenas fogueiras e, entrementes, as crianças menores são passadas de uma a outra dançante, de modo que dançam a noite toda, sacudidas para cima e para baixo, semi--adormecidas nos ombros oscilantes das mulheres. Desde muito pequenos, os bebês aprendem a dormir montados no pescoço do adulto, seguros apenas pela mão firmemente apertada na mão do adulto, ajustando-se sem despertar a qualquer movimento que o adulto faça. Tudo nesta primeira experiência os habitua a participarem da paisagem geral, a preferir uma parte passiva integrada na vida da comunidade a uma vida infantil ativa e própria.

Na vida das crianças em grupos, existe uma diferença acentuada entre os sexos, diferença que prevalece durante a vida toda. As meninas pequenas são úteis principalmente para fazer transportes, capinar, recolher alimentos e carregar lenha. Sempre que ocorre uma colheita ou uma festa, todas as pequenas parentas são requisitadas, e um bando delas se junta para trabalhar duramente por um dia ou mais. É esta, praticamente, a única ocasião em que se vêem, pois, nas reais ocasiões de festa, acham-se ainda mais atarefadas do que nos demais períodos de trabalho. Após um dia de transporte, com suas mandíbulas firmemente cerradas e as frontes brilhando de suor, estão demasiado cansadas até mesmo para tagarelar. Assim, boas amigas, de onze ou doze anos, adormecem uma nos braços da outra, na mesma cama de casca de árvore, cantarolando juntas pequenas toadas. Multidões e labuta tornam-se intimamente associados em suas mentes, ao passo que uma conversa despreocupada e liberdade de um trabalho muito

77

pesado se associam ao pequeno grupo de parentes íntimos, reunidos à volta do fogo noturno na "pequena aldeia", a povoação residencial do clã.

A experiência dos meninos é exatamente oposta. Seu trabalho não é feito em grupos, mas acompanhando o pai ou o irmão mais velho a uma expedição de caça, ou à mata para juntar ervas ou trepadeiras, ou cortar madeira para a construção de casas. Um garoto e um ou dois adultos formam o grupo-padrão para o trabalho dos menores. Quando não há expedições assim em perspectiva, dois, três ou mais meninos se reúnem, fabricam arcos e flechas de brinquedo e exercitam-se atirando em lagartos ou em alvos de laranjas reluzentes, e colocam armadilhas para ratos ou fazem matracas e pistolas de estalo. A associação com meninos de seu grupo etário é seu momento mais feliz e despreocupado, e isto explica a grande inquietude dos homens quando se vêem, por muito tempo, confinados a uma "pequena aldeia", sua maior necessidade de viver sempre em movimento, em visita a irmãos e parentes. Seu incessante desejo de efetuar visitas é causa de constantes censuras e zombarias de parte das mulheres, e ao homem que gosta demais de fazer isto sua esposa o apelida de "passeador" ou "nunca-senta". Uma forma que assume a leve instabilidade nervosa entre os Arapesh é a supersensibilidade a situações sociais; isto pode ser expresso ou no fato do indivíduo tornar-se eremita e viver no coração da mata, ou em seu eterno deambular de uma ocasião festiva a outra, incapaz de resistir aos sons dos tambores mais longínquos.

No tocante à propriedade, a educação que é dada às crianças é no sentido de encorajar o respeito à propriedade alheia e o sentimento de cômoda segurança na propriedade de seu próprio grupo familial, mais do que qualquer sentimento mais forte de posse. As crianças recebem repreensões quando lesam a propriedade de outrem, e uma insistência delicada: "Isto é de Belidu, tenha cuidado. Isto é de vovô, não o quebre", sempre acompanha as explorações infantis nos pertences alheios. Mas não se ouve a contra-observação: "Aquilo não é seu", comentário irritante e constante das mães Manus. A ênfase não é posta sobre a distinção entre "meu" e "seu", porém muito mais na necessidade de ter cuidado com as coisas dos outros. Os pertences da família são tratados de maneira muito diversa. Dá-se à criança tudo o que ela pede em chôro, do que resulta amiúde a quebra dos brincos da mãe, o desenfiar de seu colar de dentes de marsupial. Para a criança, sua casa não é um mundo proibido, cheia de tesouros que ela é constantemente convidada a deixar em paz, até que venham assumir importância enorme a seus olhos. Se os pais possuem algo e sentem que a criança poderá estragá-lo, escondem-no em lugar seguro, de modo que jamais venha a desejá-lo. Toda esta atitude foi vivamente ilustrada quando lhes mostrei um balão vermelho. Foi a peça de cor mais límpida e mais bonita que aquelas pessoas jamais viram; as crianças gritavam de excitação e mesmo os adultos, por um momento, contiveram a respiração de alegria. A seguir, disseram tristemente: "É melhor guardá-lo. Você com certeza não tem muitas destas coisas bonitas, e os bebês irão chorar por elas".

À medida que vai crescendo, a criança aprende que a placa de madeira entalhada, usada apenas nas festas, ou o toucado de ave-do-paraíso que o pai usa quando dança, é dela — da criança. Mas os pais continuam a usar tais coisas. O pai a leva à mata, mostra-lhe as moitas de sagu novo e, ensinando-lhe os nomes, explica-lhe que também são suas. "Sua propriedade" passa a significar coisas pertencentes ao futuro, algo que agora é usado por outros, ou que ainda não é seu. Quando crescer, designará analogamente todos os seus pertences como propriedade de seus filhos. Sob tal sistema, ninguém se torna agressivamente possessivo do que é seu, e roubo, portas trancadas, e o equivalente primitivo de fechaduras — a magia negra colocada na propriedade — são virtualmente desconhecidos. Os Arapesh possuem alguns amuletos protetores das plantações cujo sentido se perdeu de tal forma para eles que, ao colocá-los na cerca de suas hortas, acreditam que até suas esposas e filhos hão de sofrer os efeitos, ao comerem de suas próprias plantações.

5. CRESCIMENTO E INICIAÇÃO DO JOVEM ARAPESH

Quando a criança Arapesh atinge os sete ou oito anos, sua personalidade está formada. Meninos e meninas aprenderam uma atitude feliz, confiante e segura em relação à vida. Aprenderam a incluir no círculo de sua afeição todos aqueles a que estão ligados de qualquer forma que seja, e a responder a qualquer termo de relação com uma ativa expressão de cordialidade. Foram desencorajados de quaisquer hábitos de agressividade para com os outros; ensinaram-lhes a tratar com respeito e consideração a propriedade, o sono e os sentimentos alheios. Associam, de forma definitiva, o alimento com calor, aprovação, aceitação e segurança, e vêem em qualquer recusa de alimento um sinal de hostilidade e rejeição. Aprenderam a ser participantes passivos das atividades de seus progenitores, mas tiveram pouquíssima experiência em efetuar jogos por si sós ou em organizar suas próprias vidas. Acostumaram-se a responder quando os outros dão o sinal, a seguir aonde os outros os conduzam, a mostrar entusiasmo e não criticar as novidades que lhes são apresentadas. Quando sentem frio, ou estão aborrecidos ou solitários, borbulham os lábios numa centena de formas padronizadas.

Aprenderam a temer o estranho, o homem da Planície, o homem que anda em seu meio, alerta, em busca de um pouco de sujeira que lhes causará desgraça. Foram ensinados a guardar qualquer resto ocasional de comida ou pedaço de roupa velha, a manter — quando encontram um estranho — aguda vigilância sobre estas partes recém--separadas de suas personalidades. Não se lhes permitiram expressões de hostilidade ou agressividade em relação a um qualquer das centenas de parentes, devendo todos ser amados e respeitados; foram porém autorizados a adotar o ódio birrento de seus progenitores aos feiticeiros e mesmo arremessar algumas pequenas lanças sobre uma trilha seguida por um grupo de homens das Planícies. Assim ficou assentado o padrão básico que na vida adulta os levará a identificar quem quer que os ofenda a um estranho e desta maneira recorrer ao velho padrão mágico de furtar a sujeira do estranho. Apenas duas diferenças importantes foram estabelecidas entre os sexos: o afeto que envolve as atividades de grupo e a maior manifestabilidade de raiva permitida aos meninos. Esta última é obscurecida por outras considerações de ordem de nascimento e sexo dos irmãos; as meninas que não têm irmãos mostram as mesmas tendências, e os meninos que têm muitas irmãs mostram-nas em menor grau.

Quando surgem os primeiros sinais de puberdade — elevação e aumento dos seios nas meninas, aparecimento de pêlos púbicos no menino — o adolescente precisa observar certos tabus, evitar comer certas carnes e beber água fria até que os inhames então plantados sejam colhidos e germinem no depósito de inhame, um período de tabu que se prolonga por quase um ano. É então dever da criança guardar tais tabus, de um modo cuidadoso e solene, "para crescer sozinho", conforme as regras que todos sabem serem corretas. As crianças são tornadas agora, pela primeira vez, culturalmente conscientes da fisiologia do sexo. Antes disso, qualquer indício de masturbação que houver — e é mínimo devido à grande ênfase dada ao prazer, socialmente aceitável, de borbulhar os lábios — é desprezado como divertimento infantil. No entanto, quando um menino começa a guardar os tabus de seus pelos púbicos, é advertido contra a manipulação descuidada de seus órgãos genitais. E aprende com os meninos mais velhos o que fazer quando transgride quaisquer das regras essenciais ao crescimento; aprende o uso disciplinar e higiênico das urtigas ardentes e mesmo as sangrias com um instrumento de bambu afilado. Converte-se no guardião responsável de seu próprio crescimento e as sanções são todas em termos desse crescimento. Se infringir as regras, ninguém o punirá; ninguém a não ser ele próprio sofrerá. Simplesmente, não crescerá para tornar-se um homem alto e forte, um homem digno de ser pai de família. Agora está incumbido da tarefa de manter separadas a função reprodutiva das mulheres e a função masculina de obtenção de alimentos. A representação mais dramática desta separação de funções masculinas e femininas é o culto do *tamberan*. O *tamberan* é o patrono sobrenatural dos homens adultos da tribo; ele[1] (ou eles), pois algumas vezes é concebido individualmente, nunca deve ser visto por mulheres e crianças não-iniciadas, e é representado por vários artifícios produtores de ruídos, flautas, apitos, gongos de tira e assim por diante. Tão logo uma criança alcança idade suficiente para atentar de algum modo a seu ambiente, a vinda do *tamberan*, sua permanência na aldeia, sua partida dramática são pontos altos da vida. Mas até que garotos e garotas atinjam seis ou sete anos, a vinda do *tamberan* tem o mesmo significado para os dois sexos. Há o alvoroço e o estímulo que anuncia uma festividade; as pessoas se aglomeram numa das povoações maiores, dormindo comprimidas em volta de um fogo, nas casas apinhadas de gente. Mulheres e meninas trazem às costas grandes carregamentos de lenha e amontoam-nos sob as casas elevadas. Os homens partem para uma caçada de uma semana, atentos aos lagartos varanos para novas peles do tambor, enquanto caçam casuares e cangurus. Fala-se muito de um porco, ou talvez de dois, que alguém da aldeia vizinha pretende doar e vai trazer para a festa. Os parentes do homem por cuja iniciação o *tamberan* deverá comparecer trazem inhames, que são empilhados em pequenos montes no *agehu*, e os recebedores agradecidos marcham em volta, recitando "Wa Wa Wa", que é chamado para "matar a ave do mato" e signi-

---

(1) A palavra que designa *tamberan wareh* faz parte da classe dos substantivos a que pertencem também palavras como "criança", palavras em que o sexo é indeterminado. Os pares de flautas são sempre designados como masculino e feminino, e o termo que designa *tamberan* no plural é *warehas*, com a terminação plural empregada para grupos de sexo misto, ou outros grupos mistos. Como em inglês [e do mesmo modo em português] não existe um pronome singular para o sexo indeterminado, empregarei *ele* (he) representando o equivalente mais próximo em significado. Na linguagem comum, os nativos — homens e mulheres — tendem a falar do som emitido pelas flautas como se fosse feito por um ser, a quem ou ao qual se referem no singular.

83

fica que algum dia hão de retribuir os presentes. Por fim, chegam notícias de que a caçada terminou; um canguru bem grande encheu a cesta de caça. Os caçadores entram, usando nos cabelos penas de ave-do-paraíso, orgulhosos de sua presa, que é trazida para dentro em pacotes amarrados com varas e enfeitados com fitas verdes e vermelhas de folhas de *Tracaena*. Discursos de congratulações são proferidos e, no dia seguinte, preparam-se croquetes especiais de coco, que se fazem somente para festas.

Sob todos estes preparativos corre um fluxo de agitação. O *tamberan* virá, virá de trás da montanha, virá da direção do mar. As crianças menores o imaginam como um monstro enorme, da altura de um coqueiro, que vive no mar, exceto nas raras ocasiões em que é chamado a cantar para as pessoas. Quando o *tamberan* chega, fogem dele tão rapidamente quanto possível, segurando a saia de palha da mãe, tropeçando e escorregando, derrubando bocados mastigados de inhame, choramingando de medo de serem deixados para trás. O fascinante som das flautas se aproxima a cada minuto e algo horrível pode acontecer a um garoto ou garota que for apanhado a perambular na aldeia depois que os homens e o *tamberan* entram. Assim, precipitam-se pela encosta da montanha, mulheres, crianças e cachorrinhos, e talvez um ou dois leitõezinhos que vêm guinchando atrás de sua dona. Uma mulher carrega um recém-nascido, com muitos feixezinhos de folhas pendurados em sua cesta de rede para protegê-lo do mal, e uma folha de bananeira sobre a cesta para abrigá-lo do sol e da chuva. Uma velha, com seus cabelos brancos e ralos, espetados, cabeça quase calva, segue coxeando no fim da procissão, resmungando que nunca mais tentará subir a montanha para uma festividade; não, depois desta ficará em sua casinha no vale, alimentará os porcos do seu filho, mas quando a esposa dele tiver outro filho, ela não subirá a montanha para vê-lo. É muito duro, muito duro para suas velhas pernas e o tumor é muito pesado para carregar. O tumor vai tornando-se pouco a pouco mais proeminente em seu abdome, delineado claramente sob sua pele flácida. Esse tumor apareceu porque ela deu comida aos feiticeiros que mataram seu irmão há muito tempo. À medida que ela caminha tropegamente, agarrando-se a um bastão, os outros olham-na um pouco desconfiados. Essas velhas que já passaram, faz tanto, do período de fertilidade sabem pouco mais que as jovens. Seus pés não são apressados pelo mesmo medo que leva a mãe aleitante a apertar o filho a si e fugir do som das flautas, e mais tarde fá-la-á tremer quando ouvir os passos do marido subindo a escada de casa. E se ele não tiver lavado devidamente as mãos nas ervas mágicas

84

convenientes? Por causa de uma negligência assim Temos perdeu seu bebê e o filho único de Nyelahai morreu. As mulheres velhas não temem mais estas coisas; não vão mais à cabana menstrual, os homens não baixam a voz quando conversam perto delas.

Da encosta distante vem o som alto e claro das flautas. "Não é bela a voz do *tamberan?*" sussurram entre si as mulheres, e *"Tamberan, tamberan"* ecoam os bebês. De um grupo de meninas emerge um murmúrio cético: "Se o *tamberan* é tão grande, como pode entrar em sua casa?" "Quieta! Cale a boca!" diz rudemente a mãe do recém-nascido. "Se você falar deste jeito do *tamberan*, todos nós morreremos." Chegam mais perto as flautas, os sons graciosos e intermitentes emitidos de forma incorreta por músicos jovens e desacostumados. Com certeza o *tamberan* já está dentro da aldeia, enroscado entre as árvores, tirando seu signo sagrado das palmeiras onde o colocou há seis meses, de modo que agora os cocos podem ser colhidos para a festa. O sol, antes tão quente, se esconde atrás de uma nuvem, e um rápido aguaceiro encharca as mulheres e crianças que estão à espera. A voz do *tamberan* não chega tão clara através da chuva. Um calafrio envolve o pequeno grupo, os bebês choram e depressa são acalmados de encontro aos seios das mães. Agora, ao som das flautas junta-se o som dos gongos de tira. "O *tamberan* entrou na casa", sussurra uma das mulheres idosas. Elas se agitam, arrumam as cestas de rede que foram desapertadas de suas frontes, chamam as crianças que perambulam mais abaixo da encosta. Um alô distante é ouvido do topo da montanha; são os homens chamando as mulheres e crianças de volta à aldeia, que novamente se torna segura para elas, agora que o *tamberan* está encerrado na casinha especial, decorada mais alegremente que todas as outras, com as vigas dos telhados pintadas nos quatro cantos e o escudo pintado instalado na empena. Respondendo ao chamado dos homens, elas sobem arduamente de volta. Não há entre elas o sentimento de terem sido excluídas, de serem de certo modo criaturas inferiores a quem os homens baniram de uma cena festiva. Trata-se apenas de algo que não seria seguro para elas, alguma coisa ligada ao crescimento e à força dos homens e dos rapazes, mas que seria perigoso para mulheres e crianças. Seus homens são cuidadosos com elas, protegem-nas diligentemente.

É sempre um momento de exaltação a volta à aldeia onde tão recentemente aconteceu algo misterioso. Em toda casa, na empena ou na porta, colocaram-se bandeiras de folhas de cores vivas. O *tamberan* descansou aqui. Ao pé de cada palmeira jaz uma coroa de folhas vermelhas; são as argolas do tornozelo do *tamberan*, que caíram enquanto

85

ele estava sob as palmeiras. No chão do *agehu*, amolecido pela chuva, vêem-se marcas enormes. Um dos homens pode observar conscientemente a uma mulher ou criança que são as marcas dos testículos do *tamberan*. É fácil ver como é grande o *tamberan*. Mas, embora os homens tenham arranjado esta pantomina com tanto cuidado, as mulheres dão pouca atenção aos detalhes. Isto é algo que é melhor deixar de lado, até no pensamento. É algo que pertence aos homens. Elas também têm seu *tamberan*, o nascimento, os ritos da puberdade da menina e o ritual de tingir saias de palha. São os *tamberan* das mulheres. Quanto ao primeiro *tamberan*, pertence aos homens, e não vale a pena pensar nele. Da casinhola do *tamberan* as flautas emitem sons constantes, acompanhadas agora pelos gongos de tira. Entram e saem os homens, os rapazes iniciados e, se não houver visitas do litoral, os meninos maiores que ainda não foram iniciados.

Esta permissão concedida aos meninos não-iniciados assinala outra diferença na forma de cultuar o *tamberan* entre os Arapesh e as tribos circundantes. Em muitas regiões da Nova Guiné, o culto do *tamberan* é uma maneira de manter a autoridade dos homens mais velhos sobre as mulheres e crianças; é um sistema dirigido contra as mulheres e as crianças, destinado a mantê-las em seus lugares ignominiosos e puni-las se tentarem sair. Em algumas tribos, a mulher que acidentalmente vê o *tamberan* é morta. Os meninos são ameaçados com as coisas horríveis que lhes sucederão na sua iniciação, e a iniciação se converte num trote malvado em que os homens mais velhos se vingam dos meninos recalcitrantes e dos ultrajes que eles mesmos sofreram outrora. Tais são as ênfases principais do largamente difundido culto do *tamberan*. Sigilo, hostilidade de sexo e idade, temor e trote, moldaram seus padrões formais. Os Arapesh, entretanto, embora compartilhem de parte dos padrões formais com seus vizinhos, alteram todas as ênfases. Numa comunidade onde não há hostilidade entre homens e mulheres, e onde os velhos, longe de se ressentirem da força crescente dos jovens, encontram nela a maior fonte de felicidade, um culto que ressalte o ódio e o castigo não tem lugar. E assim, os montanheses alteraram a maioria dos pontos importantes. Onde outros povos matam uma mulher que descobre por acaso certos segredos, ou vão à guerra contra uma comunidade que não mantém suas mulheres suficientemente segregadas, os Arapesh apenas fazem a mulher jurar segredo, dizendo-lhe que, se ela não contar às outras, nada lhe acontecerá. No litoral, diz-se aos meninos iniciados que, se traírem os segredos do culto, serão encontrados pendentes de uma árvore, destripados pelo *tamberan*. Nas montanhas, porém, esta ameaça atemorizadora é omitida. E é também obscurecida a grande diferença entre meninos iniciados e não-iniciados. Num culto de homens adequadamente organizado, os meninos não-iniciados são severamente impedidos de participar, porém, entre os Arapesh, onde nada motiva semelhante exclusão, os homens mais velhos dizem: "Eis uma boa festa. É uma pena que ele que já é grande não possa comer só porque ainda não lhe fizemos incisões. Deixem-no entrar". Mas se estranhos do litoral, ortodoxos e críticos, estão presentes, os meninos não-iniciados são afastados para longe, pois os Arapesh são sensíveis em relação à sua própria não-ortodoxia, alegremente desordenada.

Uma ocasião, em Alitoa, havia vários visitantes do litoral na casa do *tamberan,* tocando flautas, soando os gongos de tira e em geral mandando e desmandando. Afinal, era da praia que tinham vindo as flautas. Quarenta anos atrás, os montanheses não tinham outra coisa além dos assobios de sementes para personalizar seus entes sobrenaturais. Os visitantes estavam orgulhosos e famintos, e pediram mais carne. Bateram no solo da casa do *tamberan* de modo tradicional e começaram a arremessar pedaços de lenha escada abaixo. Finalmente, com grande estardalhaço, ameaçaram com a saída do *tamberan.* Estava justamente anoitecendo; mulheres e crianças reunidas em grupos junto à casa do *tamberan* preparavam a refeição noturna, quando veio a ameaça. Desvairadas, desprevenidas, desesperadas, fugiram montanha abaixo, as crianças extraviando-se, caindo perdidas entre as pedras. Segurando-me com força pela mão, Budagiel, minha "irmã", arrastava meus pés desabituados em busca de abrigo. Escorregando, patinando, esforçando-se para respirar, continuávamos em desordem. Então veio um grito de cima "Voltem! Foi uma bobagem! Não era verdade"; e sem fôlego escalamos de volta a encosta. No *agehu* reinava a confusão, homens movimentando-se, discutindo, exclamando, brigando. Finalmente Baimal, o estourado e excitável Baimal sempre indomável apesar de sua pequena estatura, lançou-se à frente e começou a bater na frente da casa do *tamberan* com uma vara: "Você queria, não queria? Você queria sair e amedrontar nossas mulheres, fazendo-as tropeçar e escorregar, na escuridão e na umidade? Você queria enxotar os nossos filhos, não foi? Tome isto e isto e mais isto!" E, golpe após golpe, caíam as varadas ressonantes no telhado de sapé. Depois disso, Baimal teve de mandar um pedaço de carne para o *tamberan* ultrajado, mas ele não se importou, nem a comunidade. Baimal expressara em nome de todos sua objeção ao uso do *tamberan* como instrumento de terror e intimidação. Foi o *tamberan* quem os ajudou a criar os filhos e a proteger as mulheres! Os visitantes do litoral zangaram-se, comeram as oferendas de carne, e voltaram a sua aldeia para comentar os modos bárbaros daqueles montanheses que não tinham o menor senso de como fazer as coisas.

Às vezes, o *tamberan* permanece apenas alguns dias na aldeia; outras vezes, várias semanas. Ele vem tornar os coqueiros tabu para as festas ou suspender o tabu, presidir a segunda festa mortuária quando os ossos de um homem ilustre são desenterrados e distribuídos entre os parentes. Ele vem quando uma nova casa do *tamberan* é construída, e mais importante, vem para uma iniciação, ocasião em que é levantada uma grande cerca de esteiras de palha numa extremidade da aldeia e os iniciados são ali segregados por vários meses.

À medida que as crianças crescem e atravessam o período em que, quando no medo se agarram às saias das mães, surge uma marcante diferença entre os sexos na atitude para com o *tamberan*. As meninas continuam a seguir os passos das mães; aprendem a não especular, temerosas de que a infelicidade caia sobre todas elas; são tomadas pelo hábito da passividade intelectual, uma falta de interesse intelectual mais pronunciada que aquela que caracteriza a mente de seus irmãos. Tudo o que for estranho, anônimo e desconhecido — sons diferentes, formas desconhecidas — é proibido às mulheres, cujo dever é proteger sua reprodutividade, atenta e ternamente. Essa proibição afasta-as de todo pensamento especulativo, bem como da arte, pois entre os Arapesh a arte e o sobrenatural são partes de um todo. Todas as crianças rabiscam, com pedaços de carvão, a casca de árvores, tiras de casca de sagu bem polidas, que se usam como camas e pratos de parede. Desenham ovais que são inhames e círculos que são taiobas, pequenos quadrados que são canteiros, padrões que representam figuras em série e um pequeno e belo desenho que é chamado "estrela matutina". Executar estes desenhos torna-se, mais tarde, ocupação exclusivamente feminina, divertimento com que podem entreter-se durante as longas horas de depressão na cabana menstrual. Mas a pintura, pintura de misteriosas figuras semi-realizadas em vermelho e amarelo, sobre grandes pedaços de casca de árvore que irão enfeitar a casa do *tamberan*, ou uma casa de inhame, esta é apanágio dos homens. O sentimento contra a participação da mulher na arte e no culto dos homens é uma e a mesma coisa; não é seguro, poria em perigo as próprias mulheres, ameaçaria a ordem do universo onde os homens, mulheres e crianças vivem em segurança. Quando lhes mostrei uma boneca morena, de tamanho natural, as mulheres retraíram-se, amedrontadas. Nunca haviam visto uma imagem realista antes; tomaram-na por um cadáver. Os homens, com sua experiência diversa, reconheceram-na como simples representação e um deles expressou em alta voz a atitude predominante em relação às preocupações das mulheres com tais coisas: "Vocês, mulheres, não deviam olhar para isso ou isso as arruinará inteiramente". Depois, os homens tornaram-se joviais e familiarizados com a boneca, dançaram com ela em seus braços, arrumaram seus enfeites, mas as mulheres, treinadas desde a infância a aceitar maravilhas e a suprimir todo pensamento sobre o assunto, nunca aceitaram inteiramente o fato de que era apenas uma boneca. Elas me chamaram de lado para perguntar como eu a alimentava e se ela nunca cresceria. Se eu a deitasse no chão com a cabeça mais baixa que os pés, alguma mulher solícita se apressava sempre a virá-la. Assim, por meio de aparições do *tamberan*, as mulheres e meninas são treinadas na aceitação passiva do que é considerado sua única segurança na vida.

Entretanto, para os meninos pequenos é diferente. Para eles a especulação não é proibida. É verdade que agora precisam fugir, porém mais tarde, apenas um pouquinho mais tarde, serão parte da representação; irão com os homens para trazer o *tamberan* de volta à aldeia, verão se realmente ele come todos aqueles pratos de carne que são passados para a casa do *tamberan* ou se os homens e meninos também pegam um pouco. Se tiverem sorte, serão iniciados com um grande grupo de meninos; durante três meses viverão dentro do cercado da iniciação, enquanto são submetidos à cerimônia chamada de "ser engolido pelo *tamberan*", ou algumas vezes "ser engolido pelo casuar". Sabem que o casuar e o *tamberan* têm uma conexão não muito clara entre si. De qualquer forma, esta estória de engolir, inventada por algum povo distante interessado em amedrontar mulheres e crianças, não representa terror para os menininhos Arapesh. Eles viram seus irmãos mais velhos emergirem rechonchudos e lisos deste processo de engolir, com os olhos brilhando de orgulho e auto-importância, a pele lindamente untada e pintada, com ornamentos novos nos braços e nas pernas, e belas penas nos cabelos. Aparentemente, esta deglutição é um acontecimento muito agradável, e o importante é ser engolido em numerosa companhia, numa grande cerimônia de iniciação, melhor que ser engolido discretamente entre os próprios parentes. Assim, os meninos especulam juntos, não mais se escondem com as mulheres, mas saem sozinhos pelo mato, onde podem dar largas à imaginação e às palavras. Da mesma forma que o culto do *tamberan* embota a imaginação das meninas

89

estimula e dá vida à imaginação dos meninos. Esta vivificação se estende a outras coisas, a maior interesse nas plantas e nos animais da mata, maior curiosidade sobre a vida em geral. Para uma menina de dez anos, sentada recatadamente ao lado de sua mãe ou da sogra, o horizonte da vida fechou-se de uma forma que não sucedeu a seu irmão. Novas responsabilidades o aguardam, tão logo tenha crescido o suficiente para ser iniciado. Ele observa os tabus de seus pêlos púbicos com maior assiduidade ainda, e imita as incisões autodisciplinares dos meninos maiores inclusive com maior coragem, e não pára de imaginar como há de ser quando for engolido. A garotinha borbulha os lábios e pára de pensar. Se não pensar, se não deixar sua mente vagar por lugares proibidos, um dia também terá um bebê em seus braços, um bebê que nascerá secretamente no mato, num lugar proibido aos homens.

Finalmente, chega a época da iniciação do menino. Se for o filho mais velho, filho de uma grande família, herdeiro de um homem importante, pode ser iniciado separadamente. As grandes iniciações somente se realizam cada seis ou sete anos, quando repetidas zombarias entre comunidades nas grandes festas incitam finalmente alguma comunidade a empreender a enorme tarefa de organização e preparação, que é necessária para alimentar uns doze ou quinze meninos e seus padrinhos aparentados durante vários meses num local. A preparação de tal festa dura vários anos e tem repercussão durante a vida inteira do grupo de noviços, os quais, anos mais tarde, como homens de meia-idade, estarão à procura de porcos para levá-los àquela aldeia e distribuí-los como retribuição final, longamente adiada, da iniciação. Neste entretempo, no período de seis anos entre as iniciações, os meninos que eram pequenos na época da última iniciação cresceram muito, de forma até embaraçosa. Aprenderam gradativamente a maioria dos segredos. Sabem que a voz do *tamberan* é conseguida pelas grandes flautas de bambu, e é possível até mesmo que tenham aprendido a tocá-las. De modo geral, é melhor que um menino grande e espigado seja iniciado discretamente com uma pequena festa familiar.

O essencial da iniciação permanece o mesmo; há a segregação ritual da companhia das mulheres, durante a qual o noviço observa certos tabus alimentares especiais, é incisado, faz uma refeição sacrifical do sangue de homens mais velhos e mostram-lhe várias coisas maravilhosas. Estas coisas maravilhosas dividem-se em duas classes: objetos notáveis que ele nunca viu antes, tais como máscaras, outras esculturas e representações; e a revelação, parte da qual, muitas vezes, já lhe foi revelada anteriormente, de que, na verdade, não existe *tamberan*, mas que todas estas coisas são feitas por homens. O casuar, que se dizia tão misteriosamente engolir meninos pequenos, é apenas um homem de certo clã, usando um par de ferozes olhos de penas de casuar, com um saco coberto de conchas pendurado ao pescoço, no qual estão espetados dois ossos aguçados de casuar. O próprio *tamberan* é apenas o ruído das flautas, o bater dos gongos de tira pelos homens, ou um conceito geral que abarca todo um conjunto de atos mistificadores. Para um menino, crescer entre os Arapesh significa descobrir que não existe Papai Noel, admitindo que o indivíduo já tem idade suficiente para saber que toda esta fanfarra de rufos de tambores é uma pantomima, mantida devotadamente de geração a geração, porque sua manutenção ajudará os meninos a se tornarem adultos e promover assim o bem-estar do povo. A própria incisão, e o repasto de sangue com que se alimentam os iniciados, constitui outro assunto. A crença no sangue e na sangria, na importante conexão entre sangue e crescimento, faz parte do próprio âmago da cultura Arapesh. E quando um menino é iniciado individualmente, são estes os aspectos sublinhados. Ele já conhece as coisas relacionadas com as flautas, e o lar tem poucas maravilhas escondidas para mostrar-lhe. Sua iniciação torna-se uma questão de incisão e repasto sacrifical.

Nas grandes iniciações, outros pontos são ressaltados: o companheirismo entre todos os meninos, o cuidado que lhes é dispensado por seus pais e irmãos mais velhos e pelos padrinhos especiais que os acompanham diariamente à piscina, vergando os espinheiros de seus caminhos, tal como, acredita-se, faziam seus antepassados espirituais. São enfatizadas as atitudes recíprocas dos meninos com relação aos seus padrinhos; estes trançam pulseiras que os noviços devem usar até que elas caiam quando hão de oferecer festas aos padrinhos. Durante a segregação há comida em abundância. Os homens mais velhos caçam para os noviços e alimentam-nos bem; este período é considerado magicamente estimulador do crescimento e eles cuidam para que seja, na realidade, também saudável. É a única época, em toda sua vida de magra alimentação, em que os jovens meninos Arapesh se tornam quase roliços.

A preocupação dos homens maduros com respeito à preservação destes segredos necessários é transmitida aos noviços, não com ameaças intimidadoras, porém dando-lhes um quinhão em todos os pequenos atos de logro carinhoso que os homens praticam com as mulheres os noviços usam pequenas coberturas de folhas sobre seus novos ferimentos e a eles se referem como suas esposas. As vozes destas são imitadas em pedaços de palha sibilante, em benefício das mulheres que ouvem. Uma grande ficção foi criada acerca destas "esposas" imaginárias. Preparam-se pequenos feixes de lenha que são pendurados nas trilhas, para mostrar às mulheres o lugar onde estiveram trabalhando as pequenas esposas fantasiosas dos noviços. Entrementes, as mulheres entre si referem-se a estas esposas como "passarinhos" e não procuram aprofundar-se naquilo que obviamente é alguma espécie de mistério masculino e que é bom deixar em paz.

Toda a cerimônia, formalmente representativa de uma ciosa sociedade masculina que de má vontade admite jovens machos agora demasiado velhos para serem mantidos de fora, transformou-se em rito de doação de crescimento. Até o castigo a que se submetem os iniciados, que passam entre duas fileiras de homens armados com urtigas ardentes, não é ministrado com espírito de atormentar, mas para fazer com que os noviços cresçam. Não se lhes dão quaisquer instruções que os façam odiar, desprezar ou temer as mulheres. São submetidos a uma cerimônia divinatória a fim de verificar se já tiveram alguma experiência com sexo ou não, algo que eles sabem ser proibido, pois impediria o crescimento natural. O menino tido como culpado é punido: é obrigado a mascar um pedaço de noz de areca que foi posto em contato com a vulva de uma mulher, se possível com a vulva da mulher — em geral, sua esposa prometida — com quem manteve relações. Esta quebra ritual do tabu mais arraigado na cultura Arapesh, o tabu que separa a boca dos órgãos genitais, alimento do sexo, é julgada punição suficiente; e enquanto aos culpados recebem o castigo os demais ficam prevenidos contra semelhante indulgência. O sexo é bom, porém perigoso àqueles que ainda não atingiram sua maturação.

Assim, com cerimônias e uma pequena advertência, muitos cânticos, banhos e refeições, escoam-se os dois ou três meses de reclusão. Ao final, os noviços, vestidos com esplendor, aparecem ante suas mães e irmãs radiantes que, longe de haverem passado aquele período ansiosos quanto ao seu destino, esperavam vê-los exatamente tão roliços e bem alimentados como de fato se apresentam. A seguir, cada jovem, ataviado da melhor maneira, é levado pelo pai pelo caminho paterno, às casas de todos os seus amigos de troca, e também às casas das irmãs de seu pai, quando estas se casaram longe da aldeia. Em cada casa, o noviço recebe um presente, o qual deverá retribuir algum dia. Agora trilha, cerimonialmente e amiúde realmente pela primeira vez, a estrada de seus ancestrais, pela qual são importadas ferramentas, utensílios, camas e ornamentos, músicas e novos costumes; através dessa estrada também passa a sujeira roubada na cólera e parentes que se estimam à caça da sujeira de outros. Este será doravante conhecido como o seu caminho, pelo qual passarão todas estas necessidades simples e todas as grandes emoções da vida.

Sua infância terminou. De alguém que foi criado graças aos cuidados diários e ao árduo trabalho dos outros, agora passa para a classe daqueles cujo cuidado está voltado à criação de outros. Durante sua puberdade, seu cuidado estava dirigido ao próprio crescimento, pois as observâncias dos tabus lhes assegurariam músculos e ossos, altura e fôlego, e força para gerar e criar filhos. Esta força nunca é expressa como potência sexual, um tópico pelo qual os Arapesh se mostram profundamente desinteressados e para o qual nem mesmo possuem vocabulário. Agora, este cuidado foi deslocado e ele tem, ao invés, novas responsabilidades para com aqueles que, depois de anos devotados à sua criação, estão ficando velhos, e para com os irmãos e irmãs mais jovens e a sua jovem esposa prometida.

Não existe aqui a sensação de que é subserviente aos mais velhos, de que se irrita sob o poder dos mais fortes que ele. Ao contrário, os mais velhos e os mais novos, o pai que envelhece e a criança pequena, são situados ao mesmo nível no sentimento Arapesh, em contraste com aqueles que, desde a puberdade até a idade madura, se preocupam especialmente com sexo e educação de crianças. Da puberdade até a meia-idade, o indivíduo ocupa uma posição especial de responsabilidades com respeito aos velhos e aos jovens. Metade dos alimentos neste mundo é posta de lado para os velhos e crianças, certas espécies de inhames, de taioba, certas espécies de pássaros, peixes e carne — essas coisas são para aqueles que ainda não se interessam por sexo ou para aqueles que já deixaram de interessar-se. Não existe aqui sentimento de que o poderoso e o forte se apropriam dos melhores alimentos, há antes uma divisão simbólica em duas partes iguais com que todos são alimentados. Após uma grande festa, os homens da localidade organizam uma festinha de família especial para as mulheres cujo árduo trabalho de carregar alimentos e lenha tornou a festa possível. Muitas vezes, enfeitam os pratos com canguru de árvores, um alimento que as mulheres não podem comer. Todavia, quando comentei a aparente insensatez de recompensar as mulheres com uma carne que lhes é proibida, eles me olharam com surpresa: "Mas seus filhos podem comê-la". E entre os homens e seus filhos não existe maior rivalidade do que esta. Criar seu filho, encontrar o alimento do qual ele próprio deve abster-se, foram as grandes alegrias do pai durante a infância de seu filho. Ele construiu o corpo do filho parte por parte. O pai Arapesh não diz a seu filho: "Eu sou seu pai, eu o gerei, por isso você deve obedecer-me". Ele consideraria tal exigência uma bobagem impertinente. Em vez disso, diz: "Criei você. Cultivei os inhames, lavrei o sagu, cacei a carne, trabalhei pela comida que fez o seu corpo. Por isso, tenho o direito de falar-lhe desta forma". E este relacionamento entre pai e filho, baseado no alimento dado e no alimento recebido com gratidão, é compartilhado em medida menor por todos os velhos e jovens da comunidade. Todo homem contribuiu para a criação de toda criança educada dentro do pequeno círculo de montanhas que forma o seu mundo. Se um jovem perder a cabeça e dirigir-se com rudeza ou precipitação a um ancião, este poderá responder-lhe com tristeza e reprovação: "E pense quantos porcos não engordei dos quais você tirou o seu crescimento!"

À medida que os jovens se tornam adultos, os velhos se retiram cada vez mais. Quando o primogênito ingressa no culto do *tamberan,* ou, se o filho mais velho for uma menina, quando ela atinge a puberdade, o pai retira-se formalmente. Doravante, tudo o que ele faz é em nome do filho; o grande depósito de inhames que construiu no ano anterior é mencionado como se fosse do filho; quando vêm os amigos de troca, ele senta-se de lado e deixa o filho fazer as honras da casa. O filho traz em mente a idade crescente de seu pai através de pequenos atos rituais de atenção. Deve cuidar para que porção alguma do sagu tratada por ele, ou por seus irmãos e irmãs, seja dada a seu pai ou a sua mãe para comer. Sagu trabalhado pelos jovens é perigoso para os velhos. O filho não deve comer lima das limeiras de seu pai, ou passar por cima de qualquer pertence paterno que esteja no chão. Sua jovem masculinidade incipiente poderia pôr em risco a fraquejante e assexuada perduração de seu pai.

O papel assexuado do pai é ilustrado, mui vivamente, na atitude dos homens Arapesh de meia-idade em relação às mulheres. Brigas por causa de mulheres são a tônica do mundo primitivo da Nova Guiné. Quase toda cultura sofreu de uma forma ou de outra, porque não conseguiu resolver o problema. Sociedades polígamas ensejam muito mais brigas por causa de mulheres que as monógamas, pois o homem audacioso, insatisfeito com uma esposa, sempre pode procurar traduzir a sua superioridade tentando atrair mais algumas. Entre os Arapesh, tais disputas foram reduzidas a um mínimo. Exprimem a poligamia totalmente em termos de herança, como o dever de cuidar da viúva e dos filhos dos irmãos, e não como um sinal de superioridade sobre outros homens. Entre o grupo etário do pai e o do filho, não há possibilidade de conflito, poìs todos os homens com mais de trinta e cinco anos não estão preocupados em procurar esposas para si mesmos, mas para seus filhos. A escolha de esposas é feita entre crianças pequenas, meninas de seis a dez anos, e todo o interesse do pai se dirige para o benefício de seu filho. Assim, é eliminado um dos mais horríveis resultados de disputas por causa de mulheres, a briga entre um homem e seu filho, onde riqueza, poder e prestígio são opostos à juventude e ao vigor. Como veremos mais tarde, os Arapesh não conseguiram evitar toda querela por causa de mulheres, mas exprimindo a poligamia como um dever em vez de privilégio, e envolvendo os interesses de todos os homens poderosos nos casamentos da geração seguinte, este embate foi reduzido a um mínimo.

Assim, ao fim da adolescência, o menino Arapesh é colocado em sua sociedade, é iniciado, tem múltiplas obrigações a cumprir, sem agressividade, cooperativamente, auxiliando seu pai e seus tios; protegendo seu progenitor na velhice e seu irmão mais jovem na infância e criando sua pequena e pré-adolescente esposa.

6. O CRESCIMENTO E O NOIVADO
DE UMA MENINA ARAPESH

Um menino Arapesh cria sua esposa. Assim como a reivindicação de um pai para com o seu filho não é tê-lo gerado mas alimentado, também a reivindicação de um homem à atenção e devoção de sua esposa não é ter pago por ela o preço de noiva, ou por ser ela legalmente sua propriedade, mas por ter ele, de fato, contribuído com o alimento que se transformou em carne e ossos do corpo dela. Uma menina, quando completa sete ou oito anos, é prometida em casamento a um menino uns seis anos mais velho que ela, e vai morar na casa do futuro esposo. Ali o sogro, o marido e todos os seus irmãos associam-se na criação da pequena noiva. Sobre o jovem e adolescente marido recai, particularmente, o ônus de cultivar inhames, cuidar do sagu, caçar, com o que alimenta sua esposa. Mais tarde, será esta a maior reivindicação que fará em relação a ela. Se for vagarosa, intratável, ou mostrar má vontade, ele pode invocar este fato: "Cuidei do sagu, cultivei inhame, matei o canguru que formou o seu corpo. Por que você não traz lenha?" E nos casos excepcionais em que malogra o casamento arranjado, devido à morte do marido prometido, e a menina é novamente prometida após estar crescida, a ligação nunca é tão íntima. Da mesma forma, quando um homem herda a viúva de um parente, talvez tenha contribuído com pouquíssimo alimento para sua criação — especialmente se ela for mais velha que ele — e assim, estes casamentos, carecendo da mais importante sanção que a cultura reconhece, são menos estáveis.

Acreditam os Arapesh que os pais devem estar capacitados a controlar seus filhos, a quem criaram e, baseados no mesmo princípio, crêem que os maridos devem estar aptos a controlar suas esposas; eles as criaram, são responsáveis por elas, são mais velhos e têm mais discernimento. Toda a organização da sociedade está baseada na analogia entre crianças e esposas, como representantes de um grupo que é mais jovem, menos responsável que os homens, e portanto, necessita ser dirigido. Por definição, as esposas se acham nessa relação infantil com seus esposos e com os pais, tios e irmãos do esposo, de fato, com todos os homens mais velhos do clã em que se casaram. Antes que a menina pequena tome consciência de seu sexo, enquanto ainda é uma criança esguia e informe, os olhos dos pais e tios de outros clãs estão sobre ela, julgando-a com bondade como possível esposa para um de seus rapazes. Como é sobre as meninas pequenas que recai a escolha, é em relação às meninas pequenas que os Arapesh se mostram mais românticos; os jovens comentam com entusiasmo o encanto feminino de uma menina de cinco anos, e se sentam fascinados pela graça de um bebê em quem a mãe, por divertimento, vestiu uma saia de palha. Não há ênfase sexual nesta escolha; encarar crianças como objetos sexuais seria algo inacreditável para os Arapesh. Sucede apenas que, depois que as meninas atingem os nove ou dez anos, é impossível a escolha de uma menina para si, ou para o seu filho, porque já são as esposas prometidas de outros. Somente quando uma jovem se torna viúva é que volta a ser alguém sobre cuja desejabilidade se pode especular. Assim, as mães enfeitam ocasionalmente suas filhinhas, e a conversa de um grupo de meninos crescidos morre por um momento, quando uma menina passa sacudindo-se, farfalhando suas pequenas e densas saias.

Quando um pai seleciona uma esposa para seu filho, é movido por muitas considerações. Primeiro, há o problema de saber se a sua escolha deve recair sobre alguém das proximidades ou da aldeia vizinha ou de um clã com que o seu próprio clã já estabeleceu laços de casamento. Isto é ótimo. É bom que irmão e irmã se casem com irmãos; se um clã dá a outro duas de suas meninas, este deve retribuir com duas de suas filhas. Não é uma regra rígida e fixa. Os Arapesh constroem seus casamentos para durar, e não estão presos a nenhum sistema fixo capaz de impor casamentos em que os jovens tenham idades inadequadas. Ainda assim, o casamento perto de casa é desejável. Os homens de dois clãs, já unidos por vários laços, insistirão em mais um. Contra estas considerações, existem as vantagens de um casamento num lugar longínquo. Este tipo de união amplia o círculo de amizades, em cujo âmbito a geração seguinte poderá movimentar-se em segurança, certa de ser bem recebida após uma viagem fria e difícil. Um liame estabelecido por um casamento entre locais afastados unirá estes dois lugares durante muito tempo no futuro, talvez, com um pouco de sorte, para sempre. Os descendentes desta união lembrar-se-ão disso, chamando a todos da aldeia materna de "avô" e recebendo-os respeitosamente quando vierem para as festas. Além disso, se a noiva proceder de uma aldeia da área litorânea, poderá trazer consigo alguma habilidade especial, que ensinará às filhas e noras. Foi assim que o segredo de fazer *wulus,* saias de palha cuidadosamente trançadas, chegou até aos habitantes de Suabibis, há cinco gerações atrás, por intermédio de uma noiva de Daguar. Mas contra esta escolha há o temor da feitiçaria. Se alguém escolhe uma esposa entre estranhos, o medo, o recurso compulsivo à feitiçaria quando atemorizada e enraivecida, poderá destruir o casamento. Assim, pais e tios pesam o assunto em suas mentes.

Na própria menina, eles procuram vários atributos definidos. Deverá ter o tipo certo de parentes, numeroso parentesco masculino, bons caçadores, agricultores bem sucedidos, lentos na ira e sábios nas escolhas. O pai que elege uma esposa para seu filho está escolhendo também, e com a mesma importância, os cunhados do filho e os tios maternos dos netos. Em vez de considerar o casamento como um mal necessário, como muitas pessoas o fazem, como um compromisso infeliz que torna inevitável a permissão a um estranho para entrar em casa e sentar-se familiarmente dentro dela, o Arapesh vê no matrimônio, primordialmente, uma oportunidade de aumentar o cálido círculo familiar, dentro do qual os seus descendentes podem viver com maior segurança do que eles próprios viveram.

99

Tal atitude transparece com muita clareza em seus comentários sobre o incesto. Tive a maior dificuldade em conseguir qualquer comentário a respeito. A única formulação do assunto que obtive está contida numa série de aforismos um tanto esotéricos:

Sua própria mãe,
Sua própria irmã,
Seus próprios porcos,
Seus próprios inhames que você juntou[1],
Você não pode comer.
A mãe dos outros,
A irmã dos outros,
Os porcos dos outros,
Os inhames dos outros que eles juntaram,
Você pode comer.

Isto sintetiza a atitude Arapesh em relação ao egoísmo, seu sentimento de que existe entre um homem e o excedente de sua colheita de inhame uma conexão íntima que converteria a ingestão de uma parte de certo modo parecida a um incesto, e da mesma forma que apoderar-se da própria mãe ou irmã para propósitos particulares seria repelente e anti-social. Entretanto, este conjunto de aforismos me foi dado para explicar como um homem que fez um *abullu* deveria agir com seu inhame, e jamais o recebi como resposta a qualquer indagação sobre o incesto. A linha de pensamento nativa é que a gente ensina as pessoas como comportar-se com o inhame e os porcos, referindo-se à forma que já lhes é conhecida de como se comportam em relação aos parentes femininos. Às perguntas sobre o incesto, não obtive as respostas que recebi em todas as outras sociedades primitivas onde trabalhei, isto é, condenação violenta da prática, combinada com escandalosas revelações de um incesto numa casa ou aldeia vizinhas. Em vez disso, não houve nem as condenações enfáticas nem as acusações: "Não, não dormimos com nossas irmãs. Damos nossas irmãs a outros homens, e outros homens nos dão suas irmãs". Obviamente. Isto era muito simples. Por que fiz pressão sobre este ponto? E não teriam ouvido falar de um único caso de incesto? Duvidei. Sim, finalmente, um homem disse que sim. Fizera uma longa viagem, a Aitape, e lá na aldeia de um povo estranho soubera de uma briga; um homem estava zangado porque sua esposa

---

(1) Isso não se refere aos inhames comuns, mas àqueles que foram exibidos formalmente num *abullu* e distribuídos à comunidade como sementes.

100

se recusava a viver com ele, mas, ao invés voltava continuamente para o irmão, com quem coabitava. Era isto que eu queria dizer? Com efeito, era isto mesmo. Não, não fazemos isto. O que diriam os anciãos ao jovem que quisesse tomar sua irmã para esposa? Não sabiam. Ninguém sabia. Os anciãos nunca discutiram o assunto. Então fi-los perguntar aos velhos, um por vez. E as respostas foram as mesmas. Paravam nisso: "O quê, você gostaria de se casar com sua irmã? O que é que há com você? Você não quer um cunhado? Não percebe que, se se casar com a irmã de outro homem e outro homem casar-se com sua irmã, você terá pelo menos dois cunhados, ao passo que, se se casar com sua irmã, não terá nenhum? Com quem você irá caçar, com quem irá cultivar, a quem irá visitar?" Assim, entre os Arapesh, o incesto é considerado não com horror e repulsão no tocante a uma tentação que sentem ser forçada pela carne, mas como uma negação estúpida das alegrias do aumento, através do matrimônio, do número de pessoas a quem poderão amar, em quem poderão confiar.

Por isso, o pai, ao escolher a esposa de seu filho, leva em conta seus irmãos e primos, que no futuro serão os amigos de seu filho. É bom quando há muitos deles. Agora, veja o caso de Aden, um homem solitário por causa de uma série de passos errados. Os pais de Aden eram primos e ambos membros de linhagens em desaparecimento. Aden não tinha parentes, salvo dois irmãos de sua mãe, um que era débil mental e outro que, devido à solidão, se mudou e se reuniu à gente de sua esposa numa localidade próxima. Então Aden, além disso, fez uma coisa inusual: desposou duas irmãs. Ora, não há qualquer objeção ao casamento de um homem com duas irmãs e neste caso a irmã da esposa de Aden ficara viúva e não quisera casar-se com nenhum dos parentes distantes de seu primeiro marido. Preferiu voltar para Alitoa e viver com a irmã e, afinal, Aden a desposou também. Mas, foi salientado, fazer isto foi uma bobagem para um homem tão precariamente situado como Aden. Desta forma, ele perdeu a oportunidade de adquirir um segundo grupo de cunhados e ficou inteiramente dependente de seu único grupo. Quando sua filha única, Sauisua, crescesse, ninguém se sentiria ansioso por escolher como nora uma menina com tão poucos parentes.

O pai de uma menina, ao aceitar propostas para sua filha, é orientado pelo mesmo tipo de considerações. Julga sem simpatia o pedido de um jovem que tem poucos parentes. E, enquanto os pais dos meninos sempre estão ansiosos para indicar menininhas para seus filhos, os pais das meninas são tradicionalmente cautelosos, pouco entusiastas, obstinados. As negociações são conduzidas frente a uma nítida falta de interesse da parte do pai: "Já dei muitas filhas. O que é que recebo em troca? Elas se vão e vivem a uma longa distância daqui, nunca mais as vejo. Só meus filhos estão perto de mim, um apoio para minha velhice. Esta, eu conservarei. Ainda é muito pequena. Seus seios nem dão sinal de aparecerem. Por que deveria eu mandá-la para o meio de estranhos?" E se a filha é do tipo olhado como esposa particularmente promissora, ele ajuntará: "Ela já pode substituir a mãe quando vêm visitantes. Apressa-se em acender o fogo e ferver a panela. Não vou deixá-la partir". Pois as meninas menores são julgadas primeiro, justamente por esta qualidade: assumem elas com rapidez as responsabilidades domésticas, são diligente e inteligentemente hospitaleiras, ou ficam sentadas, preguiçosas e mal-humoradas, quando entra uma visita em casa? Este predicado de responsabilidade é o exigido de uma esposa, muito mais do que inteligência e beleza, alguém que agraciará a casa de um homem pela receptividade hábil e alegre para com todo mundo — ao marido, a suas visitas e a seus filhos. Uma menina pequena que já aos seis ou sete anos "é capaz de tomar o lugar da mãe" está proclamada esposa desejável. Ademais, ela deveria ter bom temperamento, mas isso é considerado quase um corolário, pois mau temperamento entre os Arapesh expressa-se em "não dar coisas às pessoas". E deveria ter pele limpa[2]. A menina que tem afecções cutâneas em geral se casará também, mas será prometida depois das outras meninas e o matrimônio será menos vantajoso; terá de casar-se com um rapaz de poucos parentes. Por outro lado, um menino com um caso crônico de tinha só chegará a casar-se algum dia por um estranho acidente. Enquanto é pequeno, as outras crianças esquivam-se dele, chamando-o de "homem da pele doente". À sua volta já paira a aura do descontente e do infeliz, o tipo de homem que entre a gente da Planície vira feiticeiro, o tipo de homem que entre os montanheses está pronto a traficar feitiçaria. O argumento corrente é que homens com infecções cutâneas não conseguem esposas e por isso, irados e descontentes, tornam-se feiticeiros. "Esta criança tem uma infecção de pele, por isso se tornará feiticeira ou traficante de sujeira", já está na língua do povo. A criança afetada se isola, sabendo que seu caminho já está determinado como o caminho do forasteiro, daquele que jamais será aceito no grupo aco-

---

(2) Sua pele deveria estar isenta de bouba, úlceras tropicais, micose, tinha superposta, e a infecção cutânea comum na Nova Guiné, que é um composto de fungo e sarna. Quase todos sofrem, em alguma época da vida, de uma ou de todas estas doenças, mas somente em certos casos é que se tornam crônicas e uma permanente desvantagem.

lhedor diante do fogo. A cor desagradável da infecção de tinha e seu odor rançoso tocam os Arapesh justamente no ponto onde sua sensibilidade não lhes deixa lugar para caridade.

Assim, são os meninos, e não as meninas, que já na infância sabem que nunca se casarão. Aqui, os Arapesh partilham com a maioria das sociedades primitivas uma situação que contrasta. agudamente com a da moderna civilização. Toda menina, a menos que seja horrivelmente deformada — e muito poucas pessoas gravemente enfermas ou deformadas sobrevivem — se casará pelo menos uma vez. Se enviúva ainda jovem, será legalmente desposada uma segunda vez, mesmo que não seja recebida no leito de seu segundo marido. O medo de não casar o filho, a desesperada concentração no casamento como meta, na sociedade Arapesh, é transferido dos pais da menina para os pais do menino. É ele que pode ficar sobrando completamente, que deve ser garantido no futuro. E um dos principais motivos de gratidão de um filho é o fato de seu pai ter-lhe encontrado uma esposa, quando ele ainda era jovem e incapaz de obtê-la ele mesmo.

A seleção de uma esposa para o filho chama-se "pôr um fardo sobre a cabeça" da menina escolhida. Esta pantomima, em geral, não é executada na prática, mas é indicada verbalmente. A menina é levada pelos pais à casa de seu noivo e lá deixada. Sua vida no novo lar quase não se diferencia da que levava em casa. Dorme com os sogros, trabalha com a sogra, anda com todas as parentas de seu noivo. É talvez um pouco mais tímida do que era em casa, se o novo lar estiver situado entre pessoas que ela não conhece. Na maioria das vezes, porém, ele se situa no meio daqueles a quem já viu por várias vezes. Para com o seu jovem marido, a sua atitude é de completa *confiança* e aceitação. Nenhum tabu constrangedor marca a naturalidade de suas relações. Ele é simplesmente outro homem mais velho a quem ela procura e de quem depende. Para ele, ela é outra menina, sua menininha especial, cuja mão deve ser segurada nos lugares difíceis das trilhas. Ele a chama para acender seu cachimbo ou para alimentar seu cachorro. E todos os seus irmãos compartilham esta atitude para com ela, e ela os inclui no seu círculo de afeição. Com os menores ela brinca e se diverte ruidosamente. Torna-se carinhosamente ligada a todos. Seu sentimento em relação ao marido, ao pai e irmãos deste é praticamente idêntico ao seu sentimento para com seu próprio pai e irmãos. Camaradagem natural, ausência de tabus, falta de medo, caracterizam todas estas relações. Ela passa, entre sua própria casa e a do marido, de um lado a outro, dependendo das exigências de uma

103

festa ou da plantação de taioba. Retorna tão alegremente para a casa do esposo como o faz para a sua própria. As meninas pequenas comentam feliz e livremente o ritmo de suas vidas. Assim Anyuai, de dez anos, diz: "Às vezes fico aqui com meu pai, às vezes em Liwo, com meu marido. Eles plantam taioba aqui, eu venho para cá. Êles plantam taioba em Liwo, eu vou para lá. Meu marido é alto, tão alto quanto Gerud". E eu lhe perguntei: "Você chorou quando foi para Liwo pela primeira vez?" — "Não, não chorei. Sou muito forte. Meu marido é bom. Durmo na casa de seus pais. Una vai casar-se com Magiel. Magiel é muito alto. Una é menor do que eu. Ela ainda ficará mais tempo com seu pai. Midauin vai casar-se com Seaubaiyat. Sinaba'i chama-o de genro. Ibanyos (a outra esposa do pai de Anyuai) e mamãe sentam-se juntas na casa. Cultivam uma horta juntas. Não brigam. Amanhã voltarei para Liwo".

Quando se levam em consideração estes longos anos durante os quais marido e mulher vivem juntos como irmão e irmã, compreende-se um dos fatores determinantes das atitudes dos Arapesh em relação ao sexo. As relações reais não resultam de um sentimento diferente da afeição que se nutre pela filha ou irmã de alguém. É simplesmente uma expressão mais definitiva e completa do mesmo gênero de sentimento. E não é considerada resposta espontânea do ser humano a um estímulo sexual interno. Os Arapesh não temem que crianças deixadas a sós copulem, ou que os jovens que andam em grupos de adolescentes tenham experiências sexuais. Os únicos jovens que são julgados capazes de entregar-se a qualquer expressão sexual exterior são "marido e mulher", o par comprometido que foi criado no conhecimento de que serão cônjuges (ou mesmo mais raramente, uma mulher e seu cunhado). Quando a menina se aproxima da puberdade, seus sogros aumentam a vigilância sobre ela, tanto para sua segurança como para a de seu esposo-menino.

A necessidade desta tutela baseia-se na concepção Arapesh de que crescimento e vida sexual são antitéticos, concepção que já encontramos nos tabus que envolvem o nascimento e a amamentação do bebê. Se a menina, que só agora está observando os tabus de seus pequenos seios em intumescência, tiver experiências sexuais, seu crescimento estancará, ela ficará alta, magra e franzina e, o mais importante de tudo, seus seios continuarão firmes, pequenos, duros e estéreis em vez de caírem no peso luxuriante que os Arapesh consideram o ponto alto da beleza feminina. Este é um aspecto do qual as meninas são muito conscientes. Quando pequenas irmãs e cunhadas trabalham juntas, esfregando brotos de sagu entre suas

104

palmas antes de trançá-los em novas saias de palha, ou descascando taioba para a refeição da noite, elas conversam sobre a beleza relativa das meninas maiores. Budagiel e Wadjubel têm seios lindos e grandes. Devem ter observado rigorosamente os tabus e nunca se deixaram tentar pelo roubo de um pequeno pedaço de carne. Mais tarde, também, quando menstruaram, devem ter mantido outras regras com muito cuidado, devem ter observado o *tamberan* das mulheres. Do que significa isto, as meninas pequenas não têm muita certeza, mas, como os meninos não-iniciados, elas não têm medo, porque o resultado torna a pessoa bonita. Sabem que a menina jejua quatro ou cinco dias na época da primeira menstruação, mas como são lindos a nova saia de palha e os novos enfeites quando ela volta a aparecer na aldeia! De qualquer forma, Anyuai perguntou à irmã de seu marido como era aquele jejum, e ela respondeu que se dorme a maior parte do tempo, quase não se percebe o tempo passar. Fazia calor, ao pé do fogo da cabana menstrual. E veja o que acontece às meninas que muito cedo têm relações com seus maridos. Olhe para Sagu, por exemplo — Sagu, franzina e retilínea como uma menina de quatorze anos, e contudo foi casada duas vezes e teve um bebê que morreu, tão frágil e pequeno era. Sagu casou-se primeiramente em outra localidade, com um rapaz muito mais velho que ela, que herdara de seu irmão o direito a ela. Este rapaz "roubara-a", isto é, tivera relações sexuais antes dela atingir a puberdade. Seus seios endureceram ao se erguerem e agora não caem mais. Ela tivera um filho com este esposo e o bebê morrera. Então ela fugira dele e voltara à casa de seu pai. Afinal de contas, aquele não era o marido que originalmente a criara e ao qual ela realmente devia obediência. Seu pai casou-a novamente com um homem de um clã vizinho, que morreu pouco depois do casamento. Entrementes, a irmãzinha de Sagu, Kumati, fora prometida a Maigi, o irmão mais jovem de seu segundo esposo. Este rapaz era esbelto e agradável e ainda não atingira sua maturação. Sagu apaixonou-se por ele e, guiada pela sua experiência sexual atípica, seduziu-o. Os pais protestaram, mas Sagu conseguira prender Maigi fortemente. Ele encolhia os ombros diante das ameaças dos pais que, após dois anos, provaram ser bem fundamentadas — que ele jamais chegaria a ser um homem alto e robusto. Então, permitiu-se que Sagu casasse com Maigi, e a pequena Kumati, que ainda não deixara a casa do pai, foi prometida de novo a um primo mais jovem de Maigi. Foi tudo muito irregular. E as menininhas, esfregando seus brotos de sagu, dobram os lábios inferiores em caretas de desaprovação. Sagu não tem seios, provavelmente não terá filhos e Maigi nunca será alto e forte. Essa não era a maneira de fazer as coisas. Se um rapaz esperasse até que sua esposa tivesse menstruado muitas vezes, até mesmo por dois anos, então os seios dela estariam prontos para cair, e o primeiro contato com o sexo afrouxaria aquelas cordas delicadas que ligam os seios à vulva. Mas, se este contato vier primeiro, se a veia da menina for rompida — pois assim designam o hímen — antes da puberdade, então seus seios jamais se desenvolverão.

Os Arapesh têm meios de conservar uma menina pequena e imatura, mas não funcionam muito bem. Seus pais ou sogros pegam uma porção de sua personalidade, um pedaço de noz de areca semimascada ou um toco de cana-de-açúcar, e amarram-no firmemente a uma folha de cróton; escondem-no nos caibros do telhado e, enquanto este permanecer amarrado, a menina ficará tolhida e seu desenvolvimento, retardado. A necessidade de tais magias surge quando pais compromissados calculam incorretamente as idades relativas do rapaz e da menina. Isto pode acontecer mui facilmente, uma vez que as pessoas prestam pouquíssima atenção às idades dos filhos, e mesmo a mãe de um primeiro filho dirá um dia que ele tem duas luas de idade e, no dia seguinte, que tem cinco luas de idade. As idades relativas de crianças criadas em comunidades diferentes, como são em geral as crianças comprometidas, são difíceis de medir. Assim, às vezes, os sogros irão defrontar-se com o fato alarmante de que a nora está amadurecendo depressa demais, que logo estará madura e pronta para a experiência sexual enquanto o filho ainda não está desenvolvido. Então, lança-se mão da magia. Mas, no total, os Arapesh consideram a magia uma solução duvidosa para esta dificuldade muito premente. A observação mostrou que não funciona muito bem, e este é um assunto importante. Mais freqüentemente, resolvem a dificuldade com um novo arranjo dos compromissos, e dão a menina muito madura a um irmão mais velho de seu esposo original. Esta solução, em geral, funciona bem. A esposa-criança na casa de seu marido considera-o e a todos os seus irmãos de forma exatamente igual. Usa a linguagem de esposa ao falar com eles, chamando o irmão mais velho do marido com o termo que significa "irmão mais velho do mesmo sexo"; ela confia nele; ele também a alimentou, segurou sua mão quando ela tropeçava, repreendeu-a delicadamente quando ela fazia algo errado. É uma alteração que no todo não é difícil de fazer.

As meninas pequenas, conversando sobre a vida enquanto estão sentadas ao trabalho, não consideram assunto muito sério a possível alteração de seus compromissos. No todo, elas estão casadas em sentimento com um grupo de

106

pessoas, não simplesmente com um único homem. Tornaram-se parte integral de outra família, uma família a que pertencerão agora para sempre, mesmo depois da morte, pois, ao contrário de outros povos oceânicos, onde os irmãos reclamam o corpo da mulher falecida, os Arapesh enterram a esposa na terra do clã de seu esposo e seu espírito permanece com ele no lugar de seu *marsalai*. O esposo e os filhos efetuam uma série de pagamentos ao clã dela, "compram a mãe" para que permaneça sempre com eles.

A primeira menstruação da menina e o cerimonial que se segue ocorrem, na maioria dos casos, na casa do marido. Mas os irmãos dela devem desempenhar uma parte no cerimonial e são convocados; na falta de irmãos, virão os primos. Seus irmãos constroem-lhe uma cabana menstrual, que é mais sólida e mais bem construída que as das mulheres casadas mais idosas; estas são pequenas e miseráveis estruturas coniformes que elas próprias erigem, sem assoalho, oferecendo escasso abrigo do frio e da chuva. Porém, para esta primeira segregação, constrói-se um assoalho. À menina adverte-se que se sente com as pernas para frente, joelhos levantados, e de forma nenhuma de pernas cruzadas. Suas tornozeleiras e braçadeiras de trançado, seus brincos, a velha cuia e espátula de argila são-lhes tirados. Seu cinto trançado é retirado. Se forem relativamente novos, são doados a alguém; se forem velhos, são cortados e destruídos. Não é que eles os considerem contaminados, mas apenas para exprimir o desejo de cortar as ligações da menina com seu passado. A menina é atendida por mulheres mais velhas, suas próprias parentas ou de seu esposo. Friccionam-na toda com urtigas ardentes. Mandam-na enrolar em forma de tubo uma das grandes folhas de urtiga e introduzi-la na vulva; isso assegurará o desenvolvimento de seios grandes e fortes. A menina não ingere alimentos nem bebe água. No terceiro dia, sai da cabana e encosta-se a uma árvore enquanto o irmão da mãe faz-lhe as incisões decorativas nos ombros e nádegas. Isto é feito tão delicadamente, sem deixar penetrar terra ou argila — o método usual da Nova Guiné de tornar as marcas da escarificação permanentes — que só após três ou quatro anos é possível encontrar as cicatrizes. Durante este tempo, entretanto, se estranhos desejam saber se a jovem é núbil procuram pelas cicatrizes. Diariamente, as mulheres friccionam a menina com urtigas. É bom que jejue durante cinco ou seis dias, porém as mulheres observam-na ansiosamente e, se perceberem que está demasiado fraca, suspendem-no. O jejum deixá-la-á forte, mas seu excesso poderá causar-lhe a morte, e a cerimônia da saída é apressada.

107

O pai do jovem esposo o instrui agora sobre o repasto cerimonial que deve preparar para a esposa. Este contém toda uma série de ervas especiais e somente sabe fazê-lo aquele que já tenha preparado um para sua esposa. É parte da tradição Arapesh que, quando surge a emergência, a pessoa aprende o que fazer de alguém que já fez antes. Muitos jovens cujas esposas ainda não atingiram a puberdade, e que nunca agiram como "irmãos" para uma irmã núbil, jamais assistiram a uma cerimônia de puberdade. Quando as pessoas se referem ao fato, parecem confusos e preocupados, aumentando assim o seu senso de que estão subordinados à tradição de maneira infinita e precária, pois dependem dos homens mais velhos para recordá-la. O que aconteceria se não houvesse homens mais velhos para dizer-lhes como proceder, que ervas mágicas procurar e como prepará-las?

O pai manda o jovem procurar a trepadeira *nkumkwebil* que é flexível e difícil de quebrar; a forte casca da árvore *malipik,* a seiva da árvore *karudik,* a seiva de árvore da fruta-pão, o pequeno arbusto chamado *henyakun,* e os casulos da lagarta *idugen.* Todas estas coisas são fortes e tornarão a jovem forte, forte para cozinhar, forte para carregar, forte para ter filhos. Então, o jovem é convidado a preparar uma sopa onde coloca pedaços de ervas, e também a cozinhar algumas delas com inhames especialmente fortes, chamados *wabalal.* Neste ínterim, as mulheres adornam a menina. Pintam-na nas costas e nos ombros com tinta vermelha. Vestem-lhe uma bela e nova saia de palha, novos brincos nas orelhas. Uma das mulheres empresta-lhe a pequena concha verde em forma de chifre e a pena escarlate que todas as mulheres casadas usam como símbolo de sua condição. Mais tarde, seu marido lhe dará uma. Esta é enfiada no orifício da ponta de seu nariz, feito há muito tempo atrás, quando era criança, e que ela conservou aberto, desde então, mediante um pedaço de galho ou um rolo de folhas. Agora está pronta para subir ao *agehu* e aparecer diante dos olhos de seu esposo e de seus irmãos, que vieram cada qual com um presente: arcos e flechas, pratos de madeira, cestas de rede, espadas e lanças de osso de casuar — são estes os presentes apropriados que os homens de sua parentela ofertam a uma adolescente.

As mulheres lhe põem sobre a cabeça sua velha cesta trançada, recém-ornada com folhas de *wheinyal.* Colocam em sua boca uma folha vermelho-brilhante em forma de coração. Esta folha também é usada pelos noviços na cerimônia do *tamberan.* Mandam que o esposo traga um friso de pequenas folhas de coqueiro e um pouco de *mebu,* as perfumadas flores de enxofre, num par de folhas de

108

aliwhiwas. Ele fica à sua espera no meio do *agehu*, ela se adianta lentamente, os olhos baixos, os passos vagarosos devido ao jejum prolongado, amparada nas axilas pelas mulheres. Seu marido está diante dela. Põe o dedão de seu pé sobre o dela. Pega a fita de coqueiro e, quando ela o olha no rosto, ele, com ligeiro golpe, tira a velha cesta de trançado de sua cabeça — a velha cesta trançada que o pai dele colocou sobre a cabeça dela quando criança, ao firmar o compromisso. Agora, a menina tira a folha da boca e põe fora a língua, pesada e saburrosa devido ao jejum. O esposo esfrega-a com terra *mebu*. Em seguida a menina senta-se sobre um pedaço de casca de sagu; senta-se com cuidado, abaixando-se com uma mão, e fica sentada com as pernas esticadas para a frente. O esposo estende-lhe uma colher embrulhada numa folha e a cuia com a sopa que ele preparou. Na primeira colherada, ele precisa segurar-lhe a mão para servi-la e assim também na segunda. Na terceira, ela já estará suficientemente forte para segurá-la sozinha. Depois de ter tomado a sopa, ele pega um dos inhames *wabalal*, partindo-o ao meio. Metade ela come e a outra ele põe nos caibros da casa; é a garantia de que ela não o tratará como a um estranho e não o entregará aos feiticeiros. Para que ela não o faça, a tradição fornece-lhe também parte da personalidade dela. O pedaço de inhame é conservado até que a jovem engravide. Esta refeição de inhame é uma peça incongruente do cerimonial, possivelmente copiada dos homens das Planícies. Somente os loucos e os débeis mentais tentam a feitiçaria por seu intermédio.

Depois que a jovem come, senta-se no centro do *agehu*. Seus irmãos depositam os presentes num círculo à sua volta. Apanham tochas de folhas de coqueiro, acendem-nas e circundam a jovem com fogo. Não sabem por que o fazem. É um costume novo, copiado do litoral, mas produz um belo efeito. Além de Alitoa, em direção às planícies, o povo ainda não aprendeu a fazê-lo.

Durante uma semana, nem ela nem o marido comem carne. A seguir, a jovem prepara um falso pudim de vegetais, semelhante ao que faz a mãe de um recém--nascido. Joga-o no mato. Então, seu esposo sai à caça, e quando encontra carne, ele e ela fazem uma festa para todos os que os ajudaram, para as mulheres que carregaram lenha e água, para aquelas que a friccionaram com urtigas, para aquelas que trouxeram barro colorido e a pintaram. Durante um mês a própria jovem não comerá carne, não beberá água fria ou leite de coco novo, nem comerá cana-de-açúcar. Então, está terminado. No futuro, irá sem cerimônia à cabana menstrual.

109

Esta cerimônia que encerra oficialmente a infância da menina é de ordem diversa da iniciação do menino, embora tenham vários elementos em comum: as urtigas, a dor higiênica auto-infligida, a segregação e a saída cerimonial. O menino, porém, passa de um tipo de vida para outro; antes, era uma criança, agora é um homem com responsabilidade de homem e por isso pode compartilhar os segredos dos homens. Para a menina, não há tal ênfase. Durante quatro anos ou mais, ela viveu na casa do marido. Carregou lenha e água, capinou, plantou e colheu taioba e verduras, preparou refeições e atendeu os bebês; dançou quando houve sorte especial na caça e na colheita. Foi com grupos de jovens cultivar sagu. Suas tarefas foram tarefas de adulto, que compartilhou com as mulheres. O interior de uma cabana menstrual não lhe oferece mistério; desde bebê, junto com seus irmãos e irmãs corriam para dentro e para fora delas. Sua cerimônia de puberdade não é uma admissão ritual a nova ordem de vida; é simplesmente uma passagem ritual de uma crise fisiológica que é importante para sua saúde e crescimento. Não é uma cerimônia de casamento.

O clã do seu marido já a considera um de seus membros. Eles, como um grupo, alimentaram-na, plasmaram o seu corpo; ela é parte deles e eles também pagaram por ela. De tempos em tempos, a família do esposo enviou carne à família da noiva. Algum tempo depois de sua puberdade efetuam o principal pagamento pela esposa, algumas dúzias de valiosos colares e conchas, três ou quatro dos quais podem ser de fato conservados pelos pais dela, enquanto os restantes são simplesmente trocados por valores de tamanho e beleza semelhantes. Na verdade, o dispêndio não é muito grande; o alimento com que a família do marido contribuiu durante uma dúzia de anos para o sustento da jovem é muito mais valioso. Mas estas trocas de valores e pagamentos evidentes de carne são os detalhes citados com maior freqüência, são os sinais exteriores e visíveis de que se trata de um verdadeiro casamento longamente planejado e duradouro. Quando um filho nasce, é resgatado. Alguns colares se for menino, um ou dois mais se fôr menina, são dados ao clã materno. Isso estabelece o direito pleno à criança; pagam-se mais colares por uma menina que por um menino, pois do contrário o clã materno, mais tarde, quando ela crescer, pode apresentar reivindicações em relação ao preço nupcial e aos filhos que ela tiver. Estes pagamentos também têm pequeno valor econômico; representam antes símbolos da pertinência absoluta da criança ao clã paterno.

Após a cerimônia da primeira menstruação, a vida da jovem noiva prossegue como antes. Os sogros continuarão

110

sua vigilância leve e discreta. Ela ainda dorme na cabana deles, e se uma das filhas da casa lá estiver, as jovens cunhadas poderão dormir juntas. Logo abaixo da superfície do reconhecimento expresso pela comunidade está a certeza de que agora proximamente, em alguns meses, num ano, este casamento será consumado. Entrementes, a jovem confecciona para seu uso uma linda saia de palha; passa várias horas com as jovens esposas um pouco mais velhas do que ela, dobrando as tiras de brotos de bambu, que ela persuadiu alguma mulher idosa a tingir de um belo vermelho. Mantém a pele limpa e brilhante e usa diariamente seu colar de dentes de gambá ou de cachorro. Ninguém é mais formosa ou mais alegre entre todos os Arapesh do que estas jovens meninas que, em belas vestimentas, esperam que a vida finalmente as alcance. Nenhum dia definitivo é estabelecido; à medida que passam os meses, os pais relaxam mais e mais a vigilância. A moça está agora totalmente madura. O rapaz está alto e bem desenvolvido. Certo dia, os dois, que agora têm permissão de passear juntos e a sós pelo mato, consumarão seu casamento, sem pressa, sem uma data marcada para apoquentá-los com sua inevitabilidade, sem que ninguém saiba ou comente, em resposta a uma situação em que, durante anos, viveram confortavelmente no conhecimento de que pertencem um ao outro.

7. O CASAMENTO ARAPESH

Os Arapesh não concebem seriamente sexo fora dos laços matrimoniais. O encontro casual, a ligação, a repentina excitação do desejo que deve ser satisfeito rapidamente — isso nada significa para eles. Seu ideal é essencialmente doméstico, não romântico. Sexo é um assunto sério, um assunto que é preciso cercar de precauções; um assunto, acima de tudo, em que os dois parceiros devem ter uma única opinião. Combinar o "calor", que é masculino — calor, não no sentido fisiológico, mas no sentido simbólico, uma vez que todas as coisas que têm qualquer contato com o sobrenatural são tidas como quentes — e o "frio", também aqui, não frio fisiológico, mas antipatia ao sobrenatural, que é feminino, é assunto perigoso. É menos perigoso quando ocorre dentro do círculo protetor do longo noivado, quando a esposa jovem e inexperiente é quase parte da família do marido, quando o marido viu-a diariamente durante anos. Então, ela não é mais uma estranha com quem as relações sexuais equivalem a entregar parte da própria personalidade nas mãos de feiticeiros. Isto porque os Arapesh não relacionam a paixão que surge subitamente com a afeição; ao invés, consideram-nas ambas estritamente antitéticas. Portanto, se um homem se deixa seduzir por uma mulher que encontra casualmente, numa aldeia estranha, numa festa, para ele é razoável concluir que o seduziu com intenção de enfeitiçá-lo, como um inimigo e um estranho. Somente com o casamento — estabelecido há muito tempo, confortável, amigável — o sexo vem a ser seguro e valioso.

Mesmo dentro do casamento cumpre adotar certas precauções. Noiva e noivo precisam livrar-se ritualmente do frio e do calor antipáticos que se entremesclaram. Se esta precaução for omitida, os inhames do noivo não medrarão, seu olho não encontrará caça, e ela não gerará crianças fortes e saudáveis. Porém, tomado este primeiro cuidado, ambos estarão salvos. Se ele for colher em seus campos de inhame, deve livrar-se magicamente do contato das mulheres, e se dançar com o *tamberan*, precisa livrar-se do contato deste antes de aproximar-se da esposa com segurança. Da mesma forma, se segurar um cadáver ou matar um homem, ou esculpir uma máscara de *tamberan* especialmente sagrada denominada *abuting*, deve tomar precauções mágicas para não levar à mulher estes contatos perigosos. Quando a moleira de seu filho fecha, mais uma crise em sua vida fica superada; e recorre-se à sangria ritual. A mulher executa ritual semelhante somente depois da primeira relação sexual e depois da morte do esposo. Analogamente depois da morte da esposa, o homem executa a mesma cerimônia. Tudo isso integra a conduta sistemática da vida, os artifícios rituais para transformar algo perigoso em algo seguro, confortável e cálido — para expulsar o medo dos corações das pessoas.

Um encontro ocasional, por outro lado, não oferece nenhuma garantia de segurança. Tal ocorrência é sempre definida como sedução e, como os homens é que andam por outras paragens e caem por acaso nos caminhos nativos das mulheres estranhas, a sedução é imputada à mulher. Os pais advertem seus filhos: "Quando você viajar aí por fora, durma na casa de parentes. Onde houver uma mulher aparentada com você, uma irmã, uma prima, a irmã do pai, a esposa do irmão da mãe, uma cunhada, lá você estará seguro. Mas não ande por caminhos estranhos, com a boca aberta num grande sorriso. Se encontrar uma mulher desconhecida, não pare e nem fale com ela. Antes

114

que você perceba, ela o terá agarrado por ambas as faces, sua carne tremerá e tornar-se-á fraca e você será entregue às mãos dos feiticeiros. Você morrerá jovem e não viverá para ver os cabelos grisalhos". Além do medo da feitiçaria, estes encontros ocasionais, baseados no arroubo de paixão superficialmente estimulada, apresentam-se carregados do caráter de rápida abrasão que mistura a natureza masculina e feminina demasiado depressa e é perigoso para as tarefas atribuídas aos homens e às mulheres na educação dos filhos. Tais encontros devem ser ritualmente exorcizados, cada vez que forem praticados, mesmo que sejam com a mesma mulher. Não há neles segurança nem confôrto familiar possíveis.

Com este repúdio da paixão perece todo o romantismo ligado ao estranho, ao rosto novo, ao gesto desusado. É o amor conhecido, domesticado, que o Arapesh deseja, o amor ligado ao alimento dado e recebido, aos vários anos dormidos na mesma aldeia. A atitude ligeira e agradavelmente romântica em relação às meninas muito pequenas concorda com esta preferência; a criança que pode ser educada numa domesticidade que tudo confina é que lhes parece desejável. Em tal cenário, a sexualidade não-agressiva, de lento despertar, da personalidade Arapesh encontra a sua melhor expressão. Nem homens nem mulheres são considerados como espontaneamente sexuais. Quando um homem ou uma mulher praticam um ato de iniciativa sexual fora do casamento, onde a situação e não a vontade do indivíduo é que supostamente dá o sinal do desejo, é sempre imputado a algum outro motivo que não o simples impulso sexual. Este motivo pode ser feitiçaria ou, dentro de uma comunidade mais reduzida, o desejo do homem de conquistar para esposa uma mulher casada com outro. Pois, embora os Arapesh não se sintam atraídos por uma ligação clandestina, ocasionalmente um homem sem esposa pode ser movido pelos atrativos da esposa de outro homem, especialmente se este, demasiado ocupado com outra esposa, for indiferente às virtudes dela. Nesse caso, a fim de persuadi-la a fugir com ele, para simular rapto, o homem pode ter relações sexuais com a mulher que espera conquistar. Este é o mais completo penhor de suas honradas intenções que pode oferecer-lhe, pois, assim fazendo, coloca nas mãos dela a própria vida; e se ela não confiar nele, espera-se que se munirá de meios para provocar-lhe a desgraça. Mais tarde, se ele mudou de idéia e mostrou-se infiel às suas primeiras promessas, sua consciência o convencerá de que ela o pôs nas mãos dos feiticeiros.

O jovem Alis estava morrendo lentamente de ansiedade por uma situação semelhante. Dois anos antes, numa festa em Yimonihi, uma aldeia distante na estrada do sol

115

poente, encontrara uma mulher das Planícies que o seduzira. Ela assim procedera com intuito de persuadi-lo a levá-lo consigo para sua aldeia na montanha, onde as mulheres usavam roupas tão lindas e homens e mulheres tinham belos ornamentos de conchas. Ela queria ter a ponta do nariz perfurada e usar nele uma pena, em vez de ter apenas um orifício do lado de uma narina e usar uma pequena enfiada de contas, como era a moda nas Planícies. Alis cedera e depois, faltando-lhe a coragem, fugira de volta à Alitoa sem ela. Lembrara-se de sua jovem esposa Taumulimen, de quem gostava muito e que ainda não lhe havia dado um filho. Se ele trouxesse aquela estrangeira esguia e ávida para casa, Taumulimen provavelmente fugiria. Pois o comportamento dessas mulheres das Planícies é bem conhecido. São ciumentas e ativamente sexuadas, gananciosas e insaciáveis. Não possuem nenhuma das virtudes de amor ao lar que os Arapesh apreciam nas mulheres. As mulheres, dizem os Arapesh, se dividem em dois tipos: aquelas que semelham grandes morcegos das frutas, os morcegos que amamentam as crias num único seio enquanto o outro pende seco e vazio, e que se penduram fora da casa nas tempestades e na chuva; e aquelas parecidas com os pequenos e delicados morcegos que vivem em segurança nos buracos das árvores, alimentando os filhotes e cuidando deles. As mulheres das Planícies são como os morcegos das frutas; a mulher Arapesh ideal assemelha-se ao pequeno morcego que protege seus filhotes dentro do lar. Vez por outra, uma dessas mulheres das Planícies, uma que é um pouco mais agressiva e mesmo um pouco mais violenta do que suas irmãs, se indispõe final e irrevogavelmente com o marido e foge para apelar à misericórdia do povo da montanha, com o fito de conseguir um marido mais dócil e uma forma de vida mais polida. E ela encontra um marido, pois o homem Arapesh não está habituado a resistir às investidas decididas de uma mulher que se instalou à soleira de sua porta. Ela vem e fica e, quase sempre, logra monopolizar a atenção do seu novo esposo, afastando a pequena esposa montanhesa que não dispõe de armas para reagir. Todas essas coisas eram bem conhecidas de Alis, e ele tremia, em parte pensando em Taumulimen, e em parte lembrando sua habilidade de caçador, que seguramente seria prejudicada se ele trouxesse para o lar uma mulher tão turbulenta. Um mês após abandoná-la, soube de sua morte. Ele não duvidou por um instante que ela tivesse entregue um pequeno pedaço da personalidade dele nas mãos de algum parente feiticeiro. Mas qual? Não havia como descobri-lo. Nenhuma mensagem chantagista chegara. Talvez ela não tivesse tido tempo de contar ao feiticeiro o nome de seu sedutor. De qualquer forma, estava morta, e os feiticeiros iriam acreditar, mui justificadamente, que Alis tomara precauções semelhantes contra ela, e cercara sua morte mandando o que furtara a diversos feiticeiros. Por isso, provavelmente eles não mandariam mensagem de chantagem — só se satisfariam com a morte dele. Para um homem que sente um ligeiro mal-estar proveniente de feitiçaria, há o auxílio de uma mulher menstruada[1]; para quem tem certeza de haver sido enfeitiçado, existe um emético. Quando o feiticeiro defuma em seu fogo ímpio o pedaço de sujeira, o *mishin*, o espírito da vítima, luta para subir-lhe à garganta. Na sua tentativa de ascender, forma-se um fluido branco e espesso, que gradualmente monta à garganta da vítima, asfixiando-a e permitindo que o espírito da vida escape e viaje por terra para o tubo de bambu do feiticeiro que o aguarda, onde será queimado ou espancado até a morte. A fim de evitar isso e extrair completamente o fluido branco, ao menos por algum tempo, a vítima toma um emético chamado *ashup*, um cozimento de amargor extraordinário. Em sua infelicidade e temor, Alis recorreu repetidas vezes a este emético. Enjoado e enfraquecido pela infusão, comia cada vez menos e pouco a pouco ia definhando, pagando pela loucura desastrosa de dormir com uma mulher e, depois, abandoná-la. À medida que ele enfraquecia, a tinha que atacara apenas superficialmente sua jovem esposa espalhava-se mais e mais sobre sua pele, como sói acontecer quando alguém com ligeira infecção fica preocupado ou infeliz.

De violação os Arapesh nada sabem, além do fato de ser costume desagradável do povo Nugum, que vive a sudeste. Para pessoas que consideram o sexo perigoso mesmo dentro de uma relação sancionada, onde ambos os parceiros concedem sua completa aquiescência, os perigos da violação não precisam ser ressaltados. Tampouco os Arapesh possuem qualquer concepção da natureza masculina que poderia tornar-lhes compreensível a violação. Se um homem raptar uma mulher que não conseguiu conquistar pela sedução, não a tomará imediatamente, no ardor de seu excitamento por tê-la capturado. Antes, adiará sobriamente este momento até que saiba que rumo tomam as negociações, se haverá luta por causa dela, que pressões farão sobre ele para devolvê-la. Se ela não lhe puder pertencer permanentemente, é muito mais seguro não possuí-la nunca.

---

(1) O homem que se sente submetido à feitiçaria pode procurar uma mulher menstruada e fazer com que ela o esmurre no peito enquanto ele conserva levantada a mão que caça. A potência dela expulsará as forças mágicas que o estão prejudicando.

117

Este medo de exercer qualquer coação estende-se até mesmo às relações ordinárias entre um homem e sua esposa. Um homem deve abordar sua esposa delicadamente, deve ter "uma boa conversinha", precisa estar certo de que ela se acha bem preparada para receber suas investidas. Do contrário, mesmo tendo sido criada ao seu lado, com seu alimento, ela poderá tornar-se estranha inimiga. Nas relações sexuais, a ênfase não recai na satisfação; mas a ênfase toda, para homens e mulheres, está no grau de preparação, na completude da expectativa. Tanto o homem como a mulher poderão fazer a tentativa de avanço que cristaliza uma consciência latente do outro no ato sexual. É tão comum para o homem como para a mulher dizer: "Faço a cama?" ou "Vamos dormir". O verbo "copular" pode ser usado ou com um sujeito masculino e um objeto feminino, ou com um sujeito feminino e um objeto masculino. São freqüentes as frases: "Eles brincaram juntos" ou "Eles dormiram". As mulheres expressam sua preferência por homens em termos de facilidade e ausência de dificuldades nas relações sexuais, não em termos de habilidade em satisfazer um desejo específico. Não há o reconhecimento, da parte de um ou outro sexo, de um clímax específico nas mulheres, e o clímax nos homens é definido simplesmente como perda de tumescência. A ênfase na prontidão e desembaraço mútuos é a dominante.

A sensibilidade oral, tão altamente desenvolvida na infância e na primeira adolescência, continua na vida sexual adulta. Deve-se lembrar que esta brincadeira oral foi reprimida nos meninos adolescentes, e, embora parcialmente substituída pelo mascar de noz de areca e pelo fumar, isso requer um certo autocontrole. Ao mesmo tempo, o tabu acerca de qualquer manipulação descuidada dos órgãos genitais impediu o desenvolvimento da masturbação. O menino, portanto, chega ao casamento com sua sensibilidade oral praticamente abafada, um forte tabu contra a mistura de contatos orais e genitais, e uma certa aversão por qualquer tipo de estimulação tátil. A menina não foi tratada tão rigorosamente; foi-lhe permitido borbulhar os lábios até o casamento, e se ela o desejar, poderá continuar, mesmo casada, esta prática reconfortante, até que a substitua por um filho ao seio. As rigorosas práticas higiênicas da cabana menstrual protegeram-na contra a idéia de que mesmo a primeira relação sexual é dolorosa. Ela compartilha com seu esposo o tabu contra a combinação de contatos orais e genitais. É provável que, num povo a quem é dado um desenvolvimento tão altamente especializado da sensibilidade oral, a existência desse tabu alcance resultados decisivos na consecução de uma com-

118

pleta expressão genital do sexo na vida adulta. O estímulo oral altamente apreciado aparece em cena como brincadeira preliminar, e é interessante e significativo que os Arapesh, ao contrário da maioria dos povos primitivos, possuam o verdadeiro beijo, isto é, o contato labial entrecortado pela implosão aguda do ar.

Em sua estrutura de casamento, os Arapesh são um grupo que pressupõe a monogamia, porém permite a poliginia. Não é a poliginia um estado ideal a que todo homem bem sucedido almeja naturalmente, mas é uma condição em que a pessoa se encontrará provavelmente, e várias são as suas causas. O fator contribuinte mais importante é a morte. Quando um homem morre e deixa viúva sua mulher, há o firme sentimento de que ela deve casar-se de novo dentro do clã do marido, do qual passou a ser considerada como parte.

Não há o mais leve pensamento de prendê-la a um eterno luto. Os Arapesh não têm, sobre vivos ou mortos, nenhuma ideologia que possa ditar tal orientação. Os mortos foram para além do alcance de qualquer desejo; não há necessidade de aplacá-los com um luto elaborado ou com viúvas celibatárias. Um artifício ritual separará para sempre a esposa de qualquer contato com seu falecido esposo. É verdade que, se ela e o novo marido deixam de tomar as devidas precauções rituais, o esposo defunto caminhará sempre ao lado do vivo. Quando este colocar a colher em seu prato, uma colher espectral tirará uma porção igual e o prato se esvaziará na metade do tempo; quando puser a mão em sua casa de inhame, uma mão espectral extrairá com ele inhame por inhame. Todavia, este pesadelo é mantido como pesadelo; na vida real as viúvas tomam as precauções necessárias; os homens que se casam com viúvas são bem instruídos por aqueles que já passaram por semelhante experiência. Mesmo este comportamento da parte do fantasma não é visto como cólera contra o novo marido, mas como a existência de um laço muito íntimo entre o vivo e o morto, laço que deveria ser ritualmente rompido.

Não existe a crença de que a mulher seja responsável pela morte do esposo e por isso deva realizar uma expiação ritual longa e dolorosa, enlutada por imposição da família do falecido esposo. Ela é um membro da família e o mais despojado de todos. Eles repudiariam qualquer pensamento de luto severo que a tornasse fraca e doentia, da mesma forma como o fariam com suas próprias filhas. Mas afinal ela não é filha, é nora, a esposa putativa de um membro do clã, e, como tal, deve casar-se com um membro do clã, um dos irmãos do falecido. Isto é especialmente verdade se ela tem filhos; é justo que sejam

119

criados no lugar em que viveu o pai, para que conheçam seus caminhos e suas árvores. Se uma mulher leva o filho de volta ao próprio clã, mais tarde os homens do clã a que ela pertence o reclamarão porque foram eles que o criaram. Portanto, a menos que haja alguma razão contrária muito forte, a viúva casa-se novamente dentro do grupo patrilinear de seu esposo, ou, às vezes, com um primo direto dele. Se ela foi infeliz longe de casa, se não teve filhos, se lá não houve ninguém em particular que quisesse desposá-la ou se algures há alguém desejoso de fazê-lo — por estas e por outras razões semelhantes ela poderá ter permissão de voltar à sua própria gente. Caso venha a casar-se fora da família do marido, o segundo esposo dará presentes, não à família dela, mas à do primeiro esposo, à qual ela realmente pertence. O primeiro filho do novo casal será de lealdade mista, isto é, pertencerá ao clã do primeiro e ao do segundo esposo. Tais crianças são consideradas difíceis de disciplinar; escapam através dos dedos de um grupo de parentes para as mãos efusivas e acolhedoras do outro grupo.

Entretanto, três quartos das viúvas tornam a casar-se dentro do grupo do esposo. E como as mulheres são mais jovens do que seus maridos, e estão expostas a muito menos riscos de caça e do comércio entre estranhos em lugares hostis, a maioria delas espera enviuvar pelo menos uma vez. Não há insistência em que uma viúva deva casar-se com um homem mais velho do que ela; seria particularmente difícil, pois nem os homens mais velhos precisariam de mais do que uma mulher, nem teriam alimento para sustentar outra esposa. Os jovens ao redor dos trinta anos é que são convocados a se casar com as viúvas de seus irmãos e a sustentar os filhos deles. A posição relativa dessas esposas herdadas é muito clara na mente dos Arapesh. A esposa verdadeira, a esposa que realmente importa, é aquela com quem o homem está comprometido quando ainda criança, a esposa por quem ele pagou colares e carne, e, mais importante ainda, a esposa que ele criou até a feminilidade. Ela tem precedência no lar, deve ser consultada em primeiro lugar e tratada com maior honra. Este sentimento é bastante preciso, apesar de levemente expresso, pois os Arapesh carecem da maior parte dos acessórios rituais da deferência ou precedência. A viúva que entra em sua casa deve vir como uma cunhada desolada e já amada. Durante muitos anos as duas mulheres conheceram-se bem, mais intimamente mesmo que duas irmãs. As relações entre elas são as mais agradáveis e afetivas. Assim me disse uma mulher, enquanto ela e a esposa do irmão de seu marido, sentadas ao pé de um fogo fumarento, à meia-noite,

120

tingiam brotos de bambu para saias de palha: "Estar sozinha é ruim. A duas vamos buscar água, a duas juntamos lenha, a duas tingimos nossas saias de palha". Estas mulheres cuidaram uma da outra na doença e atenderam uma à outra no parto. Se seus filhos tiverem aproximadamente a mesma idade, elas amamentaram uma os filhos da outra. Ficaram sentadas durante dias longos e sonolentos, depois da execução de alguma tarefa pesada, cada uma com uma criança ao seio, cantando juntas ou fazendo cestas de rede e conversando calmamente. Uma chama à outra de *megan*, termo de afeição e confiança. Eu estava sentada com uma mulher e uma outra casada do mesmo clã passava por ali; minha companheira virava-se para mim e observava sorridentemente: *"Megan"*, com todo o orgulho com que uma escolar diria: "Minha melhor amiga". Supõe-se que co-esposas tenham mantido relações como estas durante anos. Agora, uma delas é viúva e deve ir como esposa secundária ao lar do esposo da outra. Teoricamente, é sempre a mais velha que enviúva, que entra como esposa na casa de um homem a quem chamava de "irmão mais jovem"[2]. Espera-se dela que venha quietamente, para ocupar um papel maternal no lar, e mesmo que o esposo herdeiro durma de fato com ela, como o faz amiúde mas não invariavelmente, espera-se que ela não faça exigências pesadas, que se comporte, ao invés, como uma mulher cuja própria vida está terminada, que vive agora para seus filhos.

Para um homem é muito conveniente ter duas esposas; quando uma está menstruada, tem outra a cozinhar para ele. Se vive com ambas, o tabu da gravidez é aliviado. Se uma delas tem uma criança pequena, a outra pode acompanhá-lo em suas expedições mais longas. Cada esposa pode atender a uma parte diferente de suas plantações. Ele pode deixar uma esposa vigiando uma plantação cuja cerca está quebrada, enquanto leva a outra para cultivar sagu a uma distância de um dia de viagem. Se uma das esposas ou filhos de seu irmão estiver doente, pode mandar uma das suas esposas cuidar do enfermo e ainda fica com a outra para cozinhar e acompanhá-lo. Entre os Arapesh os homens não enriquecem com o trabalho das mulheres; ter duas esposas torna a vida de um homem mais fácil e também o estimula a executar mais trabalhos, nos quais cada esposa pode compartilhar. Na vida dispersa e seminômade, com tantos interesses diferen-

---

(2) De fato, ela usa o termo que seu esposo usa para "irmão mais jovem, do mesmo sexo", juntando-se ao seu marido em terminologia, de preferência a empregar o termo para "irmão do sexo oposto, falando a mulher".

121

tes a atender, é muito conveniente ter duas esposas. Finalmente, ao tomar uma segunda mulher, um homem se liga mais íntima e pessoalmente aos membros do clã dela.

Éste, portanto, é o ideal Arapesh da vida de casado: os longos anos de noivado durante os quais dois jovens se acostumam inextrincavelmente um ao outro, e a esposa aprende a respeitar seu marido mais velho como a um guia e quase-pai; a primeira experiência sexual, uma experiência não forçada, inteiramente particular dentro desta relação há muito definida; o estreitamento gradativo dos laços do casamento, à medida que nascem os filhos e os jovens pais observam juntos os tabus protetores; depois, à medida que o marido se aproxima da idade madura, a entrada em casa de uma mulher herdada, uma viúva com filhos, alguém que a esposa sempre conheceu e em quem confia. Se todas as coisas sucedessem de acordo com suas formulações delicadas, porém mal organizadas, o casamento Arapesh seria tão feliz como o imaginam. Não haveria brigas entre esposas, nem discórdia entre maridos e mulheres, nem fugas, que são expressas como raptos e que provocam luta entre as comunidades envolvidas.

Todavia, tal como muitos dos sistemas de casamento da Nova Guiné, o dos Arapesh se baseia amplamente em acontecimentos que escapam a seu controle. Admitem que entre o noivado e o parto não haverá mortes, que todo jovem se casará com a esposa que alimentou, que toda menina terá como esposo final o rapaz que lhe deu alimento quando ela era pequena. Admitem ainda que, mais tarde, quando ocorrerem mortes, ocorrerão de maneira ordenada, morrendo o irmão mais velho antes do mais jovem, como seria a ordem da morte natural. Cada vez que morre um rapaz ou menina comprometidos, todo o sistema delicadamente equilibrado é desfeito, com resultados negativos não só para o sobrevivente do compromisso original, mas também, às vezes, para toda uma série de outros casamentos. Resultados negativos semelhantes podem advir de um erro de cálculo das idades relativas do par comprometido e uma alteração subseqüente nas relações. Neste caso, a menina se casa com outro membro do clã, em quem não aprendeu a confiar tanto, e o homem é presenteado com uma mulher que ele não criou. Uma terceira complicação surge quando mulheres das Planícies fogem e se casam com homens das montanhas. Em todos esses casos, o resultado pode ser a infelicidade. A ocorrência ocasional de algum defeito físico ou mental extremo pode causar a recusa da menina em ficar com o cônjuge defeituoso, ou a rejeição, por parte de um homem, de uma mulher defeituosa. Alguns exemplos concretos destes

122

diversos abalos, não previstos, porém freqüentes, da ordem normal do casamento Arapesh mostrarão como surgem tais dificuldades.

A Ombomb, rapaz de Alitoa[3], fora reservada, desde criança, a pequena Me'elue de Wihun. Era uma criaturinha desengonçada, meio coberta de tinha. Pouco antes de atingir a adolescência, uma menina de outra aldeia, escapando de um casamento que não lhe agradava, fugiu para Ombomb. Ombomb ficou com ela e executou seu primeiro cerimonial de puberdade, porém, mais tarde, os parentes dela levaram-na de volta. Infelizmente, Ombomb, que tinha um temperamento arrogante e violento, atípico para um Arapesh, fizera algumas comparações. Depois disso, não mais aceitou sua pequena e magra esposa com o mesmo entusiasmo. Era uma menina apreensiva e assustada; seu medo de não agradar ao esposo era tanto que se atrapalhava em tudo o que fazia. Deu à luz uma criança, uma menina magra e espichada, com uma cabeça anormalmente grande. Ombomb tomava todo o cuidado com a criança, de acordo com o costume Arapesh, mas prendia-se muito pouco à mãe e à filha. Estava destinado a ser um grande homem, haveria grande soma de trabalho muito pesado a ser feito e Me'elue não era bastante forte para isso. Quando sua filhinha tinha um ano mais ou menos, chegou-lhe uma mensagem de seus primos que residiam numa aldeia mais próxima das Planícies: "Duas jovens e fortes mulheres das Planícies fugiram e vieram para cá. Nenhum de nós as quer. Você vive se queixando de Me'elue. Venha, tome uma e traga outro homem que também queira uma. Enquanto isso, nós as manteremos aqui". Ombomb chamou seu primo Maginala, cuja esposa prometida morrera há pouco. Juntos foram ver as mulheres e Ombomb, como era o mais agressivo, escolheu a esposa que preferiu. Seu nome era Sauwedjo. Tinha um rosto estreito com um grande queixo e pequenos olhos rasgados. Era resoluta, sensual e irascível. Usava somente pequena saia de palha, de quatro polegadas, das mulheres das Planícies e sofria os efeitos das indignidades de uma lua de mel[4] das Planícies com um marido de quem não gostava. Sauwedjo olhou para Ombomb e o achou satis-

---

(3) A não ser no caso em que é mencionada outra aldeia, todas estas pessoas são membros da localidade de Alitoa.

(4) Na lua de mel das Planícies, os nubentes são trancados junto por um mês, e nenhum dos dois é autorizado a mover-se por qualquer motivo sem a companhia do outro, ambos perseguidos pelo temor da feitiçaria. Só depois que a mulher fica grávida — ou se isso não acontece, após vários meses — é-lhes permitido sair. Algumas das mulheres das aldeias das Planícies, à borda da zona em que se pratica semelhante lua de mel, olham invejosamente através da fronteira, onde as mulheres vestem roupas apropriadas e não são humilhadas desta forma.

123

fatório. Era muito alto para um Arapesh, cinco pés e dez, e tinha uma bela cabeleira penteada à moda litorânea, com uma argola de trançado na parte anterior da cabeça. Era temperamental e tinha atitudes rápidas e arbitrárias. Ela foi com ele para casa, e lá estabeleceram-se em uma relação concentradamente sexual que se ajustava muito mais ao temperamento de Ombomb do que o casamento calmo, delicado, para criar filhos, de seu próprio povo. Sauwedjo monopolizou toda a sua atenção. Onde quer que fosse, ela ia também. Quando lhe davam carne, era a ela que passava o presente. Ela engravidou e mesmo assim ele quase não procurou mais Me'elue. A criança de Sauwedjo morreu no parto e, conquanto fosse menina, Ombomb ficou inconsolável. As pessoas passaram a comentar seu modo de tratar Me'elue. Afinal, ela era sua primeira mulher, a que fora devidamente paga e criada. Ele a abandonava durante semanas com seus companheiros de plantação e mal fazia sua parte no preparo do terreno de cultivo da esposa, ou no fornecimento de comida para sua subsistência. A tinha espalhou-se por todo o corpo de Me'elue. Atacou seu rosto, que se convertera agora em mera moldura de ossos para dois olhos grandes e infelizes. O falatório aumentou. Um dos anciãos repreendeu Ombomb. Não era este o modo de tratar a verdadeira esposa. Além do mais, era perigoso. Não se deve tratar a mulher como a um inimigo e ainda permitir-lhe que viva junto de si. Inclusive, era muito penoso para os irmãos e primos cuidarem da esposa e filha dele, da maneira como o faziam. Afinal ela não era viúva. Era sua mulher e a mãe de sua filha. Se ele não a queria, seria melhor mandá-la de volta à casa. Ombomb ficou zangado. Não tinha nenhuma intenção de mandá-la para casa. Ele continuou a passar todo o seu tempo na casa de Sauwedjo, que voltou a engravidar e deu à luz uma menina. As duas melhores casas de Ombomb ficavam lado a lado, uma em que Me'elue dormia com a filha quando ele lhe permitia subir à aldeia, e outra onde ele e Sauwedjo riam, comiam carne e dormiam, lado a lado. Havia uma terceira que ameaçava desabar montanha abaixo, por falta de reparos. Ombomb prendeu-a a uma palmeira com um pedaço de rota, mas nunca a consertou. Com isso, tornou público e explícito o fato de não ter medo de precisar, algum dia, de uma terceira casa para dormir, quando nenhuma de suas esposas o agradasse. Falava, antes, desdenhosamente dos homens que não conseguiam manter as esposas em paz, que consentiam nas brigas entre elas. O povo esperava. Isso não continuaria por muito tempo, logo haveria uma conversa de fetiçaria. A menos que Me'elue morresse primeiro, o que parecia muito provável.

Um dia, eu estava sentada com ela e duas de suas cunhadàs no chão, ao pé de sua casa. Me'elue viera à aldeia para apanhar alguma coisa em casa. Ouviu-se um alô das montanhas. Ombomb voltava de longa viagem ao litoral. O rosto da pequena esposa desprezada iluminou-se de alegria. Subiu correndo a escada da casa e pôs-se a cozinhar a melhor sopa que sabia fazer. Suas cunhadas deram-lhe cada qual algo de suas próprias despensas, a fim de torná-la mais saborosa. Tinham muita pena dela. Era a primeira esposa, a esposa que Ombomb criara; por que deveria ser posta de lado, faminta e miserável, por causa de uma mulher das Planícies, de olhar atrevido e sensual? Naquele dia, Ombomb comeu a sopa de sua primeira esposa, pois Sauwedjo estava longe, numa incumbência. Era uma sopa muito boa. Estava cansado e satisfeito com o resultado de sua própria expedição. Dormiu na casa de Me'elue, e Sauwedjo, pela primeira vez desde que se casara com ele, dormiu só, na casa ao lado. No dia seguinte, ele despachou a medrosa e ansiosa Me'elue para as suas plantações e voltou para Sauwedjo. Esta, porém, não esqueceu nem perdoou. Fugira de sua própria gente, achara um homem de seu gosto, um homem forte, de temperamento fogoso, facilmente excitável, só para que essa criaturinha humilde e de pele infeccionada triunfasse sobre ela, mesmo que fosse por uma noite?

Na vez seguinte em que Ombomb viajou, Me'elue subiu à aldeia com sua filhinha, entrou na casa de Sauwedjo e tirou da cesta de rede de Ombomb, que Sauwedjo deixara lá, um colar de dentes de cachorro que Ombomb, num momento de remorso, prometera à sua filhinha. Sauwedjo voltou para casa à noite e soube que Me'elue estivera lá. Aproveitou a situação. Começou a murmurar baixinho uma série de alegações, misturada a comentários arrependidos sobre sua própria falta de cuidado. Ombomb a castigaria quando soubesse que ela deixara abandonada sua cesta de rede, com seus pertences mais pessoais, para aquele malvado gambazinho de mulher vir e cortar um pedaço de sua faixa de cabeça, um pedaço que poderia ser usado para feitiçaria. Todos sabiam que ela era dada a feitiçarias. Anos atrás, logo que se casaram, Ombomb encontrou um pedaço de casca de taioba escondida no telhado e ficou sabendo que ela pretendia enfeitiçá-lo. Oh, que desgraça, que esposa descuidada era ela para deixar a cesta de seu marido daquele jeito! Certamente ninguém deveria contar a Ombomb, ou ele ficaria furioso com ela. Mas ai, era uma desgraça que Ombomb devesse morrer, que um belo homem, tão forte, tivesse de consumir-se, tudo por causa de uma mulherzinha coberta de tinha, que não servia para nada, salvo para invadir a casa alheia e roubar a sujeira do marido, e também a de sua pobre esposa das Planícies, pois ela, com certeza, também levara um pedaço do colar de Sauwedjo. E não parou de resmungar, até que a estória se espalhou. Madje, o pobre e ansioso Madje, todo coberto de tinha, e que acabara justamente de compreender que jamais conseguiria uma esposa, não obstante seu industrioso afã de adolescente em erigir sozinho, para seu uso três pequenas casas, esplendidamente construídas, sentiu-se atraído por Me'elue, atribulada como ele. Desceu à plantação de taioba onde ela e a filha moravam e lhe contou. Chorosa, abrasada de ódio e repúdio, ofegante pelo esforço de galgar a montanha, Me'elue chegou à aldeia. No *agehu*, entre um grupo de mulheres, defrontou-se com a rival. "Enfeitiçar Ombomb? Por que faria tal coisa? Sou sua esposa, sua esposa, sua esposa. Ele criou-me. Pagou por mim. Dei-lhe filhos. Serei por acaso uma mulher herdada, uma estranha que o enfeitiçou? Sou sua própria esposa, a esposa que ele criou". Sauwedjo estava sentada, com a cesta de rede à sua frente, o conteúdo espalhado, a fita de cabeça com o cordão faltante significantemente por cima. A mulher mais idosa do grupo funcionava como uma espécie de juiz. "Você levou sua filha quando foi à casa de Sauwedjo?" — "Não, eu a deixei lá embaixo." "E entrou sozinha na casa de sua co-esposa. Tola!" A mulher mais velha bateu levemente com a ponta de um dos colares na soluçante Me'elue. Sauwedjo, sentada, falava pouco, amamentando a filha com um sorriso irônico e satisfeito no rosto. Me'elue continuou, soluçando: "Ele não me dá alimento. Nunca olha para mim nem aceita comida de minha mão. Eu e minha filha passamos fome. Comemos o alimento de outros. Esta mulher estranha está sempre com raiva de mim. Se ele faz um canteiro para mim, ou corta árvores e cerca minha plantação, ela fica enfurecida. Ela é muito forte. Come carne, e eu e minha filha ficamos sem nada". De Sauwedjo, curvada sobre sua criança, emergiu um orgulhoso e insolente: "Oh, como carne, não é Tcha!" A anciã continuou falando com Me'elue: "Você não é uma mulher que apareceu aqui já crescida, de quem devêssemos suspeitar de feitiçaria. Você era apenas uma coisinha quando veio, quando pagamos por você". Me'elue explodiu novamente: "Sou uma estranha! Sou uma esposa recém-adquirida? Já lhe dei uma criança, uma filha. Ela está viva. Por que haveria eu de enfeitiçá-lo? Eu não o fiz. Ele desceu e me disse: 'Vá e pegue os dentes de cachorro. Prenda-os ao pescoço de nossa filha'. Foi o que fiz". A velha voltou a dizer: "Pagaram bem por você. Ele pagou dez colares por você. Você é a primeira esposa dele. Não é uma estranha".

126

Me'elue, inoportunamente: "E o bambu d'água dela. Diz ela também que eu o quebrei. Madje assim disse". Isto deu a Sauwedjo uma oportunidade para mostrar-se bondosa e generosa. Respondeu entre os dentes: "Eu não disse isso. O bambu d'água é meu. Eu mesma o quebrei". Sagu, outra jovem cunhada, interveio pacificadoramente: "Um estranho, outra pessoa deve ter cortado a corda. Sempre há homens das Planícies vindo à casa de Ombomb. Um deles entrou e fez isso". Mas Sauwedjo não aceita tal desculpa: "Havia gente na aldeia o tempo todo. Teriam visto se um homem das Planícies entrasse em casa. Ela, essa aí, só ela entrou. Só de você eles falaram". Me'elue respondia, mais ofegante, mais atrapalhada e mais chorosa, cada vez que falava: "Ela sempre, sempre me censura. Os dois estão sempre juntos. Ele não me trata como esposa. Aqueles dentes de cachorro eram meus". "Mas", diz a mulher mais idosa reprovadoramente, "se encontravam na casa de Sauwedjo". Me'elue levantou-se, a agitação dando uma certa dignidade ao seu corpo franzino e sujo de lama, que dava a impressão de nunca ter gerado um filho: "Levarei meus inhames, minhas cestas. Vou lá para baixo de vez. Eu carregava apenas uma cestinha. Quando voltei, esvaziei-a. Não era uma grande cesta capaz de conter coisas de feitiçaria escondidas. Quando esvaziei a cesta, todos teriam visto. Mais tarde, os porcos comeram o meu inhame. Disse: Não faz mal. Não tenho marido, não tenho marido para cuidar de mim, para limpar o terreno e plantar. Sou a esposa por quem ele pagou como criança. Não sou uma estranha". E tristemente, ainda chorando, desceu a encosta da montanha.

Os sentimentos da aldeia estavam divididos. Muitos pensavam que Me'elue cortara talvez o enfeite de cabelo. Ninguém iria censurá-la se fosse o caso. O argumento de que era a verdadeira esposa era faca de dois gumes, pois Ombomb não a tratara como a uma verdadeira esposa, mas como a uma estranha. Tratada tão abominavelmente, largada ao cuidado de outros, jamais tendo a oportunidade de dar comida ao marido, de que se surpreender se Me'elue viesse a se sentir como estranha? Quem haveria de censurá-la? Por outro lado, era uma criaturinha gentil e encantadora; suportara com serenidade a sua destituição, sem usar de obscenidade contra Ombomb. Isto, por si só, provava que ela era boa e possuía uma das virtudes que os Arapesh mais prezam na mulher. Pois um homem a quem a obscenidade é dirigida em público torna-se vulnerável. Se a obscenidade for ouvida por alguém que lhe guarde rancor, ou que deseje castigá-lo por alguma falha em relação à comunidade, será contada a um de seus *buanyins* ou primos cruzados, que poderão convocar o *tamberan*. Todos os homens da comunidade, carregando o *tamberan*, reunir-se-ão na casa da vítima, nominalmente, para amedrontar e punir sua esposa, que foge incontinenti diante do *tamberan*, enquanto os companheiros humanos do *tamberan* lhe espalham os colares, rasgam-lhe a cesta de rede e lhe quebram as panelas. Mas cortam também uma ou mais árvores pertencentes ao esposo insultado e espalham folhas pelo chão da casa; é humilhado aos olhos deles, e deve este fugir da comunidade até encontrar um porco entre alguns parentes longínquos, com que possa aplacar o *tamberan*. Ombomb possuía vários porcos e, por isso, era vulnerável, pois se preparava para realizar a primeira de uma série de festas que o levariam a ser um grande homem. Se a intenção de Me'elue fosse feri-lo, poderia ter recorrido à obscenidade pública, mas não o fizera. Na realidade, pouquíssimas esposas recorrem à obscenidade ou à feitiçaria. Mas as consciências pesadas dos maridos negligentes fazem-nos esperar traição onde não existe nada. E conquanto Me'elue jamais empregasse a obscenidade, era possível que houvesse tomado a via mais segura e mais sorrateira. Assim raciocinava a comunidade.

Por outro lado, a própria Sauwedjo não estava livre de suspeitas. Pertencia às Planícies, ao rol daqueles que são rapaces e nunca estão satisfeitos. Seus modos não eram os de uma mulher decente; preocupava-se com o sexo pelo sexo e ensinara Ombomb a proceder da mesma maneira. Tomava toda a carne, sem deixar nada para Me'elue. Não estava contente apenas com sua parte do marido; exigia-o todo. E todos sabiam que ficara raivosa e mal-humorada naquela única vez em que Me'elue preparara o jantar para Ombomb. Era possível que Sauwedjo, e não Me'elue, houvesse desejado enfeitiçá-lo. E existia uma terceira possibilidade, a de que Sauwedjo simplesmente simulara todo o caso, de que cortara a fita de cabelo de Ombomb, e um pedaço da sua, com o fim de desviar a desconfiança de sua pessoa, não para enfeitiçar Ombomb, mas simplesmente para lançar a suspeita sobre a pobre Me'elue e completar sua ruína. De qualquer forma, toda a situação era um escândalo. O comportamento de Ombomb, no todo, começava a assemelhar-se ao de seu meio-irmão mais velho, Wupale, que arremessara lanças sobre os próprios parentes e deixara Alitoa quando Ombomb ainda era criança, para nunca mais voltar. Ombomb herdara seus coqueiros e sua terra e, aparentemente, estava adotando também suas maneiras violentas.

Quando Ombomb voltou de viagem, Sauwedjo não lhe falou de sua acusação, escudando-se por trás da sua pretensa ansiedade quanto à negligência que cometera em

128

seu dever, ao deixar a cesta de rede abandonada. Mas um de seus irmãos contou-lhe. No começo, mostrou-se desdenhoso; dissera a Me'elue que viesse apanhar os dentes de cachorro; afinal, o que é que se estava passando? Mas, passado um dia ou dois, sua confiança vacilou. Vira a fita cortada. Sauwedjo dissera o que tinha a dizer. Ombomb recuou em sua afirmação de que autorizara Me'elue a apanhar os dentes de cachorro, declarando que apenas os prometera à filhinha e que Me'elue por certo ficara à espreita. Depois de mais ou menos uma semana de diz-que--diz e cochichos, Ombomb desceu ao terreno de cultivo onde Me'elue vivia com a velha sogra, mas não a encontrou. Pediu ao irmão mais velho que a procurasse e a reconduzisse à casa dos pais, e recuperasse a sujeira que ela lhe subtraíra. Fez um sinal de folha de cróton e o amarrou ao lado do fogo de Me'elue. Era uma intimação para que devolvesse a sujeira.

Dois dias depois, havia muita gente em Alitoa, que regressava de uma festa. Em seu meio estava Nyelahai, um dos grandes homens da comunidade, e suas duas esposas. A mais velha era uma mulher a quem Nyelahai anteriormente chamara de "tia", uma mulher que já era avó, a quem ele tomara em sua viuvez para manter-lhe a casa e alimentar-lhe os porcos. Embora idosa, era ainda vigorosa e sensível à sua posição um tanto empanada de criadora de porcos e responsável pela casa de um grande homem. Detestava, de todo coração, a esposa mais jovem, Natun, a bela irmã mais moça de Me'elue, esposa de Ombomb. Natun representava outro casamento irregular. Nyelahai, a princípio, a escolhera para seu mano mais moço, Yabinigi, e ela viera morar na sua casa enquanto se preparava para desposá-la. Yabinigi, todavia, era completamente surdo e dado a ataques de *amok*, e quando Natun atingiu a puberdade, ela recusou-se a casar-se. Nyelahai era viúvo, com apenas sua velha criadora de porcos e um filho de dez anos, pequeno e doente. Era velho para Natun, e sempre a considerara como filha. Seu casamento com ela transgrediria, quase, a regra de que a geração mais velha nunca deveria competir com a mais jovem por causa de mulheres. Mas Natun era moça e adorável; além disso, Nyelahai era muito afeiçoado à mãe de Natun, ainda jovem e alegre e pouco mais velha do que ele próprio. Não se conformava com a idéia de perder a companhia da filha e a possibilidade da companhia da mãe, que embora não fosse viúva, permanecia muito tempo com a filha. Casou-se com Natun a cuja mãe chamava, não de "sogra", porém pelo termo íntimo, reservado à própria mãe, *yamo*. A comunidade aprovou de certo modo o casamento. Afinal, Yabinigi era surdo e impossível; mas

129

continuaram teimosamente a referir-se a Natun como "a esposa de Yabinigi que Nyelahai tomara". Este é o tipo de pressão serena e obstinada que a opinião pública Arapesh aplica, na ausência de quaisquer sanções mais rigorosas para interferir adequadamente no comportamento de um homem de tanto valor para eles, como o oratoriamente bem dotado Nyelahai.

Tampouco Natun se sentia à vontade em sua nova posição, cheia de anomalias. A velha esposa, a primeira no tempo e não na realidade, ela própria na situação de casada fora de seu grupo etário, não gostava dela. Natun não se sentia bem com um marido tão mais velho do que ela, um homem que realmente estava mais à vontade com sua mãe do que com ela própria. Os grandes olhos caninos de Yabinigi seguiam-na sempre. E agora, a maldição que assaltara toda a primeira prole de Nyelahai, exceção feita àquela única criança doentia que sobrevivera, recaía sobre seu bebê. Começou a ter convulsões. Ela acusou a velha esposa de haver trazido a doença de alguns de seus parentes, cuja criança doente a outra visitara. Devido a essa acusação, as duas mulheres brigaram e, durante a briga, disse Natun que, dentro em pouco, a velha iria chorar no entêrro de seu sobrinho Ombomb, e uma olhada ao cadáver evidenciaria a causa da morte — isto é, que ele morrera de feitiçaria de sexo. Esta acusação foi repetida quando as pessoas passaram por Alitoa, e Ombomb e seus parentes tomaram-na como prova de que Natun sabia que sua irmã Me'elue se apossara da sujeira de Ombomb e a enviara aos feiticeiros das Planícies. Isso apesar do roubo imputado a Me'elue ter sido o de um pedaço de fita de cabelo.

Natun e Nyelahai ficaram em Alitoa depois que a multidão partiu, e o irmão mais velho de Ombomb veio à aldeia trazendo os pais de Me'elue para responderem à acusação. Nyelahai sentou-se ao lado da sogra e ofereceu--lhe noz de areca e as pessoas sorriam alegremente diante desse comportamento carinhoso. Ombomb exibiu a fita de cabelo e o colar de Sauwedjo cortados, acusou Me'elue de tê-los levado e exigiu sua devolução. O pai contestou que muitos homens haviam usado aquela fita, e ninguém poderia saber contra quem o corte fora dirigido e, de qualquer forma, Sauwedjo o fizera, sem dúvida, para lançar suspeitas sobre sua pobre e indefesa filha, a quem ela, de qualquer modo, tratava muito mal. Me'elue veio da plantação depois que todos estavam reunidos. Era a primeira vez que ela e Ombomb se encontravam face a face, desde o suposto roubo. Lançando-se para frente violentamente, ele perguntou-lhe por que fizera aquilo. Ela se conservou junto aos pais, respondendo muito pouco, triste, e resignada a voltar com eles. Um irmão de Ombomb saiu do grupo

130

e apresentou a Me'elue uma folha de cróton amarrada, que lhe impunha a obrigação de cessar com suas maquinações de feitiçaria. Ela e seus parentes, estes últimos reiterando que nunca haviam traficado com feitiçaria, viraram-se e abandonaram o *agehu.* Sauwedjo vencera. Se Ombomb adoecesse ou morresse, a própria comunidade de Wihun se voltaria contra Me'elue e seus pais, e os consideraria como tendo desprezado esta advertência pública, aviso que os grandes homens de Wihun também lhes repetiram.

Contei esta estória em detalhes porque ilustra os tipos de dificuldades a que pode conduzir o casamento Arapesh. Nesse único incidente, envolvendo as duas irmãs, Me'elue e Natun, temos a rejeição parcial de uma esposa alimentada por seu marido, ele próprio de temperamento violento e anômalo; a total rejeição de um esposo surdo por sua esposa prometida; o casamento de um viúvo com uma mulher muito mais velha do que ele, o que tornou anômalo seu *status;* o casamento de um homem com a esposa prometida a um irmão tão mais novo que envolvia uma gradação de idade pai-filho; e o mais dilacerador de tudo, a entrada de uma fugitiva das Planícies, com seus padrões diversos, numa comunidade da montanha. O casamento Arapesh não está arranjado para suportar tais tensões e daí resultam distúrbios.

Para um casamento que malogra e mergulha a comunidade em acrimoniosas contendas e acusações de feitiçaria, a grande maioria é bem sucedida. E se narro tais enredos maritais, devo fazê-lo com a reiterada afirmação de que essas constituem situações excepcionais, e não o padrão da vida de casado dos Arapesh, que, mesmo nos matrimônios políginos, é tão tranqüilo e satisfeito que nada há em absoluto, para contar. O etnólogo não pode registrar eternamente: "As duas esposas de Baimal, com as duas filhinhas, vieram hoje à povoação. Uma delas ficou para fazer o jantar e a outra pegou as duas crianças e foi buscar lenha. Quando voltou, o jantar estava pronto, Baimal chegou da caça, todos se sentaram à volta do fogo até que o frio os obrigou a entrar na casa, onde todos, sentados, riam e conversavam calmamente". É essa a tessitura, o padrão de vida Arapesh, calmo, de cooperação rotineira, de canções na madrugada fria, de cantos e risos à noite, de homens sentados, tocando alegremente pequenos tambores para si mesmos, mulheres segurando bebês que mamam em seus seios, mocinhas andando despreocupadamente pelo centro da aldeia, com o andar daqueles que são amados por todos os que estão à sua volta. Ao ocorrer uma briga, ou uma acusação de feitiçaria, o fato irrompe através da textura com uma dissonância horrenda, tanto mais aguda

131

quanto as pessoas não estão habituadas ao ódio, e enfrentam a hostilidade com medo e pânico, em vez de espírito combativo. Em seu temor e desorientação, agarram achas de lenha e as arremessam uns contra os outros, quebram potes, utilizam-se de qualquer arma que casualmente lhes caia às mãos. E isto é especialmente verdade porque o casamento Arapesh não tem padrão formal que considere o ódio e a ofensa. A suposição é que um esposo calmo e delicado, oito ou mais anos mais velho que sua dócil e devotada esposa, viverá com ela em paz. Sua própria parentela não exerce vigilância rigorosa sobre ela. Não é costumeiro que a esposa fuja para a casa do pai ou do irmão apenas por mero desentendimento. Seu marido lhe é agora tão próximo quanto seus parentes consangüíneos, e merecendo igual confiança e apoio. Ele e ela não estão separados por diferenças de temperamento; ele é simplesmente mais velho e mais experiente que ela e igualmente dedicado ao cultivo dos alimentos e às crianças.

Mas se ele morrer ou transferir sua atenção totalmente para outra mulher, a esposa passa pela drástica experiência de um segundo desmame, uma experiência pela qual seu irmão passou, de certo modo, quando desmamado de sua segunda grande fixação, o pai, experiência da qual ela foi poupada. Desde pequena, quando aprendia a andar equilibrando uma enorme cesta de rede apoiada à sua fronte, ela foi rodeada de cuidados carinhosos; passou da casa de seu sogro para a do marido sem nenhum choque. Sempre houve mulheres mais velhas com ela, das quais foi companheira constante. Seu casamento não foi um choque repentino e assustador, mas o amadurecimento gradual de uma afeição comprovada. A viuvez surge como a primeira quebra na segurança de sua vida. Nunca, desde que a mãe a deixou sozinha com mulheres que não tinham leite, conheceu ela tal infelicidade. E talvez, pelo fato dessa experiência de desolação vir tão tarde para a mulher, depois de ter passado tantos anos protegida, ela tende a reagir com mais violência do que um menino de onze anos, a resmungar atrás dos passos do pai que partiu. A viuvez é, naturalmente, uma experiência maior de privação, uma vez que o marido de quem ela dependia é inteiramente removido pela morte; Me'elue porém sofreu algo semelhante quando Ombomb, a quem ela aprendeu a amar e em quem aprendeu a confiar, voltou-se para Sauwedjo. Todos os fios pelos quais sua vida estava suspensa foram rudemente rompidos. Essa experiência, a de perder o marido ou sua afeição, é a que traz autoconsciência à mulher Arapesh. É nesta crise, mais do que na adolescência, que ela se vê colocada contra o seu ambiente, exigindo-lhe algo que este não quer ou não pode dar-lhe.

Raramente este despertar ocorre na adolescência. Isto é particularmente verdade se um dos membros do par comprometido tem algum defeito. Nesse caso, os pais podem conservar os jovens um tanto separados até que, com a adolescência da menina, esta deva finalmente estabelecer--se na casa de seu esposo. Em tais casos, sua dependência em relação a ele não é o resultado do contato efetivo do dia-a-dia, porém mais uma identificação satisfeita com as outras meninas comprometidas ou jovens esposas nas suas atitudes para com os maridos. Quando descobre que seu marido é surdo, louco ou doente, pode fugir ao choque e recusar a prosseguir o casamento. Foi o que se deu com Temos, a filha de Wutue. Este era um homenzinho calmo e assustadiço; passava todo o seu tempo plantando na floresta, e seus jovens parentes vinham e trabalhavam em sua companhia, enquanto ele próprio ia muito pouco a outros lugares. Quando Temos tinha dez ou onze anos, sua mãe morreu, e apesar de já estar comprometida com Yauwiyu, era mantida em casa com seu pai viúvo. Yauwiyu era um garoto fútil e instável. Wutue não confiava no rapaz e, de qualquer modo, necessitava de Temos em casa para cuidar de suas irmãs mais jovens, nas condições de vida excepcionalmente isolada que levavam. E, antes de Temos atingir a adolescência, outra das ubíquas mulheres das Planícies apareceu em cena e se casou com Yauwiyu. Temos, ainda jovem e não adolescente, entrou na casa de seu esposo para encontrar diante de si uma mulher das Planícies, ciumenta e empolada. Também não gostou de Yauwiyu, com seu sorriso idiota e sua alegria grosseira. Não chegara ainda à adolescência, quando fugiu para a casa do pai e recusou-se a ter qualquer contato com Yauwiyu. Aprendera a esbravejar e a enfurecer-se à maneira da co-esposa das Planícies, e seu pai agora também tinha um pouco de medo dela. Consultou o irmão e finalmente decidiram que seria bom compromissar esta criança intranqüila com alguém que tivesse idade e sabedoria para suprir aquele contraste entre marido e mulher que os Arapesh imaginam só a idade possa produzir. Escolheram Sinaba'i, um delicado viúvo de meia idade, pai de dois filhos, um homem que não esperava encontrar outra esposa, pois era membro de um clã em desaparecimento, onde não havia viúvas para ele. Sua casa, que ele compartilhava com seu jovem primo Wabe, ficava exatamente em frente à que Wutue partilhava com seu sobrinho Bischu, quando os dois vinham para Alitoa. Temos conhecera Sinaba'i durante toda a sua vida. Agora ela passava parte do tempo trabalhando com a filha mais jovem do marido em suas plantações, que não eram abundantes. Sinaba'i era demasiado simpático, por demais dis-

133

posto a acolher qualquer sugestão, demasiado obsequioso às exigências de todos, para fornecer mesmo o mínimo esforço individual Arapesh. Vivia na metade da casa, que, na realidade, pertencia a Wabe que morava na outra ponta.

Ora, Wabe estava com problemas próprios. Era o irmão mais velho de Ombomb, mais violento, mais rabugento e menos ajustado que seu irmão mais jovem. A convenção Arapesh de que o desejo sexual é algo que surge no casamento, mas não brota espontaneamente, não era compatível com Wabe. Sendo sua jovem esposa prometida, Welima, ainda pré-adolescente, Wabe cedeu às importunações de seus primos de Wihun — os mesmos que ficaram com Sauwedjo até que Ombomb viesse buscá-la — em representar o papel de raptor na captura de Menala, uma menina que fora prometida a um homem de outra aldeia. A parentela de Menala estava irritada com seu esposo prometido. Ele não validara o casamento pelo pagamento dos colares, nunca mandara carne para a família da esposa, não os ajudara em suas plantações ou nas construções de casas, tomara outra esposa que maltratava Menala. Por tudo isso os parentes de Menala estavam enfurecidos.

Todavia, conforme o costume Arapesh, a família da esposa não deve tirá-la de seu marido, a não ser que deseje provocar um conflito real. Os parentes da esposa deram-na criança aos parentes do marido: estes a alimentaram; ela agora lhes pertence. O pagamento em colares e carne, a cujo respeito há tanta conversação, não é realmente encarado como o elemento ligante, pois, mesmo que o pagamento não tenha sido feito, os parentes da esposa em geral não se sentem justificados para retomar a filha[5]. Deve-se lembrar que os Arapesh não fazem a distinção nítida que tantos fazem entre relação de sangue e relação de casamento. O cunhado é tão íntimo a uma pessoa como um irmão; descobrir que ele se voltou contra alguém é uma experiência destruidora e enlouquecedora. Em tais condições, é mais provável que o irmão mais velho do marido, e não os parentes dela, tome o partido da mulher para protegê-la se for negligenciada pelo marido, e para repreendê-lo como um pai faz a um filho. Tudo isto determina a paz e a solidariedade familiar entre os Arapesh.

(5) Raramente a filha é levada de volta como parte de uma verdadeira rixa; desta maneira os homens de Banyimebis levaram embora a irmã como uma forma de mostrar o seu desprezo por um homem que se tornara prosélito de um culto religioso estranho, vindo do litoral. Ele mentira e enganara as pessoas e eles estavam zangados por sua irmã estar envolvida numa fraude. Por isso, levaram-na. Mas em tais casos, a retomada da mulher é simplesmente o aspecto secundário de uma briga por alguma outra coisa. E mesmo isto não é freqüente.

Não existem disputas contínuas entre afins, idéias contrárias entre cônjuges, que surgem quando cada um tem, no íntimo, interesses opostos ditados pelo parentesco. O fato da esposa ter num clã a mesma posição de irmã ou filha assegura-lhe uma posição sólida, que não existe entre os povos cujo sistema de casamento é organizado de forma diferente. Mas, se ela for maltratada, se seus próprios parentes estão de fato irritados com o casamento, então surge a dificuldade, pois é tão complicado para um Arapesh tomar de volta sua irmã como seria ajudar a esposa de seu irmão a fugir. Em tal situação, é necessário encenar um rapto, em geral, discretamente sugerido, pelos parentes da esposa maltratada ou insubordinada, a algum solteiro de iniciativa, viúvo ou esposo irritado de outra aldeia, se possível de outra localidade. Na maioria dos casos, a mulher participa do plano; quando o raptor a agarra, no momento em que ela sai em busca de água ou de lenha, acompanhada de uma ou mais crianças para servir de testemunhas, ela apenas simula resistir e gritar; secretamente está de acordo.

Um plano assim foi apresentado a Wabe. No caso, havia uma jovem e forte menina a quem ele conhecia ligeiramente e a quem aprovara, que um marido incompreensivo estava descurando e mal alimentando. Os irmãos de Menala organizaram o rapto, e Wabe e seu primo surpreenderam a jovem no caminho, acompanhada por uma criança e levaram-nas. Ela resistiu, mas isto foi considerado uma pantomima apropriada. Wabe conduziu Menala para viver com ele na mesma casa onde viviam sua mãe e sua esposa prometida, Welima, ainda não adolescente. Ora, Menala era estúpida — cordata, de boa natureza, porém estúpida. Nunca chegou a compreender totalmente que Wabe não a raptara de fato, contra a vontade dela. Seu modo grosseiro e áspero, de agarrar-lhe o braço, tornou-se para ela uma realidade maior do que a negligência de seu esposo prometido, com quem seus irmãos estavam grandemente irados. Instalada pouco à vontade na casa de Wabe, fez sólida amizade com Welima, que era tímida e nervosa antes da chegada da nova esposa. Mas lembrava-se constantemente de que Wabe a roubara contra a sua vontade, costumava mencionar o fato sempre que podia, por vezes com ressentimento, até que o próprio Wabe começou a crer no fato e ocasionalmente vangloriava-se de sua proeza. Entrementes, quando subiam à aldeia principal, Wabe e suas esposas partilhavam um lado de sua casa com Sinaba'i, o viúvo e seus filhos. Menala, insegura e pouco à vontade com o violento Wabe, procurou conforto no suave, maduro e estúpido Sinaba'i, ainda sem esposa, apesar da pequena e truculenta Temos ter-lhe sido prometida para breve. Por fim, Inoman, o abobado meio-irmão de Wabe, contou-lhe que, por acaso, ouvira Menala e Sinaba'i amando-se quando pensavam estar sozinhos em casa.

Wabe ficou furioso, de ódio e de medo. Há quanto tempo isso estaria acontecendo? Teria sido entregue por Menala nas mãos dos feiticeiros? E a sua colheita de inhame? Pois os inhames de um homem cuja esposa comete adultério secreto se aborrecem com isso e escapam de sua plantação. Forçou Menala a confessar e quis brigar com Sinaba'i. Foi quando interveio um ancião do clã. Wabe e Sinaba'i eram irmãos. Brigar por causa de tal assunto não era apropriado. Já que Sinaba'i e Menala se gostavam, obviamente seria preferível que se casassem a que Wabe conservasse uma esposa que não queria ficar com ele. Que Sinaba'i desse Temos a Wabe, embora sendo ambos primos entre si e seu casamento, portanto, incorreto; e que ficasse com Menala, que devolvesse todas as dádivas de carne que Wabe fizera aos irmãos de Menala. Isso Sinaba'i nunca faria. Todo mundo sabia disso e Wabe estipulou que, se não o fizesse, o primeiro filho que nascesse de Sinaba'i e Menala lhe seria dado. A isto anuíram de muito bom grado. Temos, assim, passou a ser a esposa destinada a Wabe e mudou seu fogo da ponta da casa de Sinaba'i para a de seu novo marido, a fim de ajustar-se a ele. Menala mudou-se para a parte de Sinaba'i e se instalaram para produzir o filho que um dia pertenceria a Wabe.

Reinava a paz, exceto no coração de Temos, que fora reduzida a um estado frenético de insegurança devido a essa terceira mudança. Duas vezes fora desalojada e, segundo lhe parecia, por outras mulheres. Esquecera quão tolo e estúpido Yauwiyu era e recordava apenas o frio timbre de voz de sua esposa das Planícies. Então, quando já se acostumava à idéia de casar-se com Sinaba'i, que, na realidade, era um homem fraco e quase velho, de modo algum o tipo de marido que uma jovem poderia esperar, Menala aparecera e destruíra tudo outra vez. E agora, na casa de Wabe, ela encontrara uma terceira mulher, a jovem Welima, que observara com grandes olhos assustados e sem compreender todas esses acontecimentos, essas estranhas manobras de Wabe a quem adorava, de Menala que era sua companheira de confiança, e de Sinaba'i que era como um pai para ela. Temos decidiu odiar Welima, como possível causa de uma nova ruptura. Isso era muito fácil, pois Menala, a quem ela também odiava, continuou amiga firme de Welima.

As duas meninas chegaram à puberdade e Wabe realizou os respectivos cerimoniais, um pouco depois do

136

outro. Welima escondeu-se na cabana menstrual de **Menala**, com medo de compartilhar uma cabana com Temos. Quando Wabe era gentil com Welima, Temos explodia e quando o era com Temos, Welima chorava e tinha dores de cabeça. Ele construiu uma casa separada para Temos e outra ainda para seu próprio refúgio. Welima continuou a viver na casa com Sinaba'i e Menala, e depois que o menino de Menala nasceu, ela se dedicou à criança. Temos engravidou e abortou depois de uma explosão de cólera. Acusou Wabe de tê-la procurado ainda impuro da dança com o *tamberan*. Wabe recusou-se a efetuar os costumeiros pagamentos que acompanham a gravidez, perguntando amargamente por que deveria pagar por sangue derramado sobre o chão. Estava atormentado, infeliz e ciumento. Um pequeno incidente o aborreceu particularmente. Um primo seu lhe mandara meio canguru, dos pequenos. Mandou que as esposas o cozinhassem. Imediatamente, entraram numa discussão para saber a quem a tarefa incumbiria: Temos achava-se no direito do executá-la pois o cachorro que o caçara pertencia ao filho do irmão de seu pai; porém Welima e sua sogra haviam alimentado a mãe do cachorro, portanto, no modo de pensar nativo, ela é que tinha o direito. Por fim, as duas começaram a brigar. O fogo apagou-se e Wabe tomou da carne e cozinhou-a ele mesmo.

Wabe, Temos e Welima, pode-se dizer, estavam sofrendo de poliginia. Mas uma só circunstância não poderia gerar as dificuldades; o aparecimento da esposa das Planícies de Yauwiyu; o temperamento particular e ermitão do pai de Temos e sua insistência em que ela ficasse com ele durante sua viuvez temporária; a supersensìbilidade dos irmãos de Menala ou o interesse inusual em maquinações políticas; a estupidez e a inabilidade de Menala em separar os acontecimentos estruturais dos pessoais e assim distinguir um rapto formal de um ato genuíno de violência; a forma peculiar que tomou a solução da dificuldade ao impor-se a troca entre Temos e Menala, todos esses fatores contribuíram para produzir uma situação social difícil entre três pessoas, duas das quais eram singularmente incapazes de suportá-la, pois nem Wabe nem Temos tinham o temperamento delicado e amigável a que a cultura Arapesh está adaptada.

Entretanto, mesmo nesses casamentos excepcionais e infelizes, a influência dos padrões Arapesh é claramente observada. Me'elue apegou-se a Ombomb e viveu pacientemente da generosidade de seu irmão, tal como uma filha rejeitada continuaria a viver em casa. E a dificuldade resultante da sedução, por um homem, da esposa do com-

137

panheiro de casa foi resolvida — não por uma dissolução dos arranjos de moradia, mas pela troca de esposas e promessa de um filho.

Pode-se dizer que, em suas vidas de casado, os Arapesh sofrem de um superotimismo, de uma falha no cálculo do número de contratempos que podem arruinar o perfeito ajuste entre o jovem e sua esposa-criança. A própria simplicidade e doçura do ideal tornam as condições reais de ruptura mais difíceis de suportar. Os rapazes não são treinados em hábitos de comando e numa atitude que espera submissão das mulheres, porque elas são inerentemente diferentes. São habituados tão-somente a esperar que elas lhes obedeçam, pois são bem mais jovens e mais inexperientes. As mulheres não são treinadas a obedecer aos homens, mas simplesmente a respeitar seus maridos de criação, em particular. Quando homens ou mulheres se vêem numa situação em que não há essa condição, ficam perdidos. O marido ainda espera que sua esposa lhe obedeça, mas não tem idéia do porquê, e daí podem resultar ódio frustrado e brigas inúteis. É o espetáculo de pessoas delicadas e bem intencionadas, presas numa rede que não podem romper por não possuírem armas culturalmente sancionadas para tanto e na qual podem apenas debater-se e protestar. As que mais se debatem e protestam são as esposas cuja submissão foi quebrada, meninas como Temos que foi passada de um esposo potencial a outro, ou jovens viúvas que não contam idade suficiente para adaptar-se à resignação, o único papel bem definido para uma viúva.

Um caso de adultério na vida madura servirá para ilustrar ainda mais a atitude Arapesh em relação a tais ocorrências dentro da família. Manum e Silisium eram irmãos. Manum era o mais velho; Silisium, o mais inteligente. Ambos tinham filhos adolescentes. E nesta idade madura, a longa associação entre Homendjuai, a esposa de Manum, e o irmão de seu esposo, Silisium, evoluiu para uma relação sexual. A estória nativa era típica: "Certo dia, no caminho para Wihun, os dois brincaram. Manum suspeitou, mas não disse nada. Outra vez, depois de uma festa em Yapiaun, os dois brincaram novamente. Manum percebeu, mas não disse nada. Finalmente, os dois brincaram uma terceira vez. Então, afinal, Manum ficou zangado. Disse: 'Ela é minha esposa. Ele é meu irmão, meu irmão mais novo. Isso não está certo. Vou parar com isso'. Pôs uma mulher de sua família a interrogar Homendjuai. Ela confessou. Então Manum falou zangado com seu irmão e Silisium envergonhou-se de ter tomado a esposa do irmão mais velho e fugiu para escapar à sua cólera. Foi para junto dos parentes de sua esposa, e ela o acompanhou. Manum, entrementes, queria surrar Homendjuai.

138

Mas a mãe e a tia dela estavam lá de visita, ajudando-os na plantação. Se desse uma surra em Homendjuai, ela não poderia cozinhar para eles. Assim, não a espancou. Depois de alguns dias, Silisium retornou e deu um colar a seu irmão. Afinal, eram irmãos e entre irmãos não deve haver ódio prolongado". Foi assim que Sumali, o irmão de Homendjuai, me contou a estória, e alguns dias depois ouvi outros comentários de um grupo de jovens de Ahalesemihi, a aldeia de Manum e Silisium. Riam maliciosamente diante da idéia de pessoas assim, de meia idade, ficarem tão envolvidas na prática do amor e, enquanto o filho adolescente de Homendjuai apenas sorria diante de tal bobagem, o filho de Silisium baixava a cabeça, pois, apesar de tudo, Silisium era mais jovem que Manum. Esses adultérios dentro do clã são os mais congruentes com todo o ideal Arapesh de amor familial, e causam muito menos problemas do que as situações nas quais uma relação antiga e sedimentada entre um par comprometido é alterada pela morte ou pelo aparecimento de uma mulher das Planícies, com um padrão diferente de vida.

Em nenhuma parte da cultura Arapesh, sua falta de estrutura, de maneiras estritas e formais de lidar com as inter-relações entre seres humanos, é mais vivamente ilustrada do que em seus arranjos matrimoniais. Em vez de confiar na estrutura, confiam na criação de um estado emocional de tal beatitude e sutileza que os acidentes continuamente ameaçam sua existência. E se essa ameaça se materializa em certas ocasiões, manifestam o medo e o ódio de quem sempre se viu protegido da dor e da infelicidade.

8. O IDEAL ARAPESH
E OS QUE DELE SE DESVIAM

Seguimos até agora o menino e a menina Arapesh através dos primeiros anos de vida, através da puberdade e na vida de casados. Vimos a maneira como os Arapesh moldam cada criança nascida dentro de sua sociedade de modo a aproximá-la daquilo que concebem ser a personalidade humana normal. Vimos que carecem da noção da natureza humana perversa e necessitada de sereno controle e repressão, e que concebem as diferenças entre sexos, em termos de implicações sobrenaturais das funções masculinas e femininas, mas não esperam nenhuma manifestação natural destas diferenças como dotação sexual. Em vez disso, consideram homens e mulheres inerentemente gentis, compreensivos, cooperativos, desejosos e capazes de subordinar seu eu às necessidades dos mais jovens ou mais fracos e colher de tal procedimento a maior satisfação. Cercaram de prazer aquela parte da genitura que consideramos ser especialmente materna, o cuidado preciso e carinhoso do bebê e o deleite desinteressado no progresso da criança rumo à maturidade. Neste progresso, o genitor não tira nenhum prazer egoísta, não faz exigências excessivas de grande devoção neste mundo, ou de adoração de ancestrais no outro. A criança para os Arapesh não é um meio pelo qual o indivíduo assegura que após a morte sua identidade lhe sobreviverá, pelo que mantém alguma ligeira e segura pega sobre a imortalidade. Em algumas sociedades, a criança é uma simples propriedade, quiçá a mais valiosa de todas, mais valiosa que casas e terras, porcos e cachorros, mas sempre uma propriedade com que os pais contam e de que se orgulham perante os outros. Todavia, tal quadro não tem significado no caso dos Arapesh, cujo senso de propriedade, mesmo dos objetos materiais mais simples, é tão obliterado pelo senso de necessidade e obrigação dos outros a ponto de quase perder-se.

Para os Arapesh, o mundo é uma plantação que deve ser lavrada, não por si mesmo, não no orgulho e jactância, não para a acumulação e a usura, mas para que os inhames e os cachorros, os porcos e, acima de tudo, as crianças, possam crescer. Desta atitude toda, derivam muitos dos outros traços Arapesh, a ausência de conflito entre velhos e jovens, a falta de qualquer expectativa de ciúme ou inveja, a ênfase na cooperação. A cooperação é fácil quando todos estão sinceramente empenhados num projeto comum, do qual nenhum dos participantes sairá por si só beneficiado. É possível dizer que a concepção dominante quanto a homens e mulheres é a de encarar os homens exatamente como nós visualizamos as mulheres, isto é, gentil e cuidadosamente maternais em seus intuitos.

Além do mais, os Arapesh têm pouca percepção de luta no mundo. A vida é um labirinto através do qual cada um deve abrir seu caminho, não combatendo com demônios de dentro nem de fora mas sempre preocupado em achar a senda, em observar as regras que possibilitam manter e descobrir a trilha. Estas regras, que definem as maneiras pelas quais sexo e crescimento podem ou não ser postos em contato, são muitas e complicadas. Desde o momento em que uma criança completa seis ou sete anos, deve começar a aprendê-las, no início da puberdade cumpre-lhe assumir a responsabilidade de observá-las e, quando for adulto, deve-lhes uma observância cuidadosa e meticulosa, que fará os inhames crescerem em suas mãos, a caça chegar às suas armadilhas e laços, e as crianças florescerem dentro de seu lar. Não há outro grande problema na vida, não há mal na própria alma do homem que deva ser sobrepujado.

Sobre aqueles que não compartilham esta atitude delicada e afetuosa em relação à vida — os homens das Planícies — os Arapesh projetam a responsabilidade de todos os seus infortúnios, de acidentes, do fogo, da doença e da morte. Seus próprios guardiães sobrenaturais, os *marsalais*, punem levemente e sempre devido à violação de uma das regras pelas quais os humanos vivem em bem-estar com as forças da terra, ou porque os homens deixaram de manter separadas a potência natural das funções femininas e as forças sobrenaturais que auxiliam e favorecem os homens. Mas os homens das Planícies matam por lucro e por ódio; aproveitam-se de pequenas brechas na cálida muralha de afeição com que a comunidade Arapesh geralmente está cercada; convertem este pequeno ressentimento em doença e morte, um resultado a que nenhum dos Arapesh por si próprio aspira. Que os Arapesh sentem esta falta de intenção é evidente cada vez que há uma morte. Então, por processo de adivinhação, é possível pôr a culpa sobre o membro da comunidade que originalmente abriu o caminho à feitiçaria, mandando a sujeira aos homens das Planícies. Mas os Arapesh retraem-se de tal acusação. Efetuam a adivinhação, mas não encontram culpado. Aquela briga foi sanada há muito tempo; não podem acreditar que o ódio então gerado fosse de uma força capaz de trazer a morte. Não, a morte é um ato hostil de um chantagista irritado, ou de algum ódio impessoal nalguma comunidade longínqua, uma comunidade que, tendo perdido um de seus próprios membros, pagou ao chantagista para vingar a morte em alguém cujo nome eles nunca saberão. Quando morre um de seus jovens, os Arapesh evitam atribuir a responsabilidade de sua morte e tentar descarregar a vingança dentro de sua própria comunidade; ao invés, pagam por sua vez aos homens das Planícies para matar outro jovem igual, em alguma comunidade distante, a fim de que desse modo possam obedecer às formas tradicionais e dizer ao espírito: "Volta, estás vingado". Aqueles que estão longe, que são desconhecidos, que, pelo fato de ninguém jamais os ter visto ou ter-lhes dado fogo ou alimento, são capazes de qualquer maldade, são, acreditam os Arapesh, aqueles a quem é possível odiar; eles e os feiticeiros arrogantes, jactanciosos, fanfarrões que audaciosamente anunciam sua crueldade, sua disposição de matar por um preço. Assim, com auxílio dos homens das Planícies e desta fórmula de vingança mágica, impessoal e distante, os Arapesh exilam todos os crimes e ódios para além de suas fronteiras, e criam a possibilidade de chamar de "irmão" a qualquer pessoa em cada cinqüenta homens e de comer confiantemente do mesmo prato qualquer destes. Com um golpe demolem a hierarquia de distinções entre parentes próximos, parentes longínquos, amigo, meio-amigo, parente afim e assim por diante, as gradações de confiança que distinguem a maioria das comunidades, e em seu lugar, criam categorias absolutas de amigos ou inimigos. Esta dicotomia absoluta leva, como vimos na discussão no capítulo III, ao recurso compulsivo a práticas de feitiçarias cada vez que ocorrem pequenas expressões de hostilidade. Semelhante recurso à feitiçaria é explicável pela forma como construíram uma atitude de amor e confiança, uma atitude que pode ser destruída de um golpe, porque a criança em crescimento não recebe na infância golpes capazes de habituá-la à agressividade comum e competitiva de outrem. Como resultado, nas ocasiões em que, na vida adulta, a hostilidade se torna aberta, sua expressão é ocasional, despadronizada, incontrolada. Os Arapesh não contam com uma natureza original que seja violenta e deva ser treinada para a paz, que seja ciosa e deva ser treinada à participação, que seja possessiva e deva ser treinada a abrir mão muito depressa de suas posses. Contam, em vez disso, com a delicadeza do comportamento, ausente apenas na criança e no imbecil e uma agressividade que só pode ser levantada na defesa de outrem.

O último ponto é vivamente ilustrado nas brigas que se seguem a um rapto de mulher. Em conformidade formal com a firme crença de que nenhum cunhado receberia de volta sua irmã, o fato transforma-se em querela entre duas comunidades, entre aquela em que a mulher se casou e aquela pela qual foi raptada. Habitualmente, não é o marido que entra em luta, exigindo a volta da esposa, a defesa de seus direitos e assim por diante, mas um de seus parentes, e com mais freqüência um de seus parentes maternos, que pode falar com total desinteresse. Um irmão da mãe ou um filho do irmão da mãe levantar-se-á irado: "O que, deveria eu ficar calado enquanto a esposa do filho da irmã de meu pai lhe é tirada? Quem a criou? Ele. Quem pagou colares por ela? Ele. Ele, de fato! Ele, o filho da irmã de meu pai. E agora ele está ali, sua esposa partiu, o lugar dela está vazio, o fogo em seu lar apagado. Não aceitarei nada disso. Reunirei pessoas. Pagaremos lanças, arcos e flechas, traremos de volta esta mulher que foi roubada" — e assim por diante. Então, esse defensor desinteressado e, portanto, apropriadamente enraivecido como homem injuriado, reúne um grupo de parentes do marido e dirige-se à comunidade que raptou a mulher. A luta daí resultante já foi descrita. É sempre

144

expressa assim: "Então La'abe, zangado porque seu primo foi ferido, arremessou uma lança que feriu Yelusha. Então Yelegen, irritado porque o filho do irmão de seu pai, Yelusha, foi ferido, arremessou uma lança que atingiu Iwamini. Então Madje, zangado porque seu meio-irmão foi ferido" — e assim por diante. Sempre se ressalta o fato de que a pessoa não luta por si, mas por outro. Às vezes, o rancor relacionado ao rapto da esposa de um parente assume uma forma mais arbitrária e o defensor dos direitos de seu parente arrebata outra mulher casada da comunidade raptora e a dá a um outro. Em tais atos de virtuoso roubo nos caminhos os Arapesh vêem uma ação extravagante e exagerada, baseada entretanto em tão sólidos princípios de rancor no interesse de outros que mal sabem como agir. Mas a expressão de ódio como ódio por causa de alguma outra pessoa, não de si próprio, é novamente uma expressão maternal. A mãe que se envolve em brigas por causa própria é desaprovada, porém a mãe que lutar até a morte por seu filho pequeno é a figura que nós mesmos invocamos com aprovações nas páginas dos anais da história natural.

No tocante ao aceitamento de liderança e prestígio, a concepção Arapesh torna a pressupor um temperamento que consideramos propriamente feminino. O jovem rapaz promissor é induzido a assumir a muito desagradável e onerosa tarefa de ser um grande homem, para o bem da comunidade, não para o seu próprio bem. Para ela, organiza festas, planta, caça e cria porcos, empreende longas viagens e estabelece sociedade de trocas com homens de outras comunidades, para que eles, seus irmãos, sobrinhos, filhos e filhas possam ter danças mais bonitas, máscaras mais belas, canções mais lindas. Contra sua vontade, com promessas de breve reforma, é lançado à linha de frente e solicitado a bater o pé e agir como se gostasse disso, a falar como se aquilo fosse deliberado, até que a idade o liberte da obrigação de imitar uma pessoa violenta, agressiva e arrogante.

Nas relações entre pais e filhos, ou entre marido e mulher, tampouco há confiança em qualquer contraste de temperamento. Idade, experiência, maior responsabilidade do pai que do filho, maior responsabilidade do marido mais velho do que a da jovem esposa — eis os pontos enfatizados. Um homem ouve com igual boa vontade a ralhação do pai ou da mãe, e não existe o sentimento de que em virtude de sua masculinidade o homem é mais sábio que a mulher. O sistema de casamento, o ritmo mais vagaroso de desenvolvimento que é permitido às mulheres, seu longo período de grande vulnerabilidade enquanto estão grávidas, que retarda a idade em que suas relações com o sobre-

145

natural são quase idênticas às do homem — tudo isso contribui para preservar o senso de um contraste de idade, um contraste em sabedoria e responsabilidade, entre homens e mulheres.

Nas relações de sexo, em que tantos argumentos, apelos a considerações de anatomia e analogias do reino animal, foram usados para provar que o homem é o iniciador natural e agressor, também aqui os Arapesh não reconhecem qualquer diferença temperamental. Uma cena que culmina em relação sexual pode começar por "ele segurando os seios dela" ou "ela segurando as faces dele" as duas abordagens são tidas como equivalentes, e uma é tão provável quanto a outra. E os Arapesh contestam ademais nossa idéia tradicional a respeito dos homens como criaturas espontaneamente sexuais e das mulheres como isentas de desejo até que despertado, negando a sexualidade espontânea aos dois sexos e esperando que as exceções, quando ocorrem, apareçam nas mulheres. Na sua concepção, homens e mulheres são meramente capazes de responder a uma situação que sua sociedade já definiu como sexual; por isso, os Arapesh sentem a necessidade de vigiar casais comprometidos que sejam jovens demais para terem relações sexuais sadias, mas não julgam necessário vigiar os jovens em geral. A menos que haja uma sedução deliberada, com motivos mais distantes não-sexuais, as respostas ao sexo obedecem a um curso lento, seguem de perto um interesse profundo e afetuoso, não o precedem nem o estimulam. E com sua definição de sexo mais como resposta a um estímulo externo do que como desejo espontâneo, homens e mulheres são tidos como indefesos diante da sedução. Em face do gesto amoroso e terno, que conforta e dá segurança ao mesmo tempo que estimula e excita, o rapaz ou a moça não têm recursos. Os pais advertem os filhos mais que as filhas no sentido de não se envolverem em situações em que alguém possa cortejá-los. Neste caso, a profecia é: "Sua carne tremerá, seus joelhos enfraquecerão, você cederá". Não escolher mas ser escolhido, eis a tentação que é irresistível.

É este, pois, o ideal Arapesh da natureza humana, e esperam que cada geração de crianças nascidas em seu meio se conforme a este ideal. O leitor educado num conhecimento da humanidade, que faz este retrato parecer um sonho de uma era de inocência, perguntará inevitavelmente: "Mas isso é válido para todos os Arapesh? Serão por acaso eles um grupo em cujo seio não há indivíduos violentos e dominadores, indivíduos com fortes ímpetos sexuais, um povo incapaz de desenvolver o ego ao ponto em que se torna insensível a todos os outros interesses que não os interesses próprios? Terão porventura glândulas

146

diferentes de outros povos? Será sua dieta tão insuficiente que todos os impulsos agressivos sejam bloqueados? Serão seus homens tão femininos em físico, como em suas personalidades imputadas? Qual é o significado desta estranha anomalia, uma cultura inteira que admite serem os homens e mulheres iguais em temperamento, e mesmo este, um temperamento que nos parece ocorrer mais freqüente e apropriadamente nas mulheres, um temperamento, de fato, que é considerado incompatível com a verdadeira natureza masculina?"

A algumas destas questões é possível responder categoricamente. Não há razão para acreditar que o temperamento Arapesh resulte de sua dieta. Os homens das Planícies, que falam a mesma língua e compartilham em boa porção da mesma cultura, têm uma dieta ainda mais limitada e carente de proteínas que a gente da montanha. Apesar disso, são um povo violento, agressivo; todo o seu *ethos* contrasta violentamente com o de seus vizinhos montanheses. O físico do homem médio Arapesh não é mais feminino que o dos machos dos outros povos que descreverei brevemente. Tampouco os Arapesh apresentam um quadro uniforme de temperamento, que possa sugerir um tipo de local desenvolvido por endogamia, um tipo de delicadeza e falta de agressividade peculiares. Existem diferenças individuais altamente pronunciadas, diferenças individuais muito mais evidentes que em culturas como a de Samoa, onde a suposição corrente é que a natureza humana é originalmente intratável e deve, portanto, ser sistematicamente moldada a uma forma estabelecida. A admissão Arapesh de que a natureza humana é boa e inteiramente desejável, sua incompreensão para o fato de existirem muitos impulsos humanos que são definitivamente anti-sociais e destrutivos, possibilita o florescimento em seu meio de indivíduos extravagantes.

Também sua pachorrenta aceitação dos desejos do indivíduo em relação à escolha do trabalho aumenta a escala de individualidade. Todos os homens plantam em certa medida, mas fora disso um homem pode passar muito tempo caçando, ou não caçar nunca; pode partir em expedição de comércio ou jamais mexer-se de sua própria localidade, pode esculpir ou fazer pinturas em córtex, ou pode não pegar nunca num instrumento de esculpir, ou num pincel. Nenhuma compulsão social é exercida em qualquer destas matérias. O dever que todas as pessoas têm para com as crianças, a obrigação de fornecer-lhes alimento e abrigo, e em alguns casos de assumir a responsabilidade de liderança, estas são ressaltadas. De outro modo, o menino em crescimento é abandonado a seu próprio expediente, a menina poderá aprender a fazer cestas de rede

147

e saias de palha, poderá adquirir habilidade em dobrar cintos e braceletes, ou continuar ignorante destas artes. Não são perícia e técnica ou talentos especiais que os Arapesh exigem tanto dos homens como das mulheres; são antes emoções corretas, um caráter que encontre nas atividades cooperativas e nutritivas sua expressão mais perfeita. Esta premiação da personalidade mais do que das qualidades especiais evidencia-se particularmente se examinarmos a história dos ossos dos mortos. Os ossos dos homens estimados são exumados e empregados na caça, no plantio do inhame e na magia protetora da luta. Entretanto, não são os ossos do caçador os usados para a magia de caça, ou os dos truculentos os empregados para dar proteção num possível conflito, mas sim os dos homens delicados, sábios e de confiança, que são usados indiscriminadamente para todas essas finalidades. É no caráter, tal como o compreendem, que os Arapesh julgam poder confiar e não em algo tão irregular e imprevisível como as perícias especiais. Portanto, embora permitam o desenvolvimento de um dom, não o recompensam; o caçador excepcionalmente feliz ou o pintor dotado serão lembrados devido ao grau com que suas emoções foram congruentes com o *ethos* dominante do povo, não por suas armadilhas cheias ou pelas pinturas de córtex vivamente coloridas. Esta atitude diminui a influência que um indivíduo especialmente hábil possa ter na mudança da cultura, porém não deprecia sua própria expressão individual durante a vida. Não lidando com tradição estabelecida de grande perícia, ele precisa desenvolver seus próprios métodos e assim abre-se um campo maior para sua individualidade.

Nem entre as crianças Arapesh, nem entre os adultos a gente tem a sensação de encontrar um nivelamento perfeito de temperamento. Diferenças individuais em violência, agressividade, ganância são tão acentuadas quanto o são entre um grupo de crianças americanas, porém a gama é diferente. A mais ativa criança Arapesh, treinada para uma passividade, uma suavidade, desconhecida para nós, será muito menos agressiva que uma criança americana normalmente ativa. Entretanto, a diferença entre a mais ativa e a menos ativa nem por isso é reduzida, embora esteja expressa em termos mais suaves. De fato, não é tão diminuta como seria, provavelmente, se os Arapesh fossem mais cônscios de seus objetivos educacionais, se a passividade e placidez de seus filhos constituíssem o resultado de uma pressão constante e propositada, que reprimisse e desencorajasse definitivamente a criança demasiado ativa e extravagante. É possível contrastar aqui a questão da atividade com a da confiança carinhosa em todas aquelas pessoas a quem a gente trata com um termo de

148

parentesco. Aqui, os Arapesh treinam definitivamente seus filhos, e a diferença entre as crianças Arapesh neste sentido é menor que entre as de outras culturas, onde não se faz este treinamento. Quer dizer, embora a extensão das diferenças reais de temperamento entre crianças nascidas em qualquer sociedade possa ser aproximadamente a mesma, essa sociedade pode alterar e alterará as inter-relações entre estas diferenças em muitas e variadas formas. Pode abafar ou estimular a expressão em todo sentido, de modo que as crianças mantenham a mesma posição relativa com respeito a um traço, porém os limites superiores e inferiores de sua expressão foram alterados. Ou a cultura pode desviar a expressão do temperamento, selecionar uma variante temperamental como desejável, e desencorajar, reprovar ou castigar qualquer expressão de variantes constrastantes ou opostas. Ou a cultura pode simplesmente aprovar e premiar um extremo da escala, e disciplinar e impedir o outro, de maneira que o resultado seja um alto grau de uniformidade. Pode-se dizer que os Arapesh produziram o primeiro tipo de resultado na passividade que desce sobre todas as suas crianças como um manto, devido ao borbulhar dos lábios, à vida fria e cansativa e ao contraste do fogo quente da noite, à ausência de grandes grupos de crianças, ao encorajamento nas crianças de uma atitude receptiva e iniciatória. Todas as crianças estão expostas a estas influências e reagem a elas diferentemente — a gama é alterada, mas as diferenças em qualquer grupo de crianças continuam mais ou menos constantes.

Em suas atitudes frente a qualquer espécie de egoísmo, seja do tipo que procura reconhecimento e aplauso, seja do tipo que tenta erigir uma posição através de posses e poder sobre os outros, os Arapesh tomam a segunda posição. Recompensam a criança desprendida, a criança que vive correndo para cima e para baixo, atenta às ordens dos outros; desaprovam e reprovam os outros tipos, tanto em crianças como em adultos. Aqui uma variante de temperamento humano, e bastante extrema, é encorajada definitivamente em prejuízo de outros tipos, e as inter-relações dentro de um grupo de crianças são alteradas de maneira diversa. Como já mencionei, na atitude para com os parentes, na ênfase sobre a importância do alimento e da criação, a cultura Arapesh exerce o terceiro efeito; tende a tornar todos os Arapesh muito mais parecidos nestes aspectos do que ditaria a sua posição temperamental original; não apenas muda a posição de seus limites superiores e inferiores, mas encurta a gama.

Assim, crescem entre os Arapesh, em cada geração, grupos de crianças cuja posição temperamental foi moldada e alterada dessas várias maneiras. Como grupos, são mais passivas, mais receptivas, mais entusiastas com as realizações dos outros e menos inclinadas a iniciar, elas próprias, ocupações artísticas ou qualificadas, que a maioria dos povos primitivos. Sua confiança mútua, seu tipo tudo-ou-nada de resposta emocional, que transforma cada pessoa num parente amado e digno de confiança, ou num inimigo a temer e evitar, é extrema e surge em forte contraste com muitos outros povos. Existem certos tipos de indivíduos — o violento, o ciumento, o ambicioso, o possessivo, o homem interessado em experiência, em conhecimento ou em arte por si próprio — para os quais eles, definitivamente, não têm lugar. A questão que permanece é: O que acontece a estas pessoas rejeitadas, numa comunidade que é boa demais para tratá-los como criminosos, porém demasiado instalada em sua própria maneira benigna para permitir qualquer variação real em seus talentos?

Aqueles que mais sofrem entre os Arapesh, que consideram todo o esquema social o menos conveniente e compreensível, são os homens e mulheres violentos e agressivos. Isto, vê-se imediatamente, contrasta com a nossa própria sociedade, onde o homem suave e não agressivo é condenado e a mulher agressiva e violenta é vista com desaprovação e censura, enquanto entre os Arapesh, com sua falta de distinção entre temperamento masculino e feminino, o mesmo temperamento sofre em cada sexo.

Os homens sofrem um pouco menos que as mulheres. Em primeiro lugar, suas aberrações não são reconhecidas tão cedo, devido às circunstâncias que permitem aos meninos ter mais acessos temperamentais que as meninas. A menina que se atira ao chão num assomo de raiva porque seu pai não quer levá-la consigo torna-se, portanto, mais saliente, é repreendida um pouco mais por desviar-se do comportamento das outras meninas pequenas, e aprende mais cedo ou a acomodar-se à situação, ou a rebelar-se mais convictamente. Julga-se também seu caráter, numa idade mais precoce que a do menino. Enquanto seu irmão ainda está perambulando livre e sem compromisso à procura do rastro de um marsupial, ela já está sendo julgada como possível esposa pelos pais de seu futuro marido. Enquanto o menino permanece em sua própria casa, onde seus pais e parentes próximos já se habituaram aos seus ataques de raiva ou de mau humor, a menina passa, numa idade precoce e sensível, para um novo lar onde todos notam mais agudamente suas deficiências emocionais. O sentimento de ser diferente dos outros, de ser uma pessoa rejeitada, instala-se, assim, um pouco mais cedo na menina; é provável que a torne acanhada, mal-humorada e sujeita a repentinas e inexplicáveis explosões de ódio e ciúme. O

150

fato de que, em nenhuma época, sua conduta é considerada normal, ou possivelmente promissora, deforma sua personalidade mais cedo e mais definitivamente.

Temos era uma menina assim — violenta, dominadora e ciumenta; em sua série de casamentos infelizes encontrava todas as circunstâncias que era incapaz de enfrentar. Tornou-se, por isso, quase obsessiva em suas hostilidades; acompanhava seu esposo a todo lugar, brigava continuamente até com as criancinhas da aldeia que murmuravam por trás de suas costas: "Temos é má. Ela não gosta de dar nada aos outros". Entretanto, Temos era apenas uma menina egocêntrica, mais dominadora e exclusivista em seus sentimentos do que a sociedade Arapesh considerava apropriado.

Por outro lado, os meninos estão livres para desenvolver uma personalidade tempestuosa e suscetível logo na adolescência, e mesmo aqui existe alguma possibilidade de escapar à reprovação social por causa da fantástica crença Arapesh de que a liderança e a agressividade são tão raras que precisam ser encorajadas, cultivadas e finalmente superestimuladas na vida adulta. Portanto, um rapaz arrogante e ambicioso poderá ser tomado por alguém com vontade de chefiar; e se sua agressividade for combinada à timidez e ao acanhamento suficiente — uma combinação que não é rara — poderá passar para a idade adulta com o carimbo da aprovação social sobre si e ser escolhido pela comunidade como um daqueles cujo dever é tornar-se um grande homem. Em raros casos, pode, de fato, transformar-se num chefão antes da comunidade perceber que suas batidas de pé e gritos não são apenas boa representação, mas genuínos, que suas ameaças contra os rivais não são meras fanfarronadas apropriadas e vãs, mas são acompanhadas por roubos de sujeira e tentativas contínuas de entregá-los às mãos de feiticeiros. Foi o caso de Nyelahai, e Alitoa se viu às voltas com um homem malicioso e de má língua, que se comprazia no tráfico de feitiçaria, e ia pelos campos ofendendo seus vizinhos. Não era exatamente um chefão, diziam eles, pois tinha a boca demasiado pronta para as ofensas coléricas, conquanto houvesse feito coisas que convertem uma pessoa num chefão. E Nyelahai nada possuía da serenidade e da naturalidade dos homens a quem a grandeza fora imposta. Caminhava incansavelmente de um lado a outro pela comunidade, e era apelidado de "o vagamundo" por suas mulheres; constantemente era acusado de feitiçaria, surrava as esposas, amaldiçoava a caça de seu irmão mais jovem e não estava à vontade em seu próprio mundo. Isto porque era, na realidade, aquilo de que deveria ter sido apenas mera imitação dramática. Apenas demasiado naturalmente, era

151

uma pessoa confusa e dava a todos a impressão de estupidez. Sua cultura dizia que ele deveria vociferar e gritar, e quando vociferava e gritava, voltavam-lhes as costas envergonhados.

Mas o caso de Nyelahai era raro. Mais freqüentemente, o rapaz violento e agressivo, o rapaz que numa sociedade guerreira de caçadores de cabeças, estaria cobrindo-se de glória, o rapaz que numa cultura que permitisse o namoro e a conquista de mulheres poderia ter muitos corações despedaçados a seu crédito, torna-se permanentemente inibido em sua adolescência tardia. Assim aconteceu com Wabe. Alto, belamente conformado, herdeiro de uma das mais bem dotadas linhagens familiares entre os Arapesh, Wabe, aos vinte e cinco anos, perdera qualquer interesse ativo em sua cultura. Ajudaria um pouco o irmão mais jovem, Ombomb, dizia ele, mas de que adiantava, tudo estava contra ele. Seus *buanyins* haviam morrido todos, Menala lhe fora infiel, Temos lhe dera não uma criança mas um coágulo de sangue; os parentes de Welima ressentiam-se do modo como ele a tratava e, sem dúvida, estavam fazendo magia negra para evitar que ele encontrasse qualquer carne — apesar de serem os beneficiários, se ele caçasse qualquer coisa —, seu cachorro morrera; todas as suas dificuldades reais e imaginárias haviam-se embaralhado numa construção paranóica que o deixaria melancólico, ciumento, obsessivo, confuso e inútil para sua comunidade. Um grupo de guerra, uma boa luta, uma oportunidade de iniciativa correta e sem complicações teriam desanuviado o ambiente. Mas não havia nada disso. Passou a acreditar que outros homens estavam tentando seduzir suas esposas. As pessoas riram, e quando a acusação foi repetida, foram-se afastando. Decidiu que seus companheiros de plantio estavam usando magia negra para roubar — uma magia que é um simples caso de folclore e cujas fórmulas ninguém conhece — suas plantações de inhame. Num mês, acusou os parentes de Welima de serem os responsáveis por sua má sorte na caça; no mês seguinte, ciumento dos homens de Alitoa, ordenou às suas esposas que empacotassem as coisas e, muito contra a vontade de Temos, foram morar na aldeia de Welima. Seu comportamento era caprichoso, irracional, volúvel; seu humor, sombrio e intratável. Era um risco definitivo para sua sociedade, ele que tinha físico e inteligência para lhe ser muito útil. Sua capacidade de comandar era grande. Se quiséssemos que um comboio de carga fosse levado à costa, ou incitar uma aldeia distante a carregar nossas mercadorias, Wabe era o homem para o serviço. Era o homem naturalmente atraído para o serviço do homem branco, um jovem chefe ideal num esquema

152

hierárquico. Em sua própria cultura, era um desperdício, tanto para si como para sua comunidade. De todos os homens da localidade de Alitoa, era o que mais vigorosamente se aproximava de um ideal de homem da Europa Ocidental, bem constituído, com um belo rosto de linhas puras, um corpo bem proporcionado, violento, dominador, arbitrário, arrogante, positiva e agressivamente viril. Entre os Arapesh era uma figura patética.

Amitoa, de Liwo, era a réplica temperamental de Wabe entre as mulheres. Descarnada, com um rosto de gavião e um corpo rijo ao qual faltavam todos os traços mais suaves de feminilidade, os seios pequenos e altos já contraídos, embora contasse apenas trinta e cinco anos, Amitoa levava uma vida tempestuosa. Sua mãe, antes dela, fora uma pessoa violenta e tumultuosa e tanto Amitoa como sua irmã mostravam as mesmas características. Comprometida, muito cedo, de um jovem que morreu, foi herdada por um homem muito mais velho que ela, um homem enfraquecido pela doença. Pois bem, embora as meninas Arapesh prefiram os jovens, não é por causa da potência física, mas antes por serem eles menos graves e decorosos, além de menos exigentes em assuntos de obrigações domésticas. De todas as mulheres Arapesh que conheci bem, somente Amitoa tinha consciência articulada do desejo sexual e criticava o marido em termos de habilidade em satisfazê-la. Era a única que conhecia o significado do clímax após a relação sexual, enquanto as mulheres a cujos cânones ela tinha de ajustar-se nem mesmo reconheciam um relaxamento acentuado, mas, ao invés, descreviam suas sensações após o intercurso como calor difuso e bem-estar. Amitoa desprezava seu marido tímido e doente. Zombava de suas ordens, atacava-o violentamente quando ele a censurava. Finalmente, encolerizado com sua insubordinação — ela que era uma simples criança cujos seios não haviam caído, enquanto ele era um homem mais velho — tentou surrá-la com um tição tirado do fogo. Amitoa arrancou-o de suas mãos e, em vez de receber os golpes, lhos deu. O marido pegou uma enxó e ela tirou-lha também. Gritou por ajuda e seu irmão mais jovem precisou acudi-lo. Esta era uma cena que deveria repetir-se muitas e muitas vezes na vida de Amitoa.

No dia seguinte, ela fugiu para Kobelen, uma aldeia mais próxima da costa, com a qual a sua própria aldeia tinha amplas relações cerimoniais. Seguindo a moda das mulheres das Planícies, que ela vira entrar em sua aldeia nativa e encontrar boa acolhida, foi de um homem a outro pedindo para ser recebida. Intuitivamente adotara um procedimento desenvolvido por mulheres iguais a ela. Mas

Amitoa não era mulher das Planícies, mas daquele mesmo povo. As pessoas de Liwo e as de Kobelen eram amigas havia gerações; nenhuma mulher desvairada e indisciplinada que surgisse no meio deles sem ser convidada deveria alterar a situação, diziam os anciãos. Os jovens hesitavam. Amitoa, com seus olhos chamejantes, modos resolutos e enérgicos, era muito agressiva, porém muito atraente. É bem verdade que tais mulheres constituíam más esposas, ciumentas, sendo além disso demasiado sexuadas para permitir que a magia do inhame florescesse em paz em sua proximidade. Não obstante... Flertavam com a idéia de recebê-la. Amitoa voltou a Liwo para visitar o irmão, que a repreendeu asperamente por haver desertado o marido. Quando ele tentou usar a força, fugiu novamente para Kobelen. Lá os conselhos de prudência se haviam afirmado durante sua ausência. Ela sentou-se entre as mulheres da casa dos amigos de troca de seu pai, e ninguém quis tomá-la como esposa. Novamente voltou, furiosa e frustrada, para Liwo, onde as pessoas mandaram um aviso ao marido. Ele e sua parentela, neste meio tempo, haviam encontrado consolo numa explicação mágica. Os homens das Planícies tinham feito *wishan*, espécie de magia negra secundária pela qual um membro de uma comunidade é influenciado através da sujeira de outro, e fôra isso que causara a fuga de Amitoa. Como relatou muito depois um membro do clã do marido:

"As pessoas disseram a meu tio: 'Sua esposa chegou ao máximo. Vá e traga a de volta'. Ele levantou-se e levou seus dois irmãos mais jovens. Desceram. Esperaram à beira do rio. Amitoa, uma outra mulher e o irmão mais velho de seu pai desceram para tomar banho. Amitoa começou a soltar sua saia de palha para banhar-se. Meu tio agarrou-lhe a mão. Ela gritou para o tio: 'Tio, estão-me levando'. O tio disse: 'O quê, ele pagou por você e lhe deu de comer? Os homens de Kobelen pagaram por você? É um outro homem que a está levando? Se fosse, você poderia gritar. Mas é seu marido'. A outra mulher berrou: 'Estão raptando Amitoa!' Meu tio chamou, 'Venham; tragam as lanças'. Todos eles fugiram e meu tio trouxe Amitoa de volta. Ela estava excessivamente enfeitada, como sempre fora seu costume. Usava muitos braceletes e brincos. Sentou-se no meio da aldeia e chorou. Meu tio disse: 'Fui eu, seu marido, quem a trouxe de volta. Tivesse sido outro, você poderia chorar'. Ela ficou, concebeu. Deu à luz uma menina. Amitoa quis estrangular a criança. As outras mulheres impediram-no à força. Tentou fugir. Meu tio bateu nela. Obrigou-a a ficar. Obrigou-a a amamentar a criança. Ela engravidou novamente. Nasceu um menino. Deu à luz sozinha e

154

pisou em sua cabeça. Se outra mulher estivesse presente, a criança teria vivido. Tivesse ele vivido, teria a idade de meu irmão mais novo. Então, enterraram a criança morta."

Este simples relato resume, com a impessoalidade fria de um homem jovem, que era um menino pequeno na época, a luta que Amitoa travou em seu conflito contra o plácido papel tradicional da mulher. Atrás da primeira tentativa de infanticídio, seu fracasso, sua rejeição da criança e a relutância em amamentá-la, seu parto solitário e bem sucedido no mato, que lhe possibilitou matar o segundo filho, seguiram-se anos de angústia. Era uma criatura vigorosa, inteligente, interessada e alerta. A infelicidade e o desespero de seu conflito entre sua própria violência e a delicadeza prescrita por sua cultura desconcertaram-na do mesmo modo que a outros. Ora diziam que Amitoa deveria ter nascido um homem porque gostava de ação e como homem teria mais campo, e no momento seguinte que como homem seria indesejável, um briguento e fomentador de dificuldades.

Quando a filhinha de Amitoa contava cinco anos, Ombomb, seu primo, cujo temperamento era muito semelhante ao dela, ajudou-a a fugir e casar-se com Baimal, um viúvo, também de Alitoa. Tentou persuadi-la a levar consigo a criança, argumentando, de um modo mais peculiar a Ombomb do que ao pensar Arapesh, que talvez pudesse então compartilhar dos anéis da noiva. Amitoa porém recusou-se a fazê-lo, argumentando que, como seu esposo, agora realmente velho com grande desgosto, a criara e pagara colares por ela, deveria ficar com a filha. Nunca mais tornou a ver a filha; não quis vê-la. Era, afinal, uma criança que desejara matar e que recusara amamentar.

Amitoa tornou-se apaixonadamente ligada a Baimal, a Baildu, o ancião de Alitoa, à sua nova aldeia em todas as suas ramificações. Era enfática e perseverante em seus elogios, em seus comentários desdenhosos sobre a comunidade do primeiro marido e seu chefe. Deu a Baimal uma filha, Amus, a quem ambos eram devotados, mas a vida da criança foi infelicitada pelos contínuos conflitos relacionados com sua lealdade. Sendo filha única, Baimal tendia a levá-la consigo. Se chorava para acompanhá-lo, Amitoa brigava furiosamente com ele. Era obrigado a sair sorrateiramente ou a aconselhar Amus, de cinco anos de idade, a ficar com a mãe. Não conseguia entender o motivo das brigas nem por que este comportamento delicado e inteiramente tradicional levantava tamanhas tempestades no peito de Amitoa. Na noite em que o *tamberan*

155

expulsou tódas as mulheres da aldeia[1], Amitoa estava com um acesso de febre e Baimal pediu-lhe que não dançasse, dizendo que isso a deixaria doente. Ela respondeu à sua apreensão, adornando-se ainda mais pesadamente e preparando-se para dançar. Baimal, já excitado e nervoso devido à sua investida sobre o *tamberan*, perdeu a calma e ordenou-lhe que não dançasse, dizendo que ela estava doente, e além disso demasiado velha para enfeitar-se como jovem. Diante dessa observação, Amitoa atacou o marido com um machado e seu irmão mais moço, Kule, chegou exatamente a tempo de salvá-lo de sérios ferimentos. Amitoa refugiou-se na casa da cunhada, chorando ruidosamente e expressando repetidamente um sentimento quase desconhecido entre os Arapesh de que ela odiava todos os homens, como tais, que não queria mais saber da vida matrimonial, e pensava viver sozinha noutra aldeia. Durante todo o tempo, fazia furiosamente numa corda uma série de nós mnemônicos que dizia indicar o número de vezes que Baimal a surrara. Baimal apareceu em cena, por um momento, para exibir seus ferimentos. Era um indivíduo pequeno e valente, devotado a Amitoa, totalmente despido de malícia ou violência genuína e muitíssimo confuso com tóda a questão. Esta briga foi uma entre muitas. Amitoa, na idade madura, era muito mais feliz com a devoção de Baimal do que fora em sua primeira juventude. Entretanto, ainda era uma criatura selvagem, sem lugar genuíno na tradição de sua cultura.

O ajustamento dessas naturezas violentas, de Wabe e Ombomb, ou Temos, Amitoa e Sauwedjo, variou de acordo com os acidentes de sua primeira educação e de seus casamentos. Wabe fora criado por seus parentes maternos, pessoas brandas, acanhadas e amigáveis, que fizeram com que ele se sentisse tão estranho que nunca chegou a tomar parte ativa em sua cultura. Seu irmão mais jovem, Ombomb, fora criado em parte pelo violento meio-irmão que fugira de Alitoa anos atrás. Ombomb tinha aquilo que faltava a Wabe, uma sanção parcial para sua natureza dominadora, violenta e arrogante. A adição de uma esposa que foi educada em tal tradição e seguia suas próprias maneiras, sem qualquer conflito ou sentimento de culpa, fortaleceu mais sua posição, enquanto a violência e a tirania de Temos, que eram tão atípicas quanto as suas próprias, reforçaram antes a fraqueza de Wabe. A possibilidade de casamento com uma mulher das Planícies sempre complicou o destino dos homens das montanhas dotadas de tais temperamentos, e a presença de mulheres das Planícies na comunidade dava às mulheres Arapesh

(1) V. acima, p. 87

156

das montanhas modelos que sua cultura não as treinara para seguir com segurança é não lhes permitia tentar. A própria incompreensão que estes anômalos têm em relação às suas culturas foi agravada além disso pela existência de pessoas muito estúpidas entre eles — tais como Menala, que complicou ainda mais a vida de Wabe, acusando-o de um ato voluntário de violência, que em verdade fora executado de estrito acordo com as regras da cultura, no qual cooperara com os irmãos no rompimento de um matrimônio que eles desaprovavam.

Outros incentivos às suspeitas e aos desajustamentos das pessoas aberrantes são dados pelos indivíduos estúpidos e maliciosos da sociedade, que furtam sujeira sem qualquer razão, ou tentam praticar pequenas doses de magia negra que são uma herança Arapesh de tempos passados ou de outras culturas. Um homem assim era Nahomen, de baixíssimo grau de inteligência, incapaz de compreender mais do que os rudimentos de sua própria cultura e praticamente insensível ao apelo moral. Ele e seu irmão Inoman, que apresentava os mesmos traços de personalidade, apoderavam-se arbitrariamente de pedaços de alimento de outros, com malícia irônica e semi-racional, e uma ou duas ações deste tipo serviriam para abalar a fé de homens como Wabe ou Ombomb no mundo seguro em que se lhes afiançara estarem vivendo. Lutando continuamente em seu íntimo contra impulsos e atitudes que sua sociedade ou declarava inexistentes, ou implicitamente desaprovava, tais como o ciúme, um forte desejo de montar guarda em suas propriedades e demarcar os limites entre estas e as possessões dos outros, bem como impulsos sexuais definidos que não fossem meras respostas a situações estabelecidas, era apenas natural que todas as contradições externas na ordem social os atingissem da maneira mais violenta. Os casos singulares em que uma mulher tentara seduzi-los gravaram-se muito mais agudamente em suas mentes do que as centenas de vezes em que cruzaram com mulheres solitárias no caminho e receberam um cumprimento tímido e amigável.

Entre os aspectos da cultura que mais os confundiam, estava a insistência na reciprocidade. O homem ideal para os Arapesh é o que nunca provoca brigas, mas que, se provocado, irá defender-se, dará tanto quanto receber e não mais, restabelecendo assim o equilíbrio perdido. Este prêmio sobre uma relação ao nível entre todos os homens é estabelecido em todos os aspectos da vida, mas comumente não é levado a extremos. No caso da vingança pelos mortos, vimos como foi traduzido em vingança sobre alguma pessoa muito distante e anônima. Nas desforras entre aldeias, deixam escoar-se um longo tempo e o

157

acontecimento mais fortuito é interpretado como vingança. Assim foi o caso da fuga final de Amitoa. O clã dos Suabibis, de Liwo, pagara por ela e a criara; quando Baimal, do clã dos Totoalaibis de Alitoa, casou-se com Amitoa cometeu um ato hostil contra os Suabibis, fato contra o qual os Suabibis resmungaram e se queixaram. Três anos depois, Tapik, que fora criada desde a primeira infância pelos Totoalaibis, fugiu e casou-se com um homem dos Suabibis. Os Totoalaibis tentaram recuperá-la à força e falharam. Ficou então decidido que Tapik deveria ser considerada uma compensação por Amitoa, e anos mais tarde, cada vez que Amitoa ameaçava fugir, os homens de Totoalaibis invocavam o fato, como se houvesse ocorrido uma troca de irmãs, como um argumento de que a fuga seria ilegal.

Sucede o mesmo com todos os pagamentos ao irmão da mãe ou ao filho do irmão da mãe, que são exigidos na iniciação, quando alguém está em desgraça, ou quando o sangue de alguém foi derramado, ou na morte. Tais pagamentos são sempre devolvidos mais tarde, quando o irmão da mãe se encontra em circunstâncias similares. Assim, em qualquer ocasião dada, por exemplo, uma morte, dir-se-á: "Colares são pagos ao irmão da mãe e ao filho do irmão da mãe, e ao filho da irmã", e não há qualquer referência ao fato de que um constitui um novo pagamento, especialmente exigido pelo irmão da mãe, e o outro uma devolução. Mas cristalizadas no ritual dos *rites de passage* encontram-se as exigências que o irmão da mãe faz, a canção especial que ele canta ao sobrinho após a iniciação, o tipo de luto que usa quando o sobrinho morre. O homem cuja inclinação natural está voltada para as demandas iniciatórias a outros mais do que para a mera preservação de equilíbrio apodera-se destes gestos culturais: é exagerado nas exigências ao filho da irmã, e moroso nas devoluções. Analogamente, os Arapesh compartilham com as tribos adjacentes a instituição do amaldiçoamento familial, no qual o pai, uma irmã mais velha, um irmão, um irmão da mãe, podem invocar os espíritos ancestrais numa maldição que impedirá o homem de trabalhar ou de achar caça, e a mulher, de ter filhos. A força desta praga está na dependência de que a pessoa a rogá-la seja a única a poder suspendê-la. Assim, se um homem ofender de alguma forma o irmão de sua mãe, a posição deste é reforçada ao amaldiçoar o sobrinho se ele for o único a poder remover a praga. Os Arapesh tornaram a maldição ineficaz, na maioria dos casos, ignorando jovialmente este ponto estrutural. Em primeiro lugar, permitem a quem quer que seja chamado "irmão da mãe", vinculado através de qualquer linhagem de parentesco consangüíneo, não

158

importa quão remoto seja, realizar as cerimônias de amaldiçoar; além disso, acreditam que um homem pode suspender a praga rogada por outro. Somente nos casos mais extremos é impossível encontrar uma tal pessoa e a maldição do irmão da mãe é, por isso, relativamente inexpressiva. Entretanto, ainda é invocada por gente violenta e de mau gênio, que não se detém para considerar as modificações que a cultura introduziu. Indivíduos como Wabe e Ombomb estão sempre maldizendo e julgando-se amaldiçoados; servem para manter vivos na cultura estes aspectos estruturais que já não são importantes, que a própria cultura praticamente proscreveu de há muito, assim como algum decreto contra a feitiçaria ou lei puritana podem ser invocados entre nós por uma personalidade paranóica.

As personalidades aberrantes e violentas, homens ou mulheres, encontram por isso grandes dificuldades entre os Arapesh. Não estão sujeitos à rígida disciplina que lhes seria aplicada entre um povo que lida seriamente com tais temperamentos. Uma mulher como Amitoa, que assassina seu filho, continua a viver numa comunidade; analogamente, um homem dos Suabibis, que matou uma criança como desforra por ter seu próprio filho caído de uma árvore, não foi castigado pela comunidade, nem pelos parentes da vítima, porque moravam muito longe. De fato, a sociedade dá margem à violência, mas não lhe concede significado. Não havendo lugar para a guerra, para uma forte liderança, para façanhas de bravura e de força, estes homens se vêem tratados quase como loucos. Caso sejam indivíduos muito inteligentes, este curioso ostracismo mudo, esta deficiência de seus companheiros em compreender e reconhecer suas exigências, simplesmente os lança a ataques recessivos de depressão, embota-lhes a mente, arruína-lhes a memória na medida em que se vêem cada vez mais incapazes de explicar por que as pessoas agiram tal como o fizeram, a qualquer momento dado. Quando pensam em sua sociedade, tentam restabelecer as relações formais, tais como as de uma pretensão legítima do irmão da mãe sobre o filho da irmã, e ignorar todas as distorções obliterantes, atenuantes que a sociedade introduz na prática. Enunciam com magnífica clareza aspectos de estrutura social que seriam compreensíveis para eles, mas que não foram corroborados pelos fatos reais. Intelectualmente, estão perdidos para a sua sociedade, procurando sempre projetar sobre ela suas próprias opções temperamentais, violentas e aberrantes. Se, ademais, as circunstâncias são adversas, se seus porcos morrem, suas esposas abortam ou os inhames míngUam, longe de cons-

159

tituírem apenas uma perda para a sociedade, podem converter-se em ameaça e substituir a suspeita furiosa e o ódio impotente pela atividade homicida aberta.

Agilapwe era um homem assim, um velho cáustico, de rosto rijo, que vivia ao lado de um penhasco, em frente ao vale de nossa casa. Na perna tinha uma grande chaga, da qual sofria desde a infância — uma vermelha e purulenta demonstração da hostilidade de alguém contra ele. Os Arapesh isentam as chagas de suas teorias de feitiçaria; diferentemente de todas as outras formas de doença e morte, podem as chagas ser geradas dentro de sua própria sociedade segura, pela ocultação de sujeira nas raízes de taioba brava, e em um ou dois locais de *marsalais* de mau agouro. Se a ferida provocar a morte, então apresentam a teoria de que também havia por certo sujeira adicional, não localizada, nas mãos dos feiticeiros das Planícies, sendo a comunidade absolvida da responsabilidade por essa morte. Ora, o curso normal das chagas tropicais graves é de cura razoavelmente rápida, ou às vezes de rápida degeneração do membro afetado, o que resulta em morte. Quando surgem feridas, as pessoas empregam o raciocínio comum aplicado à feitiçaria. Perguntam quem provavelmente teria sido irritado e quem tivera oportunidade de furtar um pouco de sujeira e que caminho teriam tomado ao utilizá-la. A responsabilidade destas indisposições secundárias é deslocada simplesmente para alguma comunidade distante de litorâneos ou montanheses, não para os homens das Planícies, de sorte que um montanhês acometido de uma chaga suspeita que sua sujeira foi enterrada em um lugar de *marsalai* nas aldeias litorâneas de Waginara ou Magahine; um homem do litoral, por sua vez, desconfia das montanhas, do lugar do *marsalai* de Bugabahine ou dos canteiros de taioba brava de Alitoa. Acreditava-se que uma parte particularmente rija e imperecível da personalidade de Agilapwe — por exemplo, um osso que ele roera certa vez — estava apodrecendo, há muito tempo esquecido, num desses locais de *marsalai*, com o homem que lá o havia escondido, morto todos esses anos. Entrementes, Agilapwe continuou vivendo, como homem irado. Nunca houve uma luta da qual não participasse, nem uma discussão na qual não desejasse tomar parte. Sua esposa cansou-se de seu comportamento, pois os Arapesh dizem de um homem mau: "Se sua esposa for uma boa mulher, ela o abandonará". Não consideram virtude permanecer fiel a alguém cuja conduta o tenha alienado da sociedade.

A esposa de Agilapwe fugiu para Suapali, quando ainda era jovem, e a narrativa que a tradição preservou é a seguinte: "Agilapwe pensou que o irmão dela, Yaluahaip de Labinem, prestara-lhe ajuda. Yaluahaip estava em sua

160

plantação. Tinha um machado. Agilapwe tinha uma lança. Agilapwe entrou na plantação. Olhou para Yaluahaip. Perguntou-lhe: 'Onde está sua irmã?' Yaluahaip respondeu: 'Não sei'. — 'Você é um mentiroso, ela fugiu.' Disse Yaluahaip: 'Se ela tivesse fugido, eu o saberia'. Disse Agilapwe: 'Sim, ela fugiu para sempre. Você não pode mentir para mim. Eu sei'. Respondeu Yaluahaip: 'Ó cunhado, se ela fugiu, hei de encontrá-la'. Agilapwe adiantou-se. Agarrou o machado de Yaluahaip. Abriu-lhe o ombro. O machado entrou firmemente. Agilapwe puxou-o, mas estava firme. Então Agilapwe tomou de uma lança e atirou-a em Yaluahaip. Yaluahaip esquivou-se. Sua esposa pulou a cerca e fugiu. Yaluahaip fugiu. Os dois escaparam. Agilapwe perseguiu-os. Perdeu o rastro deles no mato. Subiu ao topo da montanha. Não estavam lá. Correu de volta à plantação. Não estavam lá. O homem fugira mais para baixo. A esposa correu à sua procura. Pensou que ele estivesse morto. Encontrou manchas de sangue. Seguiu-lhe o rastro. Achou-o. Segurou-o pelo braço. Os dois correram e correram. Vieram à nossa aldeia. Ela chamou meu pai: 'Cunhado mais velho, seu irmão está todo retalhado'. Minha mãe desceu. Lavou o ferimento, pôs cal sobre ele, amarrou as pontas dilaceradas com um cipó. Trouxeram-no para dentro da aldeia. Fizeram-lhe dois suportes. Ele se encostou em um e descansou o braço no outro. Era um homem bem forte, mas Agilapwe o havia ferido. Dormiram. Pela manhã foram e construíram uma casa no mato. Fizeram uma cama alta dentro dela. Carregaram-no para lá e o esconderam. À noite Agilapwe iria rondar por ali, tentando encontrá-lo. Se o achasse, matá-lo-ia. Mais tarde, quando todos foram a uma festa, levaram Yaluahaip consigo e esconderam-no por perto. O ferimento sarou. Meu pai queria levar um grupo de desforra a Manuniki [onde morava Agilapwe], mas foi impossível. O bando de papagaios brancos que lá vivia sempre alçava vôo e dava sinal. Agilapwe levantava-se lá em cima e arremessava lanças e pedras para baixo. Mais tarde, Agilapwe casou-se com uma mulher a quem meu pai chamava filha da irmã e a disputa foi remediada. Nenhum colar foi jamais trocado".

Isso dá um bom retrato dos ataques insensatos e violentos a que estão sujeitas pessoas como Agilapwe, e a atitude de suas vítimas ocasionais em relação a eles. Posteriormente, Agilapwe acentuou sua ruptura com a comunidade, ao cultivar de propósito taioba brava, de rápida reprodução, que se alastrou por toda a encosta da montanha. Com freqüência crescente os ulcerados acusavam Alitoa de feitiçaria. A gente de Alitoa arrasou a casa do seu *tamberan*, atribuindo-lhe o fato de o solo no centro da

161

aldeia estar sobrenaturalmente quente, e arrancou toda a taioba brava que crescia em suas encostas. Mas Agilapwe continuava a viver em Manuniki, bem do outro lado da garganta, traficando com feitiçaria, exultando malignamente com sua taioba brava, e tocando o brado de vitória em seu gongo de tiras sempre que lhe chegava qualquer notícia de morte. Com vários outros violentos desajustados na comunidade, também achara um refúgio parcial na arte, e suas pinturas sombrias e fantásticas adornavam várias casas de *tamberan*.

Pessoas como Wabe e Agilapwe, Amitoa e Temos, por suas aberrações evidentes, dão lugar a que as crianças em crescimento deformem a imagem que têm da vida Arapesh. Seus próprios filhos e os que se criam junto deles poderão tomar sua conduta como modelo e assim se tornar confusos na vida adulta. O retrato de uma comunidade dócil, onde todos os homens são parentes carinhosos, não é tão vivo para o rapazinho que acabou de ver sua mãe pensar o ferimento de Yaluahaip. A natureza quieta, receptiva e não-iniciatória dos homens e das mulheres tolda-se para aqueles que vêem Amitoa pegar um machado contra Baimal, ou Wabe surrar as duas esposas e declarar que desejaria livrar-se de ambas. Insistindo em admitir que todas as pessoas são boas e brandas, que homens e mulheres, de igual maneira, não têm impulsos sexuais fortes ou agressivos, que ninguém tem outras finalidades a não ser criar inhames e crianças, os Arapesh tornaram impossível a formulação de regras para controlar apropriadamente aqueles cujos temperamentos não se conformam ao ideal aceito.

O leitor do Ocidente compreenderá facilmente quão especial é a interpretação que os Arapesh deram à natureza humana, quão fantásticos foram eles em selecionar um tipo de personalidade rara, tanto nos homens como nas mulheres, e impingi-lo a toda uma comunidade como comportamento ideal e natural. É difícil julgar o que nos parece o comportamento mais utópico e fictício, dizer que não há diferenças entre homens e mulheres, ou dizer que tanto os homens como as mulheres são naturalmente maternais, dóceis, receptivos e não agressivos.

162

Segunda parte

OS MUNDUGUMOR HABITANTES DO RIO

ENCONTRO COM MUNDUGUMOR

Deve-se lembrar que o propósito básico dos meus estudos de campo na Nova Guiné era descobrir em que grau as diferenças temperamentais entre os sexos eram inatas e em que medida eram culturalmente determinadas, e além disso investigar minuciosamente os mecanismos educacionais ligados a essas diferenças. Deixei os Arapesh com um sentimento de decepção. Não encontrara diferenças temperamentais entre os sexos, nem ao estudar suas crenças culturais, nem ao observar os indivíduos na realidade. A inferência era que tais diferenças constituíam questão puramente de cultura, não ocorrendo naquelas sociedades em que eram desprezadas pela cultura. Os Arapesh foram selecionados para estudo por várias considerações práticas e etnográficas sem qualquer relação com o meu problema especial. Isso é sempre inevitável, pois, no momento em que sabemos o suficiente a respeito de qualquer sociedade primitiva, para assegurar ao pesquisador que ela é importante para determinada linha de investigação, aquela cultura já foi minuciosamente estudada. No estado atual das pesquisas entre povos primitivos, quando culturas com milhares de anos de história atrás de si, culturas que são únicas, e que provavelmente jamais serão repetidas no futuro da raça humana, estão-se desmoronando, nenhuma pessoa treinada em pesquisa etnológica pode refazer os passos de outro investigador se lhe for dado, por qualquer possibilidade, combinar seu problema especial com uma investigação completa de uma nova cultura. Tal obrigação foi intensificada no meu próprio caso, pelo fato de dois pesquisadores de campo atuarem juntos, e desejarmos dispor da perspectiva de uma cultura inteiramente desconhecida para nossas investigações combinadas e separadas. Deste modo, deixei os Arapesh satisfeita com a índole do povo e interessada na coerência de sua cultura, mas com poucos conhecimentos adicionais sobre meu próprio problema.

Dos Arapesh decidimos empreender viagem em direção ao Rio Sepik para escapar à arduidade da vida na montanha com suas conseqüentes dificuldades de transporte. Novamente nossa escolha de uma tribo havia de ser arbitrária e foi orientada, por considerações, na verdade, distantes do problema das diferenças em temperamento de sexo. Dois outros etnólogos nos tinham precedido nesta região comum. O Dr. Thurnwal registrara a cultura dos Banaro no Rio Keram e o Sr. Bateson estava, na ocasião, estudando a cultura Iatmül do médio Rio Sepik. As aldeias do baixo Sepik encontravam-se em estado parcial de desintegração, devido à influência das missões e aos excessos do recrutamento. Esperávamos alcançar uma das tribos do interior do nordeste do Sepik cuja cultura fosse contígua à dos Arapesh das Planícies, e efetuar assim o estudo de uma faixa contínua de território do Sepik à costa do Pacífico. Quando atingimos o posto do governo em Marienberg, a um dia de viagem da foz do Sepik, uma consulta aos mapas oficiais mostrou que seria impossível, naquele momento, levar nossa carga e equipamentos para o interior. Para ajudar-nos na seleção de um possível local de alternativa, dispúnhamos de apenas um mapa, dos conhecimentos que obtivéramos nas publicações do Dr. Thurnwald e do Sr. Bateson, e das informações que o oficial do governo nos poderia fornecer quanto às condições das aldeias, se estavam missionadas, com muito recrutamento, sob controle parcial ou total do governo. Nossa escolha foi determinada de maneira muito simples. Selecionamos a mais próxima das tribos que fosse acessível pela água e não estivesse missionada, e aquela que nos pareceu com menos probabilidade de haver sofrido grande influência lingüística ou cultural, seja de parte dos Iatmül seja dos Banaro. A mais acessível no gênero era a dos Mundugumor, que os relatórios oficiais registravam como bem controlada havia mais de três anos. Localizavam-se a meio dia de viagem Yuat acima. Nunca ouvíramos falar nem da tribo e nem, certamente, do veloz e barrento rio junto ao qual habitavam. O patrulheiro em Marienberg chegara há pouco a Sepik e nada podia dizer-nos a seu respeito. Um grupo de recrutadores de passagem por Marienberg estendeu-nos sua simpatia quando souberam que iríamos subir o Yuat e nos aconselharam a armazenar um bom suprimento de botões, pois os habitantes de Yuat muito os apreciavam. Sem qualquer outra informação além dessa, desembarcamos nossas cargas em Kenakatem, a primeira aldeia Mundugumor, e aquela que os livros de recenseamento do governo indicavam como centro da maior localidade.

Ressaltei estes pontos com alguma extensão, porque a forma surpreendente com que a tônica da cultura Mun-

*dugumor contradiz e contrasta a da cultura Arapesh logo
há de chamar inevitavelmente a atenção do leitor. Houvesse
eu apreendido a plena implicação dos meus resultados entre
os Arapesh e procurasse encontrar uma cultura da Nova
Guiné que mais a salientasse, melhor escolha que a dos
Mundugumor não seria possível. Que dois povos que
compartilham tantos traços econômicos e sociais, que são
parte de uma mesma área cultural e vivem separados por
apenas cem milhas, aproximadamente, possam apresentar
tamanho contraste no ethos, na personalidade social, é em
si de grande interesse. Mas, quando se compreende que,
enquanto os Arapesh padronizavam a personalidade tanto
de homens como de mulheres num molde que, fora de
nossa tendência tradicional, descreveríamos como maternal,
feminino, não masculino, os Mundugumor chegaram ao
extremo oposto e, novamente desprezando o sexo como
base para o estabelecimento de diferenças de personalidade,
padronizaram o comportamento de homens e mulheres
como ativamente masculinos, viris e sem quaisquer das
características suavizadoras e adoçantes que estamos acostumados a crer inalienavelmente femininas, então o acidente
histórico que nos levou a estudá-los de preferência a um
outro povo é ainda mais notável.*

9. O RITMO DE VIDA NUMA TRIBO CANIBAL

Ao passar do gentil povo Arapesh a um grupo de canibais e caçadores de cabeças[1], efetuamos uma transição entre dois modos de vida tão opostos um ao outro que cada passo pelo qual aprendemos gradualmente a estrutura e o acento da vida Mundugumor era enigmático e espantoso. Quando deixamos os Arapesh, os anciãos nos preveniram: "Vocês vão subir o Rio Sepik onde os indivíduos

---

(1) Os Mundugumor encontravam-se sob pleno contrôle governamental por cerca de três anos. Quando este controle proscreveu a guerra, a caça de cabeças e o canibalismo, a vida dos Mundugumor estancou mortalmente como um relógio, cuja mola se quebrou. Mas a lembrança daquela forma de vida que tão recente e involuntariamente haviam abandonado continuava ainda viva e fresca; crianças de onze ou doze anos haviam participado todas em festas canibais. Nesta seção usarei o presente para descrever a vida como ela fôra vivida até três anos antes de nossa chegada.

são ferozes e comem gente. Vocês estão levando alguns dos nossos rapazes consigo. Vão com cuidado! Não se iludam por sua experiência entre nós! Somos de um tipo — eles de outro! Vocês vão verificar isso".

Embora o leitor tenha apenas de transferir sua atenção de um conjunto de valores para outro, enquanto nós tivemos de transferir nossos ajustamentos efetivos à vida cotidiana de um povo nativo, não obstante achará esta transição tão difícil quanto nós. Durante as primeiras semanas entre os Mundugumor, deparamo-nos com muita coisa surpreendente, muita coisa incompreensível. A violência, a singularidade das motivações que controlavam este povo alegre, duro e arrogante nos atingiu de maneira abrupta, sem aviso, à medida que estudávamos seus costumes e observávamos suas vidas. Neste capítulo, apresentarei alguns desses comentários surpreendentes, algumas dessas estranhas ocorrências, desses inesperados estilos de vida tão abrupta e inexplicavelmente como nos foram apresentados. Assim, o leitor talvez esteja mais bem preparado para compreender o padrão de suas vidas, à medida que este emergiu do primeiro choque e da perplexidade do contato.

O Rio Yuat é um afluente rápido e traiçoeiro do Sepik, que abriu caminho através de um trecho de solo bastante alto, e junta-se ao Sepik na aldeia de Yuarimo. Nas águas baixas, as margens ficam a dez pés de altura, e as cheias vêm com ímpeto, subindo vários pés em uma noite e, em certos anos, mas não em todos, inundando o chão de barro das aldeias. A correnteza é tão forte que um barco a motor faz pouco progresso contra ela e os nativos nunca tentam nadar no rio. Sua cor é turva; galhos e troncos flutuantes, pedaços de terra e pacotes de córtex que, comentam os nativos, contêm provavelmente um recém-nascido jogado fora sem lavar, correm rapidamente diante do espectador. Vinte milhas abaixo da primeira aldeia do grupo Mundugumor, as margens do rio apresentam-se altas, incultas, com boa terra para fumo e coqueiros numa região escassa onde a terra é seca e sólida. Mas o terror que o povo Mundugumor infunde é tal que nenhum outro grupo se arriscaria a ocupar esta área. Ela permanece assim, uma faixa livre e limpa, que as expedições de caça de cabeças Mundugumor atravessam para atacar o povo Andoar da foz do Rio Yuat, um povo que, como eles próprios, é caçador de cabeças e canibal.

O Yuat divide ao meio a região dos Mundugumor. Há apenas algumas gerações atrás, dizem as pessoas, não havia rio ali, somente um regato gotejante, que ao fim se alargou até que foi necessário ligá-lo por uma ponte e, no tempo de seus bisavós, aumentou subitamente até atingir sua

170

atual largura e rapidez amedrontadora, tornando assim difícil a instalação de uma ponte. Foi então que eles, um grupo da mata, desacostumados da água, inexperientes em natação, sem conhecimento da arte de fazer canoas, tiveram de tornar-se, de alguma maneira, um grupo fluvial. Vivem ainda com medo do rio, e os que moram diretamente sobre as margens estão obcecados pelo contínuo temor de que uma das crianças possa cair. Temem o afogamento de alguém, porque isso contaminará durante meses o rio que os supre de água potável, obrigando todo mundo a trazer água de uma grande distância, desde as nascentes da mata. As canoas, que eles copiaram de seus vizinhos da foz do Yuat, são simples pirogas, com as popas em forma de pás. Remam-nas desajeitada e apreensivamente ao abrigo das ribanceiras e só cruzam o rio quando absolutamente necessário. Na época das cheias, fazem pirogas redondas e desajeitadas que se assemelham a grandes banheiras de madeira, nas quais podem remar por curtas distâncias para dentro e para fora dos coqueiros e arequeiras.

Os Mundugumor atualmente contam cerca de mil almas e houve época em que devem ter atingido cerca de mil e quinhentas. Dividem-se em dois grupos, os que vivem nos quatro aglomerados de aldeias nas duas ribanceiras do Yuat e os que habitam os dois agrupamentos de aldeias a oeste e que ainda não se habituaram ao rio. Quando estes aparecem para visitar seus conhecidos nas aldeias ribeirinhas, são bem capazes de afundar uma canoa e tomar um banho, o que lhes é altamente inconveniente, pois qualquer dos habitantes do rio que chame o desastrado de "filho da irmã" pode então mergulhar rapidamente na água junto à margem, sendo depois o visitante forçado a oferecer-lhe um banquete pela cortesia de imitar sua falta de sorte. Apesar de falarem a mesma língua, os dois grupos Mundugumor não mais se sentem como um mesmo povo; a vida do rio os dividiu. Antigamente, para um Mundugumor, era tabu comer alguém que falasse a língua Mundugumor. Mas depois que o rio se interpôs e os dois grupos se apartaram em seu modo de vida, alguns dos ribeirinhos, assim contam seus descendentes, tentaram comer um membro do grupo da mata e, não tendo sofrido nenhum efeito danoso por isso, continuaram a fazê-lo. Estando agora livres de se comerem mutuamente, o casamento entre os dois grupos tornou-se menos desejável, e os indivíduos das quatro localidades ribeirinhas casavam-se entre si, ou os homens desposavam mulheres cativas e fugitivas dos miseráveis habitantes das terras pantanosas, que se estendem a leste.

Os Mundugumor vagueiam pelos campos distantes, não apenas em busca de inimigos para emboscar mas também em busca de conhecidos-de-troca e de objetos valiosos. Das montanhas, junto das longínquas cabeceiras das águas do Yuat, recebem enfeites de conchas, lâminas de machados, arcos, flechas e mágica de caça. Esta mágica de caça tinha de ser readquirida da parte alta do rio em quase todas as gerações, pois, explicavam eles, nenhum pai dar-se-á ao trabalho de fazer com que seu jovem filho observe o tabu da carne, necessário para fazê-lo seu herdeiro. Dos povos raquíticos, semifamintos e emaciados que habitam os pântanos orientais, compram panelas para cozinhar, cestas de carregar, leques, mosquiteiros e, de vez em quando, um fetiche de flauta ao qual está amarrada a imagem de um rosto sobrenatural, trabalhado em barro, goma e concha. São as imagens dos espíritos da mata em que os Mundugumor também acreditam. Dos habitantes da mata, compram também um imagem grotesca e estranha de uma cobra, um objeto excessivamente perigoso para as mulheres. Os homens executam uma dança especial com estas esculturas de cobras entre as pernas, mas sua utilidade principal é escondê-las nos *barads*[2] de pesca da aldeia próxima, a fim de arruinar a saúde das mulheres da vizinhança que possam encontrá-las em sua pesca.

Em relação a este povo miserável dos pântanos, os Mundugumor mantêm um desprezo impregnado do senso de sua utilidade como fabricantes de panelas e cestas. Dizem que tomaram cuidado de não matar todos eles, pois, do contrário, não haveria mais fabricantes de panelas. Comentam a vantagem de ter relações comerciais com dois grupos de fabricantes de mosquiteiros; se um grupo fica muito ocupado na caça de cabeças, sempre podem conseguir os mosquiteiros dos outros. Às vezes, fazem alianças temporárias com grupos de habitantes do pântano, a fim de assegurar um largo bando de caçadores de cabeças. Para o Mundugumor, a caça-de-cabeças não é um negócio onde deva haver riscos; o ideal é um bando de uns cem homens, que saem para emboscar uma aldeia que abriga apenas dois ou três homens e algumas mulheres e crianças. Para expedições tão amplas, cumpre dispor de aliados; e algumas crianças são trocadas com tribos vizinhas, ficando elas como reféns até que o ataque termine. As crianças Mundugumor passam às vezes vários meses consecutivos numa aldeia pantanosa, aprendendo a língua e os caminhos

---

(2) *Barad* é um termo *pidgin* que se aplica a qualquer canal pequeno, seja natural ou artificial, que liga duas massas de água. Alguns deles são cavados especialmente como canais, ou então para fins de pesca.

172

secretos, queixando-se amargamente da dieta miserável de sagu rançoso, das lagartas de sagu defumadas e da água putrefata e mal cheirosa para beber, que corre em milhares de pequenos fios por entre as moitas de capim sobre as quais os habitantes dos pântanos constroem suas casas. As crianças servem como reféns porque, se houver traição entre aliados e os reféns forem mortos, tratar-se-á, afinal de contas, apenas de uma criança, e na maioria dos casos uma criança do sexo masculino — que tem menos valor que a do sexo feminino — que pagará a pena.

Em troca das manufaturas dos empobrecidos habitantes dos pântanos, os Mundugumor dão fumo, noz de arequeira e côcos, que crescem em abundância em suas ricas terras altas. Isto os livra da necessidade de fazerem, eles próprios, qualquer manufatura e dá liberdade aos homens para a caça de cabeças e espetáculos teatrais, e às mulheres para a agricultura, secagem do fumo e pesca. Apenas uma ou outra mulher Mundugumor trança o pequeno cesto em forma de vaso que as pescadoras usam suspenso na parte anterior do pescoço, quando vão pescar. Estas cesteiras são as mulheres que nasceram com o cordão umbilical enrolado em volta do pescoço. Os homens que nascem desse modo são destinados a ser artistas, a continuar a tesa e refinada tradição da arte Mundugumor, a escultura em alto-relevo nos longos escudos de madeira, as representações de animais estilizados em baixo-relevo nas lanças, os intricados desenhos pintados nos grandes triângulos de casca de árvore que são erguidos nas festas do inhame. São eles que esculpem as figuras de madeira que ajustam às pontas das flautas sagradas, materializações dos espíritos de crocodilos do rio. Homens e mulheres nascidos para as artes e ofícios não precisam praticá-los, a menos que o desejem, porém ninguém que careça da marca de sua vocação pode pretender tornar-se mais que um aprendiz canhestro.

Do grupo Andoar da foz do rio, os Mundugumor importam de quando em quando novas danças, pois os Andoar estão bastante próximos da grande via navegável do Sepik para compartilhar do intercâmbio de danças e cerimônias que as aldeias do baixo Sepik importam das ilhas ao longo da costa. De vez em quando, um ambicioso Mundugumor, ansioso por acentuar ainda mais a sua própria importância, importa uma nova máscara mais feroz e faz uma cerimônia na qual todos os jovens de seu agrupamento de aldeias são iniciados nos mistérios do novo culto. Ocasionalmente, os Mundugumor atacam uma casa Andoar e voltam com um troféu, um propulsor de lanças que eles, entretanto, nunca aprenderam a usar, pois o tira--lanças é a arma do canoeiro hábil. Quando as canoas dos

173

Andoar subiam o Yuat em viagens comerciais, os Mundugumor permaneciam nas margens e arremessavam lanças contra eles, obrigando os Andoar a deixar reféns até que seus barcos voltassem do comércio do alto rio.

Mas os Andoar representavam para eles, principalmente, um derradeiro recurso para o homem ou a mulher muito gravemente insultados. Tal indivíduo poderia pegar uma canoa e flutuar rio abaixo até Andoar. Os habitantes de Andoar sairiam para o meio do rio, capturariam a canoa e comeriam o zangado suicida. Também, algumas vezes um Mundugumor se perdia no rio. Amiúde o cadáver ficava emaranhado entre as plantas no fundo do rio, desafiando toda busca, até que a decomposição o trazia à tona. Outras vezes, entretanto, era arrastado rio abaixo pela correnteza e o povo de Andoar o resgatava. Faziam-lhe um enterro dispendioso, em troca do qual o grupo Mundugumor teria de dar-lhes presentes ainda mais dispendiosos. Isso era causa de grande aborrecimento para os Mundugumor, que tendiam sempre a reduzir suas obrigações de luto, mesmo para com seus maiores homens. A tradição determinava que o cadáver fosse lentamente defumado e que os enlutados se aglomerassem na casa hermeticamente fechada enquanto ocorria a decomposição regular. No entanto, diziam os Mundugumor que as crianças tapavam os narizes e fugiam diante do mau cheiro da carne em decomposição de seus pais e as viúvas muito provavelmente já haviam escolhido novos maridos, de forma que muitos homens eram despachados, sem cerimônias, para dentro da terra, com a desculpa de que os sobreviventes não eram suficientemente fortes para empreender um luto prolongado. Ter de pagar pesadamente por ritos funerários executados por um inimigo era de enlouquecer, e o povo vingativo da foz do Yuat bem o sabia, quando jubilosamente resgatava um cadáver das águas barrentas.

Em suas próprias terras altas e férteis, mantidas graças a uma ferocidade e arrojo maior que qualquer de seus vizinhos, os Mundugumor vivem entre si num estado de desconfiança e insatisfação mútuas. Não existe aldeia com praça central e uma casa de homens, tal como ocorre em muitas partes da Nova Guiné. Cada homem procura viver por si, dentro de uma paliçada onde se aglomeram certo número de casas: uma para cada esposa, ou talvez para cada duas esposas, uma cabana especial, mal coberta de sapé para seus filhos adolescentes, onde dormem, miseráveis, picados por mosquitos, não merecendo nem mesmo um mosquiteiro; uma casa para si próprio, onde faz suas refeições, escolhendo arbitrária e caprichosamente dentre os pratos de sagu temperado com peixe ou lagartas de sagu que cada esposa lhe prepara, e uma casa extra

174

onde armazena gongos de tira, recebe visitas e pendura o fumo. Este complexo, contendo nove ou dez esposas, alguns jovens e dependentes, filhos e genros, e alguns sobrinhos inofensivos, só um homem em cada vinte e cinco o consegue. Semelhante organização doméstica, entretanto, é o ideal, e o homem com duas ou três esposas ou às vezes com apenas uma e alguma parenta idosa e desgarrada para aumentar seu *menage*, limpa uma pequena e segregada gleba de mata, tomando o cuidado de fazer o acesso por caminho indireto, de modo a preservar o segredo da sua localização. Em toda localidade existem homens de extração mista, de mães estrangeiras, que mantiveram lealdade de parentesco com outras localidades de outras tribos. Estes homens são os traidores profissionais, sempre prontos a liderar um grupo de assalto contra alguma casa mal defendida — e é contra esses homens que se pretende manter o segredo dos caminhos, pois o sucesso de uma expedição de ataque depende da habilidade de chegar diretamente à casa das vítimas, atacar rapidamente e partir.

Existem outras razões para essa dispersão das moradas pelo mato. Irmãos não podem viver muito perto, pois um irmão mais jovem só fala com um mais velho quando necessário e então fá-lo com a maior circunspeção e respeito. Dois irmãos envergonham-se de sentar-se juntos e o mais jovem não pode dirigir-se à esposa do mais velho. Tais proibições não disfarçam a hostilidade reinante entre todos os homens de uma casa, entre pai e filho, bem como entre irmãos. Às vezes, um homem constrói uma casa perto de um dos irmãos da sua mãe, até que ele ou seu anfitrião se envolva em alguma pequena guerra civil que rompe os arranjos temporários de vida. Entre as mulheres, a mata também é dividida numa hostilidade parcial; as mulheres retêm um poder especial sobre os espíritos da mata e uma mulher casada de outra localidade geralmente vai pescar com sua cunhada e partilha o resultado; do contrário, a cunhada pode amaldiçoar-lhe a pesca. A mata é atravessada por pequenas valas artificiais, para pescaria com redes de imersão, ao redor das quais se aglomera uma grande porção de medo: uma *peleva,* escultura de cobra do povo do pântano, pode estar escondida ali, uma praga de uma cunhada ou de um antigo proprietário que, desgostoso e moribundo, pode amaldiçoar o *barad* que cavou, e todos aqueles que ali pescarem, posteriormente. Um dos numerosos crocodilos pode morder as nádegas de uma mulher abaixada. Mas os *barads* estão cheios de peixes, e a pele lisa e bem cuidada das mulheres testemunha, para muitos, uma gulosa refeição pela madrugada antes de voltar ao complexo.

175

Não há um lugar onde um grupo de homens possa sentar-se junto, exceto nas raras ocasiões em que uma cerimônia esteja em andamento. As cerimônias são organizadas individualmente sob o comando de algum homem proeminente, que faz da iniciação de seu filho numa das séries de cultos de objetos-fetiches uma desculpa para o empreendimento. Ele constrói, em geral, uma casa de bom tamanho onde os acessórios da cerimônia podem ser reunidos.

Mas as festas são oásis numa vida crivada de suspeita e desconfiança. Em tempos normais, só as mulheres se juntam em grupos de conversa, para comentar com malevolência suas saias de palha vivamente coloridas, ou rir das mulheres mais velhas que, teimosamente, insistem em vestir-se à moda dos tempos passados. Fora da época de festas não raro um irmão arma-se contra o outro; um homem vem a saber da visita de um parente ao seu complexo com apreensão ou raiva; as crianças são treinadas para não se sentirem à vontade na presença da maioria de seus parentes; e os sons de vozes irritadas são freqüentes nos atalhos e nas clareiras à beira do rio.

10. A ESTRUTURA DA SOCIEDADE MUNDUGUMOR

Não há uma comunidade lídima entre os Mundugumor[1]; existe uma série de lugares nomeados, onde os indivíduos possuem terras e nos quais residem mais ou menos irregularmente, vivendo em diferentes pequenas constelações residenciais que representam linhas de organização temporárias de parentela masculina ou de homens aparentados por casamento. A sociedade não está organizada em clãs, como a dos Arapesh, de tal modo que um grupo de indivíduos aparentados forme uma unidade permanente, ligada por sangue, nome e interesse comuns. Em

---

(1) Quanto aos exemplos de anormalidades funcionais neste capítulo sou diretamente grata às anotações do Dr. Fortune.

vez disso, a organização social Mundugumor se baseia na teoria de que existe uma hostilidade natural entre todos os membros do mesmo sexo, e na suposição de que os únicos laços possíveis entre os membros do mesmo sexo passam através de membros do sexo oposto. Por isso, em lugar de organizar os indivíduos em grupos patrilineares ou matrilineares, nos quais irmãos se unem no mesmo grupo, como seu pai ou irmão de sua mãe, os Mundugumor têm uma forma de organização que chamam de *corda*. Uma corda é composta de um homem, suas filhas, os filhos de suas filhas, as filhas dos filhos de suas filhas; ou, se a contagem começar pela mulher, a corda é composta de uma mulher, seus filhos, as filhas de seus filhos, os filhos das filhas de seus filhos, e assim por diante. Toda propriedade, com exceção da terra, que é abundante e não muito valorizada, passa através da corda; mesmo as armas passam de pai para filha. Um homem e seu filho não pertencem à mesma corda, nem respeitam o mesmo animal ou ave totêmicos. Um homem não deixa propriedade a seu filho, salvo uma parte na terra transmitida por herança patrilinear; todos os outros valores vão para a filha. Irmãos e irmãs não pertencem à mesma corda; aqueles devem lealdade à mãe, essas ao pai.

Além disso, o ideal social é a grande família polígina, onde um homem tem umas oito ou dez esposas. Nessa família, há uma divisão definida entre o grupo composto do pai e de todas as suas filhas e o grupo composto de cada mãe e seus filhos. Entre os próprios irmãos a atitude é de rivalidade e desconfiança. Desde o início da adolescência são forçados a tratarem-se com excessiva formalidade, a evitarem uns aos outros sempre que possível e a absterem de qualquer conversa casual ou ligeira. Existe entre os irmãos apenas uma possibilidade de contato íntimo; podem lutar entre si e se insultarem mutuamente em público. Os meios-irmãos devem obedecer às mesmas abstenções de uma forma ligeiramente menos rigorosa, porém os meios-irmãos também se dividem pela inimizade orgulhosa e competitiva que se desenvolve entre as co-esposas, suas mães, o espírito que leva uma esposa a recusar-se a dar comida ao filho de seu marido com outra esposa. Pais e filhos são separados por uma hostilidade cedo desenvolvida e socialmente mantida. Na época em que o menino atinge dez ou doze anos, sua mãe está velha e não é mais a esposa favorita; seu pai está à procura de nova esposa. Se a mais velha protesta, o marido a espanca. Espera-se que o menino defenda sua mãe em tais cenas, que desafie e injurie o pai.

É esta a situação, dentro do complexo de um homem bem sucedido, do homem que logrou arranjar o maior

178

número de esposas. Um grande número de esposas significa riqueza e poder. Um homem pode exigir certos serviços dos irmãos de suas esposas e, o que é mais importante, as próprias esposas, cultivando e secando o fumo, proporcionam-lhe riquezas, pois o fumo é o artigo mais importante do comércio. Estes complexos não estão situados numa aldeia[2], mas escondidos na mata, e o cabeça do complexo não vê com bons olhos as visitas de quaisquer adultos do sexo masculino, a não ser que venham tratar com ele negócios definidos.

Embora irmão e irmã não pertençam à mesma corda, sendo adestrados desde a infância a reconhecer lealdades separadas, existe uma outra instituição que se opõe aos arranjos de corda e que é a insistência numa forma de casamento baseada na intercâmbio irmão-e-irmã. Espera-se que todo homem obtenha uma esposa dando a sua irmã em troca da irmã de outro homem. Teoricamente, não existe outra forma legal pela qual possa obter uma esposa, embora na prática real uma mulher possa ocasionalmente ser comprada por uma flauta valiosa. Portanto, os irmãos possuem direito de preempção sobre as irmãs e são treinados pelas mães a apreciá-lo em seu pleno valor. Homens sem irmãs precisam lutar por suas esposas, e uma família formada de grande número de filhos e nenhuma filha está destinada a longa carreira de lutas, pois tão-somente após um rapto ou um conflito é possível compor o roubo de uma mulher mediante o pagamento de uma flauta. Como o número de irmãos e irmãs raramente é ajustado à troca eqüitativa da irmã de um indivíduo por uma esposa de idade apropriada, os irmãos vivem em constante disputa, a fim de forçar suas reivindicações quanto às irmãs. Um irmão mais velho, especialmente se o pai estiver morto, pode trocar todas as suas irmãs por esposas e deixar os irmãos mais jovens sem recursos. A existência da poliginia como um ideal de poder significa conflito inevitável entre irmãos, não importa quantas irmãs tenham, e quando há menos irmãs do que irmãos, este conflito é aguçado. Complica ainda mais essa rivalidade o fato de homens idosos poderem casar-se com mulheres jovens. Em teoria, não é permitido que os indivíduos se casem fora de sua geração, mas os Mundugumor não respeitam nenhuma de suas regras, e a personalidade social violenta que foi fomentada em homens e mulheres explode numa rivalidade sexual direta de pai e filho. O filho pode trocar a irmã por uma esposa; com a irmã pode comprar uma parceira sexual. Mas o pai também o pode. Em vez de

---

(2) Sob estímulo do governo, os nativos estavam construindo casas com maior proximidade, porém viviam nelas apenas parte do tempo.

permitir que o filho use a irmã para obter uma esposa, o próprio pai pode usá-la; pode trocar sua filha adolescente por uma jovem esposa. O pai já alimenta forte sentimento de posse sobre a filha. Ela pertence à sua corda, não à dos irmãos. Ela cultiva com o pai, trabalha na mata com o pai, quando fala emprega termos de parentesco calculados através do pai, usa o nome de uma das ancestrais femininas do pai. Seu pai tem sobre ela os mais íntimos direitos de supervisão; pode dormir com ela na mesma cesta de dormir[3] até que se case, e a acompanha se ela levantar-se durante a noite. Chega a considerá-la como sua propriedade, da qual pode dispor como lhe aprouver. Todo menino em crescimento tem incutida, em seus ouvidos, pela mãe ansiosa, a possibilidade de que o pai venha a privá-lo da irmã, e desta forma de sua futura esposa. A mãe tem numerosas e suficientes razões para favorecer a troca da filha pela esposa do filho, de preferência a uma nova esposa para o marido. Sua filha foi, há muito tempo, subtraída de seu controle pelo pai; com um sorriso insolente, a menininha usou os termos de parentesco que lhe foram ensinados pelo pai. Muitas vezes, depois da mãe ter levado um prato saboroso para a refeição noturna do pai, é a filha, não a mãe, que é convidada a introduzir-se na cesta de dormir do pai, para passar a noite. Quando o pai e a mãe vão à mata a fim de escolher estacas para a casa, há sempre uma competição para ver quem acha primeiro uma árvore forte e reta. Se o pai a vê primeiramente, grita: "Aquela é para minha filha!" Se a mãe a vê primeiro, grita: "Aquela é para meu filho!" À medida que as crianças crescem, a mãe trabalha os ramos de sagu que seu pequeno e imaturo filho cortou; se é que as filhas chegam a ocupar-se do sagu, há de ser dos ramos que o pai, com seus braços mais fortes e hábeis, cortou. A mãe gostaria de ver a filha fora do caminho, e, no lugar dela, a nora que viverá em sua casa e permanecerá sob seu controle, que o filho lhe confiará para protegê-la contra o pai. Todos os seus motivos mais fortes, seu desagrado pela ligação entre o esposo e sua filha, seu temor de ver tal relação transladada na aparição de uma jovem esposa rival no complexo, sua solicitude hábil para com o filho — todos convergem para impedir que o esposo troque a filha por uma jovem esposa.

(3) Estas cestas à prova de mosquitos são trançadas de brotos de sagu ou da entrecasca. São cestas cilíndricas de três a quatro metros e meio de comprimento, distendidas por arcos de bambu, acomodando confortavelmente de duas a quatro pessoas. Uma extremidade é permanentemente fechada e a outra é amarrada depois que as pessoas entram na cesta.

Um conjunto de motivos complementares controla o pai. Não gosta do filho na medida exata em que o filho é forte e masculino. Toda a estrutura da sociedade define o pai e o filho como rivais. O crescimento do filho é um sinal de declínio do pai. O olhar cioso do pai sobre a filha é ultrajado pela reivindicação do filho sobre ela, e aquele nutre hostilidade profunda contra a troca da jovem a menos que essa troca seja feita por sua ordem e resulte para ele em direta satisfação sexual. Dentro de seu complexo, à medida que os filhos crescem, ele vê uma série de grupos hostis em desenvolvimento; em cada cabana uma esposa descontente e suplantada e um filho ciumento e agressivo pronto a reivindicar seus direitos e a sustentar contra ele um direito às filhas.

Em grau maior ou menor, este padrão de hostilidade entre pai e filho, entre irmãos, e entre meios-irmãos é repetido em cada grupo familiar dos Mundugumor. Mesmo que um homem tenha uma única esposa, a expectativa de hostilidade, o conflito por causa da irmã, subsiste. Vê-se prontamente que tal sistema social constitui um terreno demasiado incerto para nele basear uma sociedade ordenada. Não existe uma comunidade genuína, nenhum núcleo de homens aparentados em torno do qual a sociedade possa cristalizar-se permanentemente. O culto do *tamberan*, que em outras partes da Nova Guiné une todos os homens adultos da comunidade contra as mulheres e meninos, foi despojado entre os Mundugumor da maior parte de seu papel integrador. Não há casa permanente de *tamberan* que possa abrigar os objetos de culto, ou na qual os homens possam reunir-se. Não há qualquer espécie de sede de clube masculino. Em vez de um culto aldeão ou tribal, existem vários cultos, um culto das flautas do espírito da água, um culto das flautas do espírito da mata e cultos de diversas máscaras importadas, consideradas como sobrenaturais. Cada um desses objetos sagrados é propriedade individual e passa através da corda. O proprietário de uma flauta de crocodilo a mantém oculta em sua própria casa. A iniciação deixou de ser um processo pelo qual todos os meninos de certa idade são admitidos na comunidade dos homens adultos. Ao invés, as flautas sagradas e as cerimônias de iniciação, sem as quais ninguém pode olhar para as flautas, tornaram-se parte do jogo que os grandes homens executam em busca do prestígio e fama. Um grande homem, um homem com muitas esposas, e conseqüentemente com a riqueza necessária, pode tomar a si a tarefa de promover uma festa de iniciação. Constrói uma grande casa para a ocasião, e todos os homens e jovens que nunca viram esta espécie particular de objeto sagrado, são reunidos e forçados a se submeter ao tipo particular

181

de tortura que acompanha aquele objeto sagrado: incisões com dentes de crocodilo, queimaduras ou espancamento. Tais festas são dadas de modo muito irregular, ao capricho de um grande homem. Muitos dos não-iniciados são adultos e casados. A iniciação nada tem a ver com a consecução do crescimento, *status* ou o direito de casar. Tudo é organizado em torno da idéia de exclusão e do direito dos iniciados de escarnecer e de excluir os não--iniciados. Aqueles homens que em meninos se congratulavam consigo mesmos quando escapavam para o mato e evitavam os maus tratos brutais que os mais velhos lhes' ministravam durante a iniciação, quando jovens esquivam--se com vergonha e fúria diante do brado de: "Vá-se embora, você não pode ver isto! Você não foi iniciado". Para escapar a semelhante indignidade, consentem, finalmente, em ser iniciados.

A iniciação tampouco serve para reafirmar a solidariedade dos homens em face das mulheres. Às meninas, entre os Mundugumor, é dada uma escolha. Desejam ser iniciadas e observar os tabus alimentares resultantes da iniciação — pois as meninas não são submetidas a nenhum dos ordálios da escarificação — ou preferem permanecer espectadoras não-iniciadas que comem o que querem no ano seguinte à iniciação? Cerca de dois terços das meninas optam pela iniciação. Qualquer iniciação, portanto, representa uma cerimônia na qual um grupo etário heterogêneo e misto de meninos e meninas é iniciado por um patrocinador da festa e por um grupo de homens que se lhe associam temporariamente. Isto não é feito por um senso de responsabilidade de sexo, idade ou de comunidade, mas sim por um real temor das flautas sagradas, um temor que na prática, entretanto, é reservado às flautas especiais da própria linha de família, e não à flauta usada na iniciação. Não se traduz num sentimento coletivo mesmo a experiência compartilhada, e inspiradora do temor, da primeira visão, em circunstâncias de grande solenidade, dos olhos fixos de madrepérola do ídolo incrustado de conchas. Cada rapaz, doravante, honra a flauta de sua própria linhagem se a possuir, ou, caso não tenha, se empenha por obtê-la.

O culto religioso é, assim, tão impotente de integrar o grupo permanentemente, como o são as linhagens segundo as quais se organiza a descendência. Os Mundugumor, em algum período de sua história, efetuaram uma tentativa de entrelaçar as cordas intratáveis num tipo de sociedade cooperativa, como o demonstra a existência de máximas e regras que são honradas principalmente na infração. Isso foi feito pelo estabelecimento de obrigações mútuas entre os descendentes de um par de irmãos e irmãs

182

casados entre si. O filho da irmã escarificava o neto do irmão, que por sua vez escarificava o neto de seu escarificador, e na quarta geração esperava-se que as crianças das duas linhas se casassem. Este sistema elaborado e pouco prático de preservar obrigações durante cinco gerações e cuja expectativa é ter, ao fim do processo, dois pares de irmãos e irmãs de idades adequadas para casar, na prática nunca é conseguido.

A única conseqüência do fato de existir tal sistema tradicional é intensificar a convicção de cada Mundugumor de que está agindo errado e que está sendo injustiçado por outros. O direito a escarificar um jovem é financeiramente rendoso; o escarificador recebe porcos e colares do noviço, e o lucro desse investimento surge quando o ex-noviço, agora já adulto, é convocado a escarificar o neto do homem que executou nele a operação uma geração antes. Da mesma forma, quando uma mulher perfura as orelhas de uma menina e recebe presentes por isso, espera-se que essa menina, algum dia, perfure as orelhas da neta da mulher que ora está sendo paga, e em troca receba belos presentes. Todavia, esta observância meticulosa de obrigações durante três gerações é demasiado difícil para a agressiva individualidade dos Mundugumor. Brigas, mudanças, o desejo de saldar as dívidas pedindo a alguém que execute a cerimônia lucrativa — tudo isso interfere. Como resultado, há sempre um grande número de pessoas zangadas porque algum outro foi convidado a realizar a cerimônia cujo direito de execução lhes pertencia por herança. Quanto aos casamentos apropriados que deveriam reunir duas cordas após quatro gerações de reciprocidade, jamais ocorrem. São lembrados em expressões e máximas, são invocados por aqueles membros da sociedade Mundugumor que se rebelam contra o estado de desorganização de sua vida social. A lembrança do que se supõe ser a forma ordenada pela qual os ancestrais faziam as coisas serve para dar a todos um sentimento de culpa, para colorir todas as suas atividades com o gênero de desafio colérico que mais caracteriza as relações sociais Mundugumor. É a atitude usual num sem-número de situações. Um pai que planeja fraudar o filho, empregando a filha para obter uma nova esposa, briga com ele por algum pretexto e obriga-o a sair de casa; um homem que pretende convidar algum aliado recente para escarificar seu filho acusará o escarificador apropriado de feitiçaria, de roubo, ou de ter tentado seduzir sua esposa — qualquer coisa que produza uma frieza, ao abrigo da qual poderá trair suas obrigações mais à vontade. Dessa forma, essas fantásticas previdências para a cooperação social entre aparentados

183

durante várias gerações não somente deixam de agir no sentido de integrar a sociedade, como, em verdade, contribuem para a sua desintegração.

Entre um menino e o irmão de sua mãe as relações são muitas vezes amistosas. É verdade que ele não pertence à mesma corda do irmão de sua mãe, nem ao mesmo grupo proprietário de terras. Todavia, o irmão da mãe sempre está disposto a proteger seu sobrinho se o menino se desentender com o pai. A relação entre cunhados é, em quase todos os casos, de tensão, caracterizada pela vergonha, embaraço e hostilidade, hostilidade que é amiúde resíduo de um encontro armado real quando um raptou a irmã do outro. O fato do rapto ter sido ajustado posteriormente pela troca de outra mulher ou pelo pagamento de uma flauta, não apaga totalmente a lembrança do reencontro. Assim, ajudar ao sobrinho contra a vontade do seu pai é congruente com outras atitudes do irmão da mãe. O próprio irmão da mãe de um menino é considerado parente muito próximo, tão próximo que executará a cerimônia de escarificação sem pagamento. Pessoas mesquinhas e avarentas tiram proveito disso, e assim economizam o preço que teriam de pagar a um irmão da mãe, mais distante — isto é, um primo varão da mãe — para executar a mesma cerimônia. Na vida madura, freqüentemente encontram-se homens vivendo e cooperando com os irmãos de sua mãe, ou com os filhos daquele a quem aprenderam a conhecer durante os dias de fuga da infância.

A fim de compreender como a sociedade pode existir com tanta hostilidade e desconfiança mútuas entre todos os homens aparentados, com tão pouca estrutura na qual possa basear-se uma cooperação genuína, é necessário considerar a vida econômica e cerimonial. Os Mundugumor são ricos; têm terras em superabundância, seus *barads* piscosos estão cheios de peixe; geração após geração de ancestrais plantaram coqueiros e arequeiras. Têm copiosos suprimentos de sagüeiros; seus campos produzem o fumo tão valorizado por seus vizinhos. Suas palmeiras são tão abundantes que eles dizem casualmente serem os morcegos os plantadores. Comparemos essa abundância com as condições Arapesh, onde cada coqueiro tem um nome e sua genealogia é afetuosamente lembrada. Além disso, esta vida econômica, na prática, não requer qualquer cooperação entre as famílias. O trabalho executado pelos homens pode ser facilmente feito apenas por eles. Fazem plantações de inhame, derrubam sagüeiros que fermentam e apodrecem no chão, de modo que o sagu comestível floresce no tronco apodrecido. As mulheres fazem todo o resto. Os homens podem brigar e recusar-se a falar uns com os outros; podem mudar suas casas, a maioria das

184

quais são frágeis, rapidamente construídas, de um lado para outro da localidade; podem emburrar-se junto de seus fogos, ou planejar vingança com um novo grupo de associados — o trabalho doméstico prossegue ininterrupto. As distâncias são curtas, o terreno é plano, existem canoas para percorrer distâncias maiores, rio acima e rio abaixo. Alegremente e sem excessivo esforço, as mulheres fortes e bem nutridas conduzem o trabalho da tribo. Trepam até nos coqueiros — uma tarefa da qual quase todos os primitivos da Nova Guiné isentam as mulheres adultas.

Confiados nesse trabalho feminino, os homens podem ser tão ativos ou preguiçosos, tão briguentos ou pacíficos quanto quiserem. E o ritmo da vida dos homens é, de fato, uma alternação entre períodos de individualismo supremo, durante os quais cada qual permanece em casa com suas esposas e se entrega a pequenos trabalhos irregulares, mesmo numa excursão de caça ocasional com seu arco e flecha, e os períodos em que há algum grande empreendimento em perspectiva. O sentido da competição e a hostilidade de um Mundugumor para com outro são expressos, muito ligeiramente, em termos econômicos. As disputas têm como causa principal as mulheres. Podem, de vez em quando, brigar por terras ou por direitos de pesca, mas a produção de alimentos é abundante e a competição econômica não assume maior importância. Se um homem deseja demonstrar sua riqueza superior, pode oferecer uma festa de inhame a um homem que foi seu inimigo, e assim amontoar tições de fogo sobre sua cabeça. O homem a quem é oferecida a festa terá de devolvê-la em espécie ou perder seu prestígio. Porém, para tal festa, um indivíduo recorre sobretudo a suas próprias plantações e às de seus aliados próximos.

Já nos referimos às festas de iniciação dadas pelos grandes homens. Há também trocas de alimentos entre um par de grandes homens e festas de vitória que se seguem a uma triunfante caça de cabeças. Em todos estes empreendimentos os líderes são conhecidos na comunidade como "os verdadeiros homens maus", homens agressivos, ávidos de poder e prestígio, homens que tomaram muito mais do que seu quinhão das mulheres da comunidade, e que também adquiriram, por compra ou roubo, mulheres das tribos vizinhas; homens que não temem ninguém e que são arrogantes e suficientemente seguros para trair impunemente a quem desejarem. Estes são os homens que toda uma comunidade pranteia quando morre; sua arrogância, sua ânsia de poder são o fio em que são enfiados os momentos importantes da vida social. Estes homens — cada comunidade de duzentas ou trezentas pessoas ostenta dois ou três — constituem os pontos fixos no sistema social.

Constroem seus complexos adequada e firmemente. Há uma forte paliçada à volta deles; lá existem várias casas fortes; há tambores de tiras muito grandes para serem transportados com facilidade. Entrementes, homens menos importantes, homens com menos esposas e menos segurança, brigam entre si, vivem mudando-se, ora vivendo com um primo, ora com um cunhado, ora com o irmão da mãe, até que uma querela por causa de uma mulher rompa esta aliança temporária, que não se baseia em nenhuma necessidade econômica. Esses homens menos importantes deslocam sua lealdade de um grande homem estabelecido para outro, ou começam a trabalhar com um homem que, apesar de jovem e possuidor apenas de três ou quatro esposas, se está alçando rapidamente a uma posição de poder. Nessa atmosfera de transferência de lealdades, de conspirações e traições, incursões de caça de cabeças são planejadas e toda a comunidade masculina une-se temporariamente no ataque e nas festas de vitória que os encerram. Em tais festins, praticam um canibalismo franco e desordenado, cada homem regozijando-se por ter entre os dentes um pedaço do inimigo odiado.

Durante os períodos em que não há incursões em andamento, um grande homem pode decidir-se a oferecer uma das grandes cerimônias. Formam-se constelações incertas à volta dos dois grupos principais da festa, e é feita uma trégua com relação a todas as disputas intra-comunitárias. Não deve haver roubo de esposas, nem lançadas sub-reptícias durante este tempo de preparação. Uma grande festa envolve não apenas um bom suprimento de inhames, que não é um elemento importante na dieta dos Mundugumor, mas é reservado para estas ocasiões de ostentação, mas também uma grande quantidade de instrumentos de cerimonial. Para certo tipo de festa, um grande modelo de crocodilo, de seis metros de comprimento, é construído de casca de árvore e pintado com desenhos elaborados. Para outro tipo, um triângulo de casca de árvore, de mais ou menos dez ou doze metros de altura, é pintado e erigido contra um coqueiro. Às vezes, novos desenhos de flauta são esculpidos e precisam, então, ser decorados com cabelo verdadeiro, conchas, sementes, pele de gambá, penas e pequenos adornos de crochê. Escudos e lanças são polidos novamente para a dança ou outros novos são esculpidos.

Todo este trabalho, sob a sombra protetora da trégua, é feito com o melhor dos humores. Os homens são reunidos todas as manhãs pelo som das flautas; durante o dia inteiro, um grupo fica fazendo crochê, enfiando conchas ou triturando carvão, sob a direção arrogante de um mestre-artista, que suplantou o chefe caçador de cabeças como ditador para a ocasião. Meninos pequenos e homens que nunca assistiram à cerimônia são enxotados com desdém. Ao meio-dia, as mulheres trazem grandes pratos abarrotados de alimentos, bem guarnecidos com peixe e sagu. Durante várias semanas, homens que comumente desconfiam de cada passo dos outros e hesitam em virar suas costas uns aos outros por um instante, trabalham juntos, enquanto as cabeças de maior capacidade tramam em tirar vantagem para si da trégua temporária. Finalmente a festa se realiza, termina a dança, a trégua acaba, e as condições normais de hostilidade se reafirmam, até que a próxima grande comemoração ou caçada de cabeças aproxime de novo as pessoas.

11. O DESENVOLVIMENTO
DO MUNDUGUMOR CARACTERÍSTICO

O menino Mundugumor nasce num mundo hostil, mundo onde a maioria dos membros de seu próprio sexo serão seus inimigos, onde seu melhor instrumento para o êxito deve ser a capacidade para a violência. para ver e vingar insultos, para julgar muito ligeiramente sua própria segurança e ainda mais ligeiramente as vidas dos outros. Desde o nascimento, o cenário está montado a fim de suscitar-lhe este tipo de comportamento. Quando a mulher Mundugumor conta ao esposo que está grávida, ele não fica satisfeito. Isso o converte num homem marcado. Quando se dirige a um grupo de homens que estão entalhando um gongo de tiras, serviçalmente e com largo sorriso eles varrem as lascas, com medo de que pise sobre alguma delas, o que seria prejudicial para a criança, que ele não deseja, e para o gongo de tira de cuja manufatura é assim publicamente excluído. Se ele cerca uma plantação, outro enfiará as estacas; se colhe rotim na mata, qualquer menininho insolente o advertirá a arrancar apenas o rotim verde ou a criança permanecerá presa, no ventre materno. Estes tabus, que poderiam uni-lo à esposa no cuidado pela criança — se ter uma criança fosse algo desejado entre os Mundugumor — são usados por seus companheiros para agravar seu agastamento com a esposa. Ele a ofende por ter engravidado tão depressa e amaldiçoa sua magia anticoncepcional que debalde ele pôs em ação. Se tem relações sexuais com a esposa depois que a gravidez dela é fato conhecido corre mais um risco: a possibilidade de ela conceber gêmeos, sendo a segunda criança o resultado de mais estímulo masculino, que é, segundo acreditam, toda a contribuição do homem, cujo sêmen, continuamente estimulado por um coágulo de sangue, desenvolve-se numa criança. O interesse do pai, portanto, em vez de ser inscrito do lado do filho, já se inscreve contra ele. E a mulher grávida associa sua gravidez à privação sexual, à ira e ao repúdio do marido, ao risco constante de que ele tome outra esposa e a abandone temporariamente. É isto provavelmente o que fará se a conquista da nova mulher que lhe atrai a sua atenção implica em luta, como é em geral o caso. Seja ela esposa ou apenas filha de outro homem, o novo esposo primeiro tem de fugir com ela, depois defendê-la contra o grupo de homens irados que virão lutar por ela e, por fim, compensá-los com uma mulher de sua família ou uma flauta sagrada valiosa. Durante tais procedimentos, naturalmente não confia na esposa grávida, e ela amiúde se vê abandonada com alguns de seus próprios parentes enquanto seu esposo se volta para uma rival. Assim, a criança a nascer é mais indesejada pela mãe do que mesmo pelo pai. Os primeiros dias de casamento, altamente carregados, em que um interesse ativo pelo sexo os manteve juntos, cederam lugar ao ódio, à hostilidade e muitas vezes a acusações de infidelidade, quando o marido se recusa a acreditar ser ele o responsável por este acontecimento malvindo.

Esta atitude para com os filhos condiz com o individualismo desumano, com a peculiar sexualidade agressiva, com a hostilidade intra-sexual dos Mundugumor. Um sistema que tornasse o filho valioso como herdeiro, como extensão da sua própria personalidade do pai, poderia combinar o tipo de personalidade do Mundugumor com um interesse na paternidade, mas sob o sistema de casamento e corda Mundugumor, um homem não tem herdei-

190

ros, apenas filhos que são rivais hostis por definição e filhas que, por mais que as defenda, lhe serão finalmente arrebatadas. Para o homem a única esperança de força e prestígio reside no número de esposas, que hão de trabalhar para ele e dar-lhe os meios de adquirir poder, e na ocorrência acidental de alguns caracteres suaves entre seus irmãos. A frase "um homem que tem irmãos" surge de vez em quando nas observações Mundugumor e designa um homem que, por um golpe de sorte, tem alguns irmãos dóceis e submissos que seguem seu comando e, em vez de contestar o seu progresso, formam uma constelação mais ou menos permanente à sua volta na idade madura. Aliados a quem possa coagir e intimidar em seus dias de força, não filhos que hão de vir depois dele e que, por sua força, lhe ridicularizarão sua velhice, eis o seu desejo. Uma esposa que engravida fere pois o marido em seu ponto mais vulnerável; ela deu o passo para a sua derrocada pela possível concepção de um filho. E quanto a si mesma, transformou o ativo interesse sexual do marido em um ressentimento irritado e frustrado — para quê? Quiçá para dar à luz uma menina, que será do marido e não dela.

Antes da criança nascer, há muita discussão sobre se deverá ser poupada ou não, baseando-se a argumentação, em parte, no sexo da criança, uma vez que o pai prefere conservar a menina e a mãe, o menino. O peso da discussão, entretanto, desfavorece mais a mãe, porque o pai e os irmãos dela também preferem menina. Meninos no grupo de parentesco levam a dificuldades, se não houver bastantes meninas com as quais possam comprar esposas; e, mesmo que disponham de um número suficiente de irmãs, os meninos agressivos são capazes de conquistar mulheres adicionais, pelas quais será preciso lutar. A probabilidade de sobrevivência de uma criança Mundugumor aumenta com a ordem de nascimento, tendo a primeira criança menor probabilidade. O pai e a mãe ficam menos transtornados com a chegada das crianças posteriores; além disso, uma vez nascido um filho, é absolutamente necessário que tenha uma irmã para trocar por uma esposa. Esse sentimento de que a própria existência social depende da existência de uma irmã foi vivamente ilustrado quando uma mulher Mundugumor se ofereceu para adotar um dos nossos rapazes Arapesh[1]. O aspecto mais sério da proposta foi que ela lhe prometia — com o assentimento do marido, por certo — uma das filhas como irmã, assegurando-lhe assim uma posição adequada na sociedade Mundugumor.

---

(1) Esta mulher era muito mais afável e bondosa do que é usual entre os Mundugumor e ela simpatizou muito com a personalidade de nosso rapaz Arapesh dos mais típicos.

Uma menina, portanto, conta melhor probabilidade de sobrevivência de que um menino; é uma vantagem para o pai, para os irmãos e para todo o grupo de parentesco de ambos os lados, os quais, se ela não for requisitada em casa, poderão usá-la como compensação por uma das esposas de seu primo.

Existe também a sensação de que, uma vez poupado um filho, ele poderá muito bem ter irmãos. Se uma criança sobrevive o suficiente para ser lavada, em vez de ser embrulhada no invólucro de palmeira sobre o qual se deu o parto e jogada no rio, ela não será morta posteriormente, embora possa ser tratada da maneira mais sumária e exposta a muitos riscos a que as crianças não são submetidas entre os povos mais primitivos. Se um homem abandona sua esposa durante a gravidez, também suas probabilidades de ter um filho sobrevivo são muito maiores, pois não estará presente para ordenar-lhe que o mate. Além disso, numa casa polígina, cada esposa rival insiste em ter um filho, e o marido é envolvido numa rede de causa e efeito da qual raramente se desembaraça por completo.

Assim, embora as motivações que governam marido e mulher durante a primeira gravidez, num casamento de eleição, sejam todas opostas à preservação da criança, não constituem as únicas considerações que influenciam a conservação ou o sacrifício de recém-nascidos. Tais atitudes estabelecem, na verdade, o tom do sentimento Mundugumor com respeito ao nascimento, mas não lhes é dado poder suficiente para que evite a reprodução da sociedade Mundugumor.

Além das circunstâncias que levam a preservar a primeira criança, e das considerações que então resultam na manutenção de outros filhos, existem dois outros fatores responsáveis pelo aumento da população: o nascimento de gêmeos e a prática da adoção. Como que por escárnio a seu desagrado por crianças, as mulheres Mundugumor apresentam uma tendência extraordinariamente forte a gerar gêmeos; a taxa de nascimento de gêmeos supera a de qualquer outra tribo conhecida naquela parte da Nova Guiné. Os dois gêmeos raramente são eliminados. Se se trata de dois meninos, ou um menino e uma menina, o menino é que não será conservado; no caso de duas meninas, ambas serão poupadas. Um deles, porém, é sempre adotado, já que uma mãe Mundugumor costumeiramente não se incumbe de amamentar duas crianças. Afora a adoção de um dos gêmeos, a adoção corriqueira é prática muito freqüente. Mesmo mulheres que nunca conceberam são capazes, em algumas semanas, levando a criança constantemente ao seio e bebendo muito leite de coco, de produzir leite suficiente ou quase suficiente para criar a criança,

192

que nas primeiras semanas de adoção será amamentada por outras mulheres[2]. Há um bocado de coisas que favorecem a adoção. A gravidez e o parto são evitados e o tabu da lactação, com respeito às relações sexuais, sob pena de contrair uma doença de pele, não precisa ser observado, uma vez que a criança amamentada não tem qualquer relação com o pai e a mãe. Embora seja comum a adoção de uma menina de preferência a um menino, a esposa é compensada por melhores relações com o marido e por evitar os aspectos da maternidade que ela menos aprecia. Muitas dessas crianças adotadas já estavam condenadas à morte quando os pais adotivos apareceram em cena; falam delas como de "alguém que foi adotado sem lavar, do invólucro de palmeira do parto". Cumpre lembrar, também, que, se uma irmã deve ter alguma utilidade para o irmão, ambos devem contar quase a mesma idade. Se ela for muito mais velha que o irmão, fugirá antes que ele tenha idade suficiente para casar. Mesmo que receba em troca uma menina pouco crescida, o pequeno esposo de dez ou onze anos não será capaz de conservar sua acanhada esposa, que amadurecerá apenas para ser arrebatada por algum homem mais velho. Às vezes, um homem que tem vários filhos e nenhuma filha, e uma mulher que deseja adotar filhas, reservam-se a filha da irmã, incumbindo-se de parte de seu cuidado. Sob influência da teoria de que é difícil obter meninas, esta solicitação da filha da irmã é feita muitas vezes antes do nascimento. O solicitador, então, manda com regularidade alimento para a mulher grávida, mas, em metade das vezes, a criança resulta ser do sexo errado e o pai de filhos vê-se na inconfortável posição de ter assumido uma responsabilidade quase paternal por mais um menino.

É dentro de um mundo tão tenso, um mundo constantemente predisposto à hostilidade e ao conflito, que nasce a criança Mundugumor. E quase desde o nascimento, a não ser que seja adotada e o estímulo constante de sua sucção seja necessário nos primeiros meses para produzir o leite, começa o preparo da criança para uma vida sem amor. Pouquíssimos bebês são mantidos numa

---

(2) Os Mundugumor dizem que os seios de algumas mulheres, não de todas, secretarão leite sob o efeito estimulante da sucção da criança, combinada com a ingestão de grandes quantidades de leite de coco. Tive a oportunidade de comparar o peso e saúde de dois conjuntos de gêmeos, dos quais uma criança em cada par era aleitada pela própria mãe e a outra por uma mãe adotiva em cujos seios o leite fora artificialmente estimulado. No segundo grupo, uma era uma criança de dois anos amamentada inteiramente pela mãe adotiva; a outra, um bebê de quatro meses, cuja mãe adotiva somente no último mês tivera bastante leite para alimentá-lo sem auxílio de outra mulher. Em cada caso, o gêmeo adotado apresentava um desenvolvimento idêntico ao do gêmeo amamentado pela própria mãe.

193

cesta de carregar, uma cesta de trançado muito apertado e grosseiro, semicircular, que as mulheres levam suspensa na testa, como as mulheres Arapesh levam suas cestas de rede. (E tal como as Arapesh designam o ventre pela palavra que significa a cesta de rede, também as Mundugumor designam o ventre pela palavra que significa cesta de carregar.) Mas, enquanto a bolsa de malha dos Arapesh é flexível, adaptando-se ao corpo da criança e exercendo pressão para dobrar o corpo em seu interior numa posição pré-natal, sendo ademais tão leve que não interpõe nenhuma barreira entre a criança e o corpo cálido de sua mãe, a cesta Mundugumor é áspera, dura e opaca. O corpo da criança tem de acomodar-se às linhas rígidas da cesta, ficando deitada quase de bruços com os braços praticamente manietados aos lados. A cesta é grossa demais para permitir a sensação de qualquer calor oriundo do corpo materno; a criança nada vê, a não ser frinchas de luz nas duas extremidades. As mulheres só carregam os bebês quando vão de um lugar a outro, e como a maioria de suas expedições são curtas, para seus próprios *barads* de pesca ou moitas de sagu, usualmente deixam as crianças em casa, penduradas. Quando um nenê chora, não é alimentado imediatamente; em vez disso, algum curioso recorre ao método usual de acalmar crianças inquietas. Sem olhar para ela, sem lhe tocar no corpo, a mãe, outra mulher ou menina que esteja cuidando dela, começa arranhar com as unhas a parte exterior da cesta produzindo um som áspero e rascante. As crianças são acostumadas a reagir a este som; é como se seu choro, originalmente motivado pelo desejo de calor, de água ou de alimento, fosse condicionado a aceitar em seu lugar, freqüentemente, esta resposta remota e estéril. Se o chôro não cessa, a criança é eventualmente amamentada.

As mulheres Mundugumor aleitam os filhos em pé, segurando a criança com uma das mãos em posição que força o braço da mãe e prende os braços da criança. Nada há do prazer sensual e divertido que sente a mãe Arapesh ao alimentar o filho. Tampouco tem a criança permissão de prolongar sua comida por qualquer carinho brincalhão em seu próprio corpo ou no da mãe. É firmemente mantida no desempenho de sua tarefa principal, de absorver alimento bastante para que cesse de chorar e consinta em ser recolocada na cesta. No momento em que pára de mamar, mesmo que seja por um instante, é devolvida à sua prisão. Por isso, as crianças desenvolvem uma bem definida e propositada atitude de luta, segurando firmemente no bico do seio e sugando seu leite tão rápida e vigorosamente quanto possível. Muitas vezes se engasgam por engolir muito depressa; o engasgo aborrece a mãe e enfurece a criança, convertendo a situação do aleitamento mais caracterizada pelo ódio do que pela afeição e segurança. Assim que as crianças conseguem sentar-se, as cestas não mais constituem lugares seguros para deixá-las, embora ainda sirvam para transportá-las de um lado a outro. Se a cesta fica pendurada na parede, a criança esperneia e se remexe, correndo o perigo de cair e causar mais transtorno. Pois é nestes termos que os Mundugumor acolhem todas as doenças e acidentes, mesmo em crianças pequenas. Todas essas coisas são objeto de exasperação e raiva, como se a personalidade do pai fosse violada e insultada pela doença da criança. Em caso de morte, toda a comunidade fica similarmente enraivecida. Ter que cuidar de uma criança enferma deixa a mãe mal-humorada e ressentida.

Como seria de prever, apenas as crianças mais fortes sobrevivem. Aquelas que não aproveitarem os poucos minutos outorgados para ingerir leite suficiente para agüentar as horas subseqüentes, perecerão por falta do cuidadoso e solícito reqüesto à vida que as mães Arapesh proporcionam às suas crianças mais franzinas. Assim, o pequeno independente e robusto começa a espernear na cesta, sendo preciso tirá-lo de lá e colocá-lo no assoalho da casa ou então a mãe tem de carregá-lo às costas. Não é seguro, por certo, largar uma criança que engatinha, a sós numa casa, onde o assoalho fica a uns quatro ou cinco pés acima do chão, sobre estacas. As mães andam, pois, com os filhos de um a dois anos às costas. Se uma criança que engatinha chora muito, é erguida e firmemente montada no pescoço materno. O seio só lhe é oferecido, quando se acredita que ela tenha real necessidade de alimento, jamais para dar-lhe conforto no medo ou na dor. Aqui, novamente, o contraste com os Arapesh é impressionante; se uma criança Arapesh, desaleitada há vários anos, chora de dor ou medo, sua mãe lhe oferece o seio frouxo e seco para confortá-la; a mãe Mundugumor não oferece o seio farto nem mesmo ao nenê que mama. Esta atitude fez-se particularmente perceptível quando dei óleo de rícino às crianças nativas; todas as demais mulheres nativas da Nova Guiné com quem tive alguma experiência procuravam consolar os berros da criança, depois de ingerir o óleo, oferecendo-lhe o seio como consolo. A mulher Mundugumor simplesmente batia-lhe na nuca e prosseguia em seu trabalho ou sua conversa, completamente indiferente a seus gritos, exceto no caso de uma criança mais velha, que recebia uma palmada ou coisa parecida. Tampouco recebe a criança nesta situação precária apoio de uma mão firme e amiga; em vez disso, é ensinada a manter-se fortemente segura ao basto cabelo de sua mãe, evitando assim a queda.

Logo que aprende a andar, a criança é largada a maior parte do tempo e deve arranjar-se por si mesma. Todavia, não lhe é permitido andar por longe, por causa do medo de afogamento, um fato que perturba toda a rotina da aldeia durante meses, porquanto, como já observamos, a água onde se afoga torna-se tabu para beber. A intranqüilidade Mundugumor em face da água não lhes sugere que seja possível educar as crianças a não cair no rio. Embora vivam, no tocante à água, em condições incomparavelmente mais simples e mais seguras do que as dos nativos do rio principal, seu medo de afogamento é bem maior. Este medo torna a vigilância das crianças um serviço muito mais complicado do que seria preciso; as mães têm de ficar mais tensas e atentas, e passam o tempo todo gritando com as crianças irrequietas, ou puxando-as violentamente da margem do rio. Desta forma, a criança Mundugumor associa de pronto o território além de sua casa a um lugar perigoso, associação reforçada por todas as proibições parentais que ela posteriormente aprende. E desde a hora em que aprende a andar, a hostilidade de sua mãe em amamentá-la é cada vez mais pronunciada. Agora pode correr em direção a ela, agarrar-se a sua perna, ou tentar subir ao seu colo para alcançar-lhe os seios. Nunca lhe ocorre, a menos que esteja tão doente que não tenha quase consciência do que faz, tentar deitar-se no colo da mãe. Tentará porém alcançar-lhe os seios, apenas para ser em geral empurrada e espancada quando a mãe tenta desencorajar-lhe a amamentação. Não há métodos de desmame que substituam por um alimento oferecido com carinho o seio que se tornou especificamente desagradável ao paladar. Para serem desaleitadas, as crianças são progressivamente repelidas pelas mães; não mais dormem com elas nas compridas cestas trançadas; as mães jamais as seguram ou carregam numa posição de onde possam alcançar os seios. As mulheres mais indulgentes passam seiva amarga nos seios. Após semanas de uma batalha perdida, a criança acostuma-se a comer sopa de sagu e espera ainda menos apoio de sua mãe. Na infância, o ressentimento e a impaciência maternos foram demonstrados à criança pela tensa e desconfortável posição em pé que a mãe adota, sua pressa, o alívio com que tira o bebê de perto de si. Todo o processo de desmame é acompanhado de pancadas e descomposturas que acentuam ainda mais o quadro do mundo hostil apresentado à criança. Algumas crianças Mundugumor chupam dois dedos ou as costas da mão; trata-se de comportamento

196

individual e não um reconhecido hábito-padrão seguido por todas. Uma criança ocupada nesta tarefa é irritadiça, tem o olhar ansioso e mal-humorado no rosto e rói os dedos mais do que os chupa, ou usa-os para estimular os lábios ou a língua.

Uma criancinha é forçada a observar uma série de tabus alimentares até que, atingindo dois anos de idade, uma irmã do seu pai lhe oferece os alimentos tabus, numa refeição cerimonial especial. Em vez de evidenciar o cuidado dos pais para com a criança, estes tabus expressam antes a inimizade. Quando adoece uma criança que ainda não está liberta de seus tabus, acusa-se alguém de lhe ter dado propositadamente alimentos proibidos, numa forma de ferir-lhe os pais. Quando um pai Mundugumor consegue encarar o filho como uma extensão do ego paterno, então, e somente então, o termo "meu filho" adquire uma ênfase que carece de ambivalência.

Embora haja alguma diferença entre o tratamento que a mulher dispensa ao menino e à menina, esta diferença apóia-se em um fundo geral de rejeição materna, de modo que ao observador o tratamento de ambos parece rude e hostil. Às menininhas ensinam, desde a mais tenra infância, que são desejáveis. Quando ainda contam algumas semanas de idade, já as sobrecarregam com enfeites de conchas, brincos de duas ou três polegadas de comprimento, colares e cintos de conchas do tamanho de fatias de limão. Dessa forma, são visivelmente diferenciadas dos irmãos, os quais perambulam em estado de nudez e sem enfeites. O interesse das mulheres na indumentária inclui, ocasionalmente, o vestir suas filhinhas com minúsculas saias de palha, fortemente coloridas; a menina não é educada a cuidar destas saias e as suja logo, ao que a mãe, enraivecida, arranca-lhe a saia suja e lhe diz que pode andar nua, devido ao seu mau comportamento. A menininha também se acostuma a ser exibida nos braços de um pai vaidoso, porém negligente, e ser alvo de comentário, receber pancadinhas no queixo ou cutucadas de outros homens.

Os meninos andam nus até os sete ou oito anos, época em que, nas condições atuais, vestem tangas. Parece que antigamente os homens Mundugumor andavam nus até adquirirem as honras de caçador de cabeças, ocasião em que adotavam uma cobertura púbica feita de pele de morcego, ornamentada com um pingente coberto de conchas. Cerca de dez anos atrás, e antes de serem controlados pelo governo, obtinham tecido dos povos do baixo Sepik e toda a população masculina acima de sete ou oito anos usava tangas. É interessante notar que, embora o hábito de usar roupas datasse de três gerações em Alitoa

197

e de apenas meia geração em Mundugumor, os homens Mundugumor sentiam muito mais vergonha em expor-se do que os de Alitoa, e os meninos pequenos apegavam-se mais vigorosamente às suas tangas.

As primeiras lições que uma criança Mundugumor aprende são uma série de proibições[3]. Não deve defecar dentro de casa. Não deve vadiar fora do alcance da vista. Não deve entrar na casa da outra esposa de seu pai e pedir comida. Não deve agarrar-se à mãe, por medo ou por afeição. Não deve chorar, a menos que deseje ser logo esbofeteada. Não deve exigir atenção, a não ser com os raríssimos adultos que gostam de crianças. Dentro do círculo de parentesco de toda criança, provavelmente existem uma ou duas pessoas dessas, um tio paterno modesto, delicado, ou alguma viúva que tornou a casar-se e leva uma vida quieta, não-agressiva, que não compete com suas co-esposas ou não pensa que valha a pena ser desagradável com os filhos delas. A possibilidade da criança recorrer de fato a tais refúgios depende, entretanto, das relações entre seus pais e o parente bondoso; se forem totalmente tensas, ser-lhe-á proibido entrar na casa da pessoa amável. Enquanto ainda muito pequenas, com quatro ou cinco anos de idade, as crianças são ensinadas — o menino pela mãe, a menina pelo pai — a classificar os parentes. Dificilmente se pode exagerar a importância deste detalhe: separar da criança o progenitor do mesmo sexo, e separar o irmão da irmã. O comportamento Mundugumor, no tocante ao parentesco, é muito diverso do comportamento Arapesh, onde a criança aprende a comportar-se quase identicamente para com qualquer pessoa, homem ou mulher, velha ou jovem, a quem designe por um termo de parentesco. Ao contrário, os Mundugumor dividem a família em três categorias de pessoas: aquelas com quem gracejam, aquelas a quem evitam por vergonha, e aquelas a quem tratam com graus variados de intimidade comum. Um parente gracejante não é uma pessoa com quem alguém pode gracejar se quiser, mas antes um parente em relação a quem o comportamento correto é o gracejo, uma espécie de comportamento tão fixado culturalmente quanto o aperto de mãos.

Talvez esclareça o assunto imaginar o que aconteceria na América se nos ensinassem a apertar a mão do tio, a beijar a mão da tia, ao passo que, frente ao avô, devessemos tirar o chapéu, jogar fora o cigarro ou cachim-

---

(3) As pessoas usam com extraordinária freqüência a forma imperativa. Quando penso num verbo, é sempre a forma imperativa que me vem à mente, num forte contraste com a minha lembrança dos Arapesh, entre os quais raramente se usa a forma imperativa.

bo, e permanecer rigidamente atencioso e, diante do primo, o comportamento correto fosse amassar o nariz com o polegar. Imaginemos ainda que, numa pequena comunidade rural consengüínea, as relações fossem trançadas até bem longe em cada linha genealógica, de modo que não só as irmãs da mãe e as do pai como também todas as primas de primeiro e mesmo de segundo grau, fossem chamadas de "tias", a tal ponto que haveria, na comunidade, uns vinte ou trinta parentes de diversas idades a quem seria preciso beijar as mãos e um número igual aos quais cumpriria apertar o próprio nariz. Ver-se-ia também que, num grupo tão grande, as "tias", os "tios", os "primos" seriam de todas as idades e apareceriam na mesma escola ou no mesmo grupo de brinquedos. Isso se assemelha à condição normal em uma sociedade primitiva que insiste num tratamento diferente para diferentes classes de parentes. Em Mundugumor, todos devem estar continuamente atentos e prontos a responder com o comportamento adequado. Deixar de gracejar é mais sério do que um americano deixar de cumprimentar devidamente um conhecido na rua. A falta pode tornar-se facilmente tão séria quanto deixar de saudar um oficial superior ou de agradecer um possível cumprimento amistoso do patrão. E, se o americano pode andar pela rua com o cuidado apenas de distinguir entre as pessoas que conhece e as que não conhece, e prestando atenção quanto à forma que a saudação deve assumir apenas o suficiente para regular seu entusiasmo ou sua familiaridade, em muitas sociedades primitivas exige-se um comportamento muito mais elaborado.

Dessa forma, uma criança Mundugumor aprende que todo aquele que se lhe aparenta na qualidade de irmão da mãe, irmã do pai, filho da irmã do pai, filho da irmã de um homem, filho do irmão de uma mulher, e seus cônjuges, é um parente zombante com quem deve empenhar-se em algazarras, em acusações de conduta inusual e inapropriada, gracejos cruéis e outras coisas semelhantes. Se um homem cruza com a irmã do pai — e isso se aplica não só à irmã legítima de seu pai, mas também a todas as mulheres que o pai chama de irmã, e que chamaríamos de primas do pai em primeiro, segundo e às vezes terceiro grau — bate-lhe nas costas, diz-lhe que está ficando velha, que provavelmente morrerá logo, que o enfeite de osso em seu nariz é horroroso e tenta tirar alguma noz de areca de sua cesta. Do mesmo modo, quando encontra um cunhado, qualquer homem a quem sua esposa chame de irmão, ou qualquer homem casado com uma mulher a quem ele chame de irmã, um homem deve mostrar-se tímido e circunspecto, não pode pedir-lhe noz de areca ou oferecer-se a compartilhar de sua comida, porém sau-

199

dá-lo com grande frieza mesclada de embaraço. O mundo se apresenta à criança desde cedo como um lugar onde existe grande número de relações fixas como estas, com um padrão de comportamento apropriado para uns e altamente inadequado e insultante para outros, um mundo em que a gente deve estar sempre alerta e sempre pronta a reagir corretamente e com espontaneidade aparente a estas demandas altamente formais. Não é um mundo em que alguém pode perambular alegremente, certo de um sorriso amigável, de um tapinha na cabeça e de um pedaço de noz de areca da parte de todos, em que a gente pode descontrair-se e ser alegre ou triste a seu talante. Mesmo a jovialidade não é, em nenhum sentido, um relaxamento para o Mundugumor; cumpre-lhe sempre estar alegre nas ocasiões certas e dirigir-se às pessoas certas; precisa sempre cuidar para que não ande por perto qualquer das pessoas em relação a quem, ou em cuja presença, tal comportamento seria incorreto. Isso dá uma qualidade de corda esticada a toda zombaria e gracejo; o riso Mundugumor é claro, mas não é feliz; tem um som áspero quando estala em seqüências definidas.

A este respeito, entretanto, a sociedade Mundugumor assemelha-se muito a numerosas outras sociedades primitivas e é algo similar a partes altamente formalizadas de nossa própria sociedade, como o exército e a marinha, onde existem limites rigorosos à quantidade de pilhéria e familiaridade permitidas entre, ou na presença de, homens de hierarquias diversas. Mas o sistema de corda dos Mundugumor suscita outras complicações. Cabe recordar que, ao longo de uma corda, enfileiram-se o homem, sua filha, o filho de sua filha, enquanto que sua esposa, seu filho e a filha de seu filho pertencem a outra corda. Essas organizações em corda são definidas em parte pela posse de nomes que ajudam a identificar uma mulher com sua avó paterna e um homem com seu avô materno. Na teoria subjacente a essa estrutura, um homem é socialmente idêntico ao avô materno e pode aplicar à geração do avô os mesmos termos de parentesco que o próprio avô usa; isto inclui chamar de "esposa" a avó materna. Tal emprego de termos de parentesco é congruente com o casamento ideal que reúne as cordas, mas é tão despido de significado no atual estado de desorganização da sociedade Mundugumor que hoje as pessoas expressam esta tendência a identificar membros de gerações alternadas, dizendo que a um menino é permitido pilheriar com os mesmos termos que seu avô emprega. Convertem assim uma questão formal e estrutural numa questão de licença. E os meninos pequenos — adultos não têm avós vivos com quem possam identificar-se — pavoneiam-se chamando de irmãos e irmãs,

200

esposas e cunhadas, homens e mulheres idosos. Como é pressuposto que a menina assuma a identidade social da avó paterna, deve aprender com o pai, que os conhece melhor do que a mãe, os detalhes de seu parentesco, e o mesmo vale para o menino — cabe à mãe instruí-lo nas suas relações de corda. Aqui, novamente, o que na forma constitui uma simples questão estrutural, os Mundugumor expressam como a ajuda da menina a seu pai e a ajuda do menino a sua mãe.

Através de suas relações de corda, maridos e esposas habitualmente se insultam entre si. Numa pequena comunidade endógama, é natural que os indivíduos sejam aparentados entre si por mais de um ramo genealógico. Assim, o tio da esposa de um homem pode ser também primo em segundo grau de sua mãe, a quem ele normalmente designaria[4] por "irmão da mãe", de preferência ao termo que significa "parente masculino mais velho por afinidade". Se o marido quer insultar a esposa, pode continuar a fazê-lo na presença dela e isso equivale a negar que está casado com ela. Da mesma forma, a mulher, ao insistir em suas relações consangüíneas distantes com algum parente Jo esposo, poderá insultá-lo e enfurecê-lo. A psicologia subjacente a este tipo formal de insulto torna-se muitas vezes perceptível em observações feitas dentro de um grupo familiar em nossa própria sociedade, quando uma mulher que está aborrecida com o marido se refere a ele, dirigindo--se aos filhos, como "vosso pai", com forte desassociação em sua voz, ou um filho pode falar do pai para sua mãe: "Isto é o tipo de coisa que teu marido faria". Os Mundugumor simplesmente se apoderaram desta forma conveniente de insulto e a padronizaram. Em conseqüência, o ensinamento que um pai ministra à filha quanto à sua linha de parentesco nunca é considerado primordialmente como um modo de orientá-la sobre a sua pertinência à corda, mas como uma tomada de posição contra a esposa. O pai cuida particularmente de indicar aquelas pessoas que são aparentadas a ele e à sua esposa nas formas mais contrastantes, de modo a garantir-se de que, toda vez que a filha abrir a boca para mencioná-los, ela esteja marcando um ponto evidente contra a mãe. Esta se vinga, instruindo o filho da mesma maneira.

Além de todas essas complicações, os Mundugumor alimentam forte prevenção, chegando quase a considerá-los incesto, contra casamentos entre as gerações, isto é, contra o casamento de um homem com qualquer jovem que ele classificaria como "filha", embora seja ela a filha de um

---

(4) Apesar da enorme importância dada aos termos de parentesco entre os Mundugumor, eles nunca os empregam no trato direto.

primo em quarto grau. O fato de ser a jovem classificada na mesma geração que a filha de seu pretendente parece--lhes suficiente para proibir o casamento. Na prática, entretanto, esses matrimônios e outros da mesma natureza, como o de um homem com uma mulher que ele chamaria "mãe" ou "tia", acontecem, e sempre que ocorrem, transtornam as inter-relações entre o grande número de pessoas. Já que normalmente, se não se verificassem tais casamentos, não haveria escolha de geração entre os termos aplicados a qualquer membro da comunidade, sempre que ocorre semelhante escolha, as ·pessoas se sentem constrangidas, envergonhadas, aborrecidas, como se estivessem na presença de um incesto. Entreolham-se furiosas, abandonam qualquer forma de comportamento de parentesco usada anteriormente, seja zombaria, intimidade ou timidez formal. Dizem: "Ele era irmão de minha mãe, até que se casou com minha irmã. Agora eu deveria chamá-lo de cunhado. Mas não o faço. Levanto-me e o encaro". Este olhar, que substitui todas as outras formas de comportamento, é de ódio e de vergonha e é o comportamento que caracteriza a atitude de um indivíduo para com um terço quase da comunidade.

É este, portanto, o mundo onde é introduzido o menino em crescimento, que procura classificar aqueles a quem vê todos os dias. Aprende que este e aquele homem ou menino é "irmão da mãe", significando que é preciso fazer um escândalo sempre que aparece em cena. Isto também é verdade, com maltratos físicos ligeiramente menores, no tocante àquelas que recebem a classificação de "irmã do pai". O garoto aprende que os termos que sua mãe lhe ensina a empregar irritam o pai. Aprende que ele e a irmã não classificam as pessoas da mesma maneira e não têm a mesma liberdade de entrar nas mesmas casas. Isso, descobre ele, também é verdade para si e para seus meios-irmãos. Aprende mais tarde que com o próprio irmão ele deve ser arrogante e distante, de modo que a presença do irmão, da irmã, do pai, de qualquer dos irmãos do pai, ou de quaisquer dos parentes classificados como parentes afins, tolhe seu comportamento com respeito àqueles parentes com quem deve pilheriar. Também aprende que, usando as trilhas genealógicas pelas quais se identifica com os membros da genealogia de seu avô, lhe é permitido dirigir-se a homens adultos de maneira desdenhosa, com termos que os tornam inferiores a ele próprio em idade e geração. Quando cresce um pouco mais, aprende que todas as meninas que chama de "irmãs", embora não sejam suas irmãs verdadeiras, porém simplesmente primas em primeiro e segundo grau, estão numa especial relação de zombaria, o que exige uma troca contínua de comentários

202

escatológicos muito amplos, que elas retribuirão nos mesmos termos. São estas as moças com quem não deveria casar; mas, se ele a desposar, a consciência social não ficará muito abalada, as relações entre as gerações não serão alteradas e ninguém terá de "simplesmente levantar-se e encarar". Todavia, se um homem se casa com mulher dessa relação, terá de abandonar imediatamente toda esta conversa levemente escatológica, que não é apropriada entre marido e mulher. A possibilidade de poder, talvez, casar-se com uma das jovens a quem critica a falta de higiene pessoal acrescenta um efeito picante à pilhéria, que equivaleria mais ou menos entre nós ao flerte de um homem com uma mulher que ele suspeita possa tornar-se sua sogra. Tudo, nesse entrecho, o menino e a menina vêem e assimilam.

As casas em que uma criança pode entrar, as pessoas a quem pode pedir comida ou água, a quem pode acompanhar nas expedições, tudo isso é regulado por estas múltiplas considerações somadas ao estado atual das relações pessoais de seus pais com os outros, devido a brigas ou desacordos recentes. E todos esses pontos são expressos negativamente: "Você não pode entrar nesta casa" e não "Você *pode* entrar nesta outra". Não é de surpreender que as relações de parentesco e as relações pessoais tornem uma criança nervosa e apreensiva e que chegue a associar todo o problema com o desconforto, a dificuldade, os desentendimentos e as brigas. O fato dos irmãos de sua mãe lhe oferecerem refúgio contra seu pai, dos irmãos de seu pai em alguns casos também lhe darem abrigo, são eventos agradáveis num contexto desagradável, servindo apenas para reacentuar o conflito que existe em toda parte à sua volta.

Os grupos de brinquedo entre as crianças também são acometidos pela questão de parentesco, pois, usando a liberdade "de irmãos da mãe", os meninos mais velhos vivem beliscando, empurrando, ameaçando, irritando e maltratando os menores. É esta a única vez em que as associações casuais de crianças pequenas são invadidas pelo mundo adulto, a não ser que dirijam seus passos para a água, sendo por isso ralhadas e talvez surradas. De resto, pequenos andam de um lado para o outro, brincando com reluzentes laranjas, não-comestíveis, que se espalham pelo chão, equilibrando-as no ar, ou jogando-as nos outros. Ou se entregam a pequenos e intermináveis jogos com as mãos, com pedaços de varas, ou com os dedos do pé, em que a ênfase recai sempre na habilidade com que o truque é executado e onde cada criança procura imitar e superar a outra. Dentro deste grupo competitivo mas não organizado, surgem crianças mais velhas, armadas do direito

203

de oprimir, direito que utilizam plenamente. Entretanto, se um "irmão da mãe" de doze anos levar às lágrimas o "filho da irmã" de quatro anos, um de seus próprios irmãos que passe por perto pode usar este fato como pretexto para sová-lo vigorosamente, na defesa teórica da pequena vítima, que também é "filho de sua irmã". De um jeito ou de outro, as regras de parentescos são utilizadas entre pré-adolescentes para dar permissão, permissão de importunar crianças menores, permissão de insultar o pai ou a mãe de alguém e permissão de humilhar pessoas mais velhas. Isto poderá compensá-los, de alguma maneira, da vergonha que os ensinaram a sentir com respeito a parentescos afins e a parentescos ligados a casamentos irregulares. Quando os meninos chegam aos oito ou dez anos de idade, os padrões de jogos de grupo entre meninos — as crianças Mundugumor nunca brincam em grupos mistos — baseiam-se totalmente no parentesco. O espectador que não soubesse disso observaria, com espanto, a infindável exibição de violência física, que é retribuída da mesma forma sem mostras de ressentimento. Ninguém deve ressentir-se com uma pancada dada pelo "irmão da mãe" ou pelo "filho da irmã", e assim os pequenos crescem acostumados a agüentar muitos golpes e a um tratamento brutal. Só quando dois irmãos se envolvem numa disputa é que o tom emocional se altera.

As meninas, por outro lado, nunca formam grupos de brinquedo e não possuem padrões de comportamento social tão fixados. Existem vários aspectos da estrutura social que favorecem a manutenção entre as meninas de relações mais cômodas. Isso não quer dizer que as irmãs sejam sempre amistosas entre si; a atmosfera geral de briga, competição e inveja é demasiado grande para tanto. Não há insistência em que as irmãs se comportem entre si de maneira formal distante, e as meias-irmãs pertencem à mesma corda. Há também uma relação íntima entre uma menina e a outra por quem foi trocada; são mencionadas como a "devolução" uma da outra e não há ênfase na rivalidade ou na injustiça, como acontece tão amiúde entre cunhados. Finalmente, o quadro comum do casamento, o ideal social, é o de um marido e várias esposas se entenderem mal no conjunto, embora se recusem uma a alimentar o filho da outra e vivam em constante briga pela honra de ser convidada à cesta de dormir do marido; mesmo assim formam uma das organizações semicooperativas mais permanentes em Mundugumor. Vivem no mesmo complexo, vêem-se constantemente e nenhuma evitação formalizada ou comportamento de zombaria as separa ou lhes regula a conduta. Chamam-se entre si de "irmãs" e reproduzem a constelação de filhas à volta do

204

pai do lar polígino. O elemento de extremo desconforto que caracteriza os casamentos irregulares se introduz no complexo quando um homem desposa uma viúva que tenha uma filha e posteriormente se casa com esta filha; ou quando ele se casa com uma jovem antes prometida a um de seus filhos. No caso, a violação do tabu das gerações é sentida de fato com muita intensidade; e mãe e filha que são esposas de um mesmo homem podem recusar-se a falar uma com a outra ou recorrer a ofensas públicas tão violentas que a mais facilmente ofendida pode cometer o suicídio. Entretanto, às vezes, num complexo encontram-se doze ou quinze mulheres e elas tendem, na ausência de regras de conduta fixas entre si, a formar alianças inconstantes dentro das quais o grau de inimizade é pelo menos menor do que com relação a outros grupos ou trios. Tudo isso fornece um plano básico que possibilita a um grupo de jovens ficar sentado conversando calmamente ou fazendo saias de palha, sem as restrições impostas pela insistência na evitação, na zombaria ou na timidez. As meninas muito novas seguem as irmãs mais velhas, imitando seu azafamado e alegre comportamento.

A criança adquire, através de sua experiência no grupo ocasional de criancinhas, um forte grau de independência e devolve golpe por golpe, valorizando sua liberdade física. Desde a mais tenra infância, tanto as meninas quanto os meninos são habituados a indignar-se e a combater as interferências. Mais do que de tudo, as crianças Mundugumor muito pequenas se ressentem de terem os braços imóveis; e as deixa quase frenéticas o serem seguras na presença de algo que as amedrônta. O braço confinante não significa segurança; significa evasão tolhida. A única proteção sempre oferecida às crianças é a posição sobre os ombros do pai, onde se seguram bem acima do mundo, e por esforço próprio. Quando um pouco mais velhas, até mesmo este socorro lhes é negado, e a criança amedrontada ou zangada se refugia num mosquiteiro vazio e lá permanece, imaginando uma vingança, até que suas lágrimas secam. Jamais uma gentileza ou carinho lhes foi dirigido a fim de torná-los dóceis. À medida que crescem, as meninas se ligam, com forte sentimento sectário, a alguma menina mais velha ou mulher de sua pequena localidade; os meninos fazem o mesmo. Entrementes, suas relações com seus pais fazem-se mais e mais tensas. Meninos de sete anos desafiam os pais e abandonam o lar. Os pais não os perseguem. Porém, à medida que se aproximam da adolescência, as meninas são observadas com um cuidado ciumento, com uma vigilância humilhante que as enfurece. E por trás desta diferença de tratamento de meninos e meninas, não existe teoria de que as mulheres diferem dos homens no temperamento. São consideradas igualmente violentas, agressivas e ciumentas. Simplesmente não são tão fortes do ponto de vista físico, conquanto muitas vezes possam sustentar uma boa luta e um marido que deseje surrar a esposa toma o cuidado de armar-se de uma mandíbula de crocodilo e certificar-se de que ela não está armada. Mas, via de regra, a mulher não possui armas; não foram ensinadas a usar armas e a gravidez as reconduzirá à razão, se nenhuma outra coisa o fizer. Daí por que, apesar das mulheres escolherem os homens com a mesma freqüência com que os homens as escolhem, a sociedade é construída de forma que os homens lutem pelas mulheres, e estas burlem, desafiem e compliquem esta luta na medida das suas habilidades. Assim, as meninas crescem tão agressivas quanto os meninos, sem qualquer expectativa de aceitarem docilmente seu papel na vida.

Dessa forma, antes de atingir a adolescência, o menino compreende o comportamento que é exigido dele e ressente-se disso. Seu mundo é dividido em pessoas acerca de cada uma das quais há uma série de proibições, cuidados e restrições. Imagina o seu parentesco com outros em termos das coisas que lhe são proibidas com respeito a eles, e em termos de atitudes hostis que pode assumir: as casas em que não pode entrar, os meninos a quem não deve irritar ou esmurrar, porque são seus "cunhados", e as menininhas cujo cabelo pode puxar, os garotos a quem pode maltratar, os homens de cujas cestas pode roubar noz de areca ou fumo. Sabe que de uma ou de outra forma terá de lutar por sua esposa, ou lutar com o pai que quererá tomar-lhe a irmã, ou com o irmão pelo mesmo motivo, ou com algum provável cunhado que lha roubará, ou, no caso de não ter irmã ou de tê-la perdido, terá de raptar uma esposa e lutar com os irmãos dela. A menina sabe que será o centro de tais conflitos, que os varões de sua família já a encaram com vistas aos seus planos matrimoniais, que, se for trocada ainda menina, pré-adolescente, entrará num lar para onde irá simplesmente transferir-se a disputa: em vez do pai e os irmãos brigarem para ver quem irá trocá-la, o marido, o pai e os irmãos dêle hão de fazê-lo para ver quem ficará com ela.

Quando um menino, ou mais raramente uma menina completam oito ou nove anos, ele ou ela pode passar pela experiência de ir como refém a uma tribo estranha, enquanto se fazem os acordos para uma caçada de cabeças. Embora nem todas as crianças devam sofrer esta experiência, e algumas a passem por ela mais de uma vez, constitui significativa mostra do vigor da personalidade da criança que qualquer delas seja considerada capaz de su-

206

portar semelhante prova. Amedrontada, sem compreender a língua, entre rostos estranhos, sons estranhos, cheiros desconhecidos, ingerindo alimentos estranhos, o pequeno refém às vezes permanece semanas ou até meses nesta atmosfera hostil. E ocasionalmente tais crianças reféns são enviadas a aldeias Mundugumor, onde são importunadas e maltratadas pelas crianças da tribo. Cada criança tem diante de si, portanto, a possibilidade do que conhece pelas histórias de outras crianças e pelas crianças estranhas a quem ela própria maltratou.

Algum tempo antes de se tornar adolescente, mais de um menino Mundugumor é obrigado a liquidar um cativo para o festim canibal. Não se trata de privilégio ou de honra. O pai não captura ou compra[5] uma vítima para que o filho possa usar condecorações homicidas — como é feito em outras partes da região do Sepik. A criança executa a matança para que os homens das outras aldeias não digam: "Vocês não têm crianças, os homens adultos é que precisam liquidar seus prisioneiros?" Nenhuma condecoração lhe é dada por esta matança e, a menos que sacrifique outras cabeças, tornar-se-á objeto de reprovação: "Você! Quando criança, você matou um prisioneiro que estava firmemente amarrado. Mas desde então não matou mais ninguém. Você não é guerreiro!"

O resultado deste adestramento espartano é que as crianças Mundugumor pré-adolescentes têm uma aparência de rude maturidade e, exceto na experiência sexual, estão virtualmente assimiladas aos padrões individualistas de sua sociedade, quando atingem doze ou treze anos. A iniciação chega às meninas como um privilégio que lhes é concedido na proporção de sua agressividade e exigência e aos meninos como um castigo do qual não podem escapar. Serve para apagar a diferença no montante de liberdade permitida às meninas e aos meninos, pois enquanto as meninas adolescentes se enfileiram para observar os objetos sagrados, os meninos adolescentes são cercados de golpes e maldições e escarificados com crânios de crocodilos, uma prática sádica que obviamente agrada os seus atormentadores. A iniciação não se dá num período estabelecido, mas depende da época em que um grande homem oferece uma cerimônia de iniciação; assim, ocorre várias vezes na vida de um menino ou de uma menina de doze a vinte anos. Não são *rites de passage*, rituais que orientam o indivíduo nas

---

(5) As vítimas eram vendidas ou trocadas, na eventualidade do grupo captor não desejar comer um membro de outro grupo com quem estava em termos razoavelmente íntimos. Aqui, como em todas as discussões de guerra, caçada de cabeças e canibalismo, deve-se lembrar que o tempo presente é usado apenas no sentido estilístico, e que o governo suprimiu tais práticas.

mudanças de sua vida; é meramente algo que, se forem meninos, a sociedade lhes impõe e, se forem meninas, lhes permite numa época em que são jovens e imaturos.

A experiência real de ver uma das figuras ou máscaras sagradas é nobre e inspiradora de respeito. A cerimônia é preparada com dias de antecedência; na aldeia, todas as brigas e gritarias são silenciadas, as flautas tocam pela manhã e à noite, a atenção de todos está voltada a um fim comum. Os iniciados são solenemente conduzidos à presença das figuras sagradas, que foram dispostas, para melhor realce, numa casa quase escura. São instruídos a respeito dos tabus alimentares que tal privilégio lhes impõe; e são essas as únicas restrições aceitas de boa vontade pelos Mundugumor. Porém, entrar e ver as flautas sagradas com seus altos e finos pedestais incrustados de conchas, encimadas por uma figura de manequim com enorme cabeça, ostentando um diadema de conchas e centenas de graciosas e valiosas decorações, do meio das quais brilham seus olhos de madrepérolas, é uma experiência da maior importância. Em torno dessas flautas sagradas, a propriedade hereditária de uma corda, o quase-equivalente de uma mulher, flautas essas em que foram esbanjadas toda a habilidade artística dos melhores escultores e as preciosas conchas estimadas por todo um grupo de homens, centraliza-se o orgulho dos Mundugumor. Em relação às suas terras, às suas casas, às suas propriedades vagas, são descuidados, pródigos e muitas vezes generosos. Não são um povo ganancioso, interessado em acumular propriedades. Mas de suas flautas são extraordinariamente orgulhosos; chamam-nas por expressões de parentesco, oferecem-lhes alimento com um grande floreio; e numa explosão final de vergonha e ódio um homem pode "quebrar a sua flauta", isto é, desmontá-la, tirar-lhe toda a graciosa ornamentação e retirar-lhe o nome. Que os jovens sejam por fim autorizados a contemplar esses objetos tão-somente entre golpes e maltratos jubilosos representa apenas um acento a mais na hostilidade existente entre todos os homens. Para as meninas, com seu direito de escolher seus papéis, isso intensifica seu senso de independência. Para ambos os sexos, a iniciação constituir-se-á provavelmente em pivô de briga entre os pais e virá somente quando seu orgulho for pungido pela exclusão.

12. JUVENTUDE E CASAMENTO ENTRE OS MUNDUGUMOR

As condições dos Mundugumor se caracterizam pela impossibilidade de discutir o desenvolvimento das crianças como um processo ordenado no qual todos os jovens de determinada idade tenham experiências semelhantes. Por não haver proteção sistemática aos moços, nenhuma amenização parental das dificuldades para os imaturos, nenhuma preocupação social com a educação e disciplina das crianças, existe enorme discrepância entre as posições sociais de dois jovens da mesma idade. Um menino de onze anos passou às vezes três estações como refém em tribos estranhas, lutou com o pai e abandonou o lar, apenas para voltar zangado e tentar defender a noiva de dezesseis anos, em cuja presença fica melindrado e envergonhado.

Outro da mesma idade pode continuar o filhinho da mamãe; foi poupado talvez de qualquer experiência de refém, do conflito com o pai, pois é muito mais velho do que qualquer de suas irmãs e, assim, não surgiu ainda a questão de seus casamentos; o pai, não tendo filhas que trabalhem com ele, poderá trabalhar ainda com a esposa, de tal modo que o rapaz nem é o sustentáculo econômico da mãe. Um talvez seja iniciado, o outro não. Grupos de meninos que passaram por experiências tão incisivamente diversas têm pouquíssima coerência. Às vezes, acontece a um grupo de rapazes efetuar jogos, onde sempre há dois lados e vigorosa competição, ou agrupar-se em atividades ilegais, saindo para viver na mata, roubar das plantações, caçar e cozinhar sua própria caça. Fazem-no muito raramente, mas cada rapaz recorda com entusiasmo essas noites na mata e a farra com o alimento roubado, algo arrefecida pelo medo dos *marsalais* da selva.

A ocupação usual de um menino é ajudar a mãe ou algum parente masculino mais velho — em geral nem ao pai nem ao irmão — na cata de madeira para a construção de casas ou outros trabalhos, na caça de pombos, na derrubada de troncos de sagüeiros para fazer armadilhas de lagartas, ou na coleta de fruta-pão para uma festa. Toda essa atividade é casual e dessultória, nunca planejada, exceto quando há uma festa à vista. Um menino adolescente pode passar uma porção de tempo com algum homem jovem, como um cunhado, por exemplo, durante semanas, até que algum pequeno insulto os separe totalmente e o par nunca mais será visto junto.

As meninas dessa idade também se acham divididas por sua experiência; algumas são casadas e moram em casa das sogras, outras foram mantidas com êxito em casa por pais ciumentos. Enquanto as meninas comprometidas podem estar irritadas com a indignidade de terem esposos novos demais para copularem com elas, ou demasiado velhos para serem desejáveis, as meninas não-comprometidas se amofinam porque os pais as seguem por toda parte e jamais lhes permitem qualquer isolamento. Formam-se às vezes alianças temporárias na busca de aventuras amorosas, porém, na maioria dos casos, cada par de amantes Mundugumor age em completo segredo. As implicações de uma aventura amorosa são tão perigosas que não é aconselhável confiar em quem quer que seja. Em fase de todos os conflitos Mundugumor no tocante a casamentos arranjados, existe violenta preferência pela seleção individual do cônjuge. Crianças que foram acostumadas a lutar até mesmo pelas primeiras gotas de leite não aceitam docilmente os casamentos prescritos, arrumados para conveniência de outras pessoas. Quase toda menina, comprometida

210

ou não, exibe sua pele lustrosa, sua saia de palha alegre e moderna, com os olhos à procura de um pretendente; e rapazes e homens ficam alertas ao mais leve sinal de favor. As aventuras amorosas dos jovens solteiros são inopinadas e altamente carregadas, caracterizadas mais pela paixão do que por carinho ou romance. Algumas poucas palavras apressadamente sussurradas, um encontro murmurado à passagem por uma trilha, são em geral o único intercâmbio entre eles depois que se escolheram um ao outro, e antes que a escolha se expresse em intercurso sexual. O elemento tempo e descoberta sempre se faz presente, incitando-os à relação apressada, a mais rápida possível. As palavras com que um homem algo mais velho aconselha um rapaz dão o tom destes encontros: "Quando você encontrar uma menina na mata e copular com ela, tome o cuidado de voltar depressa à aldeia e com uma explicação para justificar o seu sumiço. Se a corda de seu arco estiver partida, diga que ela esbarrou num arbusto do caminho. Se suas flechas estiverem quebradas, explique que tropeçou e enredou-as num galho. Se sua tanga estiver rasgada, ou o rosto arranhado, ou o cabelo despenteado, esteja pronto com uma explicação. Diga que caiu, que prendeu o pé, que estava correndo atrás de caça. Caso contrário, os outros rirão em sua cara quando você voltar". À menina aconselha-se de forma semelhante: "Se seus brincos foram arrancados das orelhas e o fio do seu colar arrebentar, se sua saia de palha rasgar e ficar enlameada, e seu rosto e braços arranhados e sangrando, diga que se assustou, que ouviu um ruído no mato, correu e caiu. De outra forma, as pessoas lhe lançarão ao rosto que você se encontrou com um amante". O prelúdio desses breves encontros assume a forma de um jogo violento de mordidas e arranhões, calculado para produzir a máxima excitação no menor período de tempo. Quebrar as flechas ou a cesta do amado é uma forma-padrão de demonstrar paixão devoradora, assim como arrancar os enfeites e arrebentá-los, se possível.

Antes de se casar, a moça pode ter muitas aventuras, cada uma caracterizada pela mesma violência célere; mas é um risco. Se o caso for descoberto, a comunidade inteira saberá que já não é virgem; e os Mundugumor dão valor à virgindade de suas filhas e noivas. Somente uma virgem pode ser oferecida em troca de outra virgem, e uma jovem que se sabe ter perdido a virgindade só pode ser trocada por outra cujo valor de permuta esteja da mesma forma prejudicado. Entretanto, se um homem se casa com uma jovem e então descobre que ela não é virgem, nada diz, pois agora sua própria reputação está envolvida e as pessoas zombariam dele.

211

Algumas vezes, os encontros no mato sofrem variação, quando um amante aceito se introduz furtivamente na cama-cesta da moça durante a noite. Os pais, se o desejarem, podem dormir com as filhas adolescentes até elas se casarem, e as mães gozam de direitos semelhantes em relação aos filhos. Pais particularmente ciumentos e mães particularmente dominadoras usam deste privilégio. Entretanto, freqüentemente, permite-se que duas meninas durmam juntas numa cesta; se uma do par está fora, a outra fica com a cesta temporariamente para si. Se receber um amante na sua cesta de dormir, corre o risco não só de ser descoberta, mas também de sofrer um dano real, pois um pai enfurecido que descobre o intruso pode amarrar a abertura da cesta de dormir e jogar o casal escada abaixo, escada que é quase perpendicular e mede uns seis ou sete pés de altura. A cesta pode receber, às vezes, uma boa dose de pontapés e mesmo uma espetada de lança ou de flecha antes de ser aberta. O resultado é que este tipo de namoro, embora empregado muito raramente por amantes desesperados na estação das águas, quando o mato fica inundado, não é muito popular. Os jovens contam, com respiração contida, os notáveis azares que sofreram seus antepassados, azares tão ruidosamente humilhantes e prejudiciais ao orgulho e à pessoa que se tornaram sagas de hilaridade. Enquanto o amante de outra aldeia, por isso mesmo, dificilmente se arriscará a marcar um encontro dentro de casa, as novas relações entre pessoas domiciliadas temporariamente juntas são estabelecidas amiúde desta forma, onde o risco é bem menor.

O mosquiteiro desempenha na vida dos Mundugumor um papel constantemente recorrente. Quando bebê, a criança é carregada na cesta com a cabeça firmemente presa sob os braços da mãe, por medo de que venha a quebrar o pescoço. Pouco mais tarde, crianças assustadas e adultos amuados escondem-se em seus mosquiteiros. Os pais irritados expulsam os filhos dos mosquiteiros, obrigando-os a passar fora uma noite fria e atormentados por mosquitos. Outros pais amarram a abertura das cestas de suas filhas adolescentes com uma lança ou forçam os filhos adolescentes a dormirem numa plataforma exposta, sem proteção de qualquer espécie. Todas as idéias de segredo, dissimulação, orgulho ferido, lágrimas, raiva ou delinqüência sexual centralizam-se nos mosquiteiros, que permitem um grau de isolamento inusitado em sociedades primitivas. Se um encontro entre amantes no mato é violento e atlético, um encontro na cesta tem de ocorrer em absoluto silêncio e relativa imobilidade — uma forma de atividade sexual que os Mundugumor consideram muito menos satisfatória. Na vida conjugal ulterior, homens que

212

estão muito interessados nas esposas acompanham-nas ao mato, ostensivamente para auxiliá-las no trabalho, mas de fato para copular com elas nas condições de namoro, em que é permitida batalha impetuosa. É possível intensificar as delícias desses encontros no mato pela cópula em plantações de outros, ato que lhes estragará as colheitas de inhame. Tais expedições de pares casados ao mato constituem uma forma de exibicionismo lícito, que as pessoas observam com olhar malicioso e divertido: "Oh! ele foi *ajudar* a mulher a cortar sagu. Ele a *ajudou* ontem também". A oscilação entre a extrema reserva e uma franqueza tão descarada permeia todo o comportamento Mundugumor. Em certo momento, uma mulher se recusa a usar quaisquer ornamentos dados a ela pelo marido e insiste em não usar outros enfeites exceto os que recebeu do pai ou do irmão; em outro, põe-se a gritar a uma co-esposa ofensas declaradas e fortes pretensões pessoais sobre o esposo. Um homem que ao deixar um grupo cerimonial está habituado a receber a recomendação de despedida: "Não pare para copular com sua mulher. Volte logo. Todos nós sabemos o que provavelmente você vai fazer!", de repente ficará louco de raiva ao descobrir que dois rapazelhos estiveram espiando a ele e à esposa por trás de um cepo. Poderá zangar-se de tal modo a tentar matar os meninos com feitiçaria. As mudanças entre um profundo sens de inviolabilidade e intimidade pessoal e as mais rudes e rabelaisianas referências a todas as atividades da pessoa ressoam continuamente sob a capa de várias relações jocosas. Como resultado, toda conversa, especialmente sobre assuntos pertinentes ao sexo, assume a feição de um jogo de bola com granadas de mão. O propósito do jogo é efetuar o mais insuportável comentário, que o alvo visado suportará sem recorrer a uma lança, à feitiçaria, à destruição de sua própria propriedade ou ao suicídio. É contra um fundo assim de comentários abertos e de franco desfrute sádico do embaraço alheio que os jovens amantes precisam precaver-se com álibis prontos para seus ferimentos.

Nas rápidas e violentas aventuras amorosas dos jovens logo se desenvolve forte sentido de posse, em especial de parte da moça em sua primeira aventura. Os homens casados têm mais casos do que as mulheres casadas. O primeiro amante de uma jovem é, em geral, um homem casado. Ela tentará persuadi-lo a fugir com ela; com freqüência, resolverá o caso sozinha, indo viver com ele, a despeito de suas prudentes objeções. Muito raramente tem ela um pai simpático e camarada, ou o amante tem uma irmã mais jovem, não-comprometida e disponível para ser trocada como esposa do irmão da moça, caso em que lhe será possível contar ao pai que escolhera tal e tal amante. Então o caso será talvez tranqüilamente resolvido entre os pais dos amantes e a jovem irá para a casa de seu amado com pouca cerimônia. Nesta hipótese, poderá levar a flauta sagrada coberta de conchas que é seu dote, e que passará a seu filho, ou lhe será dada somente após o nascimento do primeiro filho. Se, de outro lado, a jovem está comprometida, ou o amante não tem irmãs que possam ser permutadas por ela, o conflito será inevitável. Fixa-se um dia para a fuga e o amante reúne à sua volta tantos parentes varões quantos conseguir convocar. A jovem foge para um local combinado e o grupo de homens se junta ali para defendê-la. Caso possa fazê-lo, levará consigo a flauta sagrada, que de outra forma os parentes do sexo masculino, irados, tentarão negar-lhe. Os parentes perseguem-na e trava-se a batalha, que varia em encarniçamento conforme as probabilidades de um pagamento de compensação e em proporção à dominância do pai e dos irmãos sobre ela. Cerca de um terço dos casamentos Mundugumor se inicia desta maneira violenta.

A terceira forma de casamento é o arranjo entre dois adolescentes muito jovens, arranjos que geralmente obedecem a uma das duas formas de casamento por escolha, as quais, porém, às vezes, se houver dois pares de irmãos de algum modo próximos da idade adequada, farão parte da cerimônia de um acordo de paz entre os dois pais em questão. Pelo desejo desesperado de trocar irmã por irmã, os Mundugumor prestam pouca atenção às idades relativas. Uma irmã de dezesseis anos é considerada propriedade do irmão de cinco anos. Quando ela escolhe um marido, ou mesmo quando lhe arranjam um casamento permitido, a esposa dele também deve ser escolhida — e esta poderá ter qualquer idade, de um até quatorze ou quinze anos. Se a jovem que é dada em troca se abeira da adolescência, é enviada quase imediatamente à casa de seu prometido, não para que venha a gostar de viver lá, nem para que a transição de um lar a outro se torne fácil e suave, mas a fim de que seus próprios parentes transfiram a responsabilidade de sua fuga, se esta ocorrer. Lavaram as mãos de toda a questão; pagaram pela esposa do filho e já não podem ser considerados responsáveis. Apressadamente, sem cerimônia, passam a menina pré-adolescente aos futuros sogros.

A menina enviada para resgatar a dívida do irmão ingressa numa situação bem definida do ponto de vista cultural. Seu esposo é quase sempre mais jovem do que ela; e mesmo que contem quase a mesma idade, quando muito ele estará exatamente na idade de sentir-se desconcertado e infeliz por ter uma esposa. Ela não o escolheu;

214

não espera ser-lhe de qualquer utilidade. Ele a evitará, resmungará irritado quando a mencionarem como sua mulher e, no entanto, observará com ciúmes qualquer movimento seu, continuamente instruído pela mãe quanto à necessidade de defender seus direitos de posse. Sendo ainda muito jovem para possuí-la sexualmente, esta auto-afirmação nervosa tende a transformar-se em espionagem. Enquanto isso, os mais velhos estão divididos. Pode acontecer que, à medida que se desenvolva, a mocinha chame a atenção do pai ou de um irmão mais velho de seu esposo-menino. Nesse caso, trava-se uma luta dentro de casa, a qual depende antes de tudo da força das diferentes personalidades e, em certa medida, da própria menina. Se ela prefere um membro da família a outro, sua escolha é freqüentemente decisiva; se odeia a família inteira como grupo de pessoas que lhe foram impostas, será puxada de um lado para o outro com pouquíssima voz sobre o assunto, a menos que consiga achar um amante que a rapte. Se nenhum membro mais velho da casa a desejar, ou considerar que é seguro obtê-la, a atenção da casa concentrar-se-á em vigiar-lhe os passos e essa vigilância será mais rígida do que a propiciada por seus parentes consangüíneos, pois suas possibilidades de reclamá-la ou de conseguir algo por sua troca serão menores. Assim, o grupo afim tentará a consumação do casamento o mais depressa possível. Concordam com os Arapesh em que indulgência sexual precoce tolhe o crescimento do menino; porém, longe de adotar o costume Arapesh de impedir semelhante indulgência, os Mundugumor, em verdade, forçam o rapaz neste sentido. Uma vez casado, pode dedicar-se à esposa e, quanto a ela, pode permanecer com êle em lugar de fugir; um bocado de aborrecimentos serão evitados. Desta maneira, dois jovens hostis e mal-humorados são entrouxados num mosquiteiro. Se brigarem de modo que seja expulso, ninguém na casa abrigará aquele que foi posto fora; ele ou ela terá de dormir entre os mosquitos. Se o rapaz se refugiar junto a algum parente e se recusar a ter qualquer coisa com a moça, perde o direito de exigir que sua família lhe forneça uma espôsa. A família cumpriu a obrigação e ele se recusou a aceitar a mulher que lhe proporcionaram. Às vezes ele foge, outras vezes ela arranja um amante. Entretanto, a môça é, em geral, muito nova e imatura para fazê-lo; na maioria dos casos, os dois, se são quase da mesma idade, permanecem juntos, pelo menos por alguns anos. Nessa altura, o homem tem uma primeira esposa a quem está ligado mais por laços de costume do que de desejo. Se ela engravidar, ele se sentirá menos aborrecido do que se a esposa fosse de sua escolha apaixonada. Jovem, mirrado, transtornado e agastado, ele se vê pai. E a jovem, uma vez sobrecarregada com uma criança, vê diminuídas suas probabilidades de escapar algum dia, pois os homens Mundugumor podem ter aventuras com mulheres casadas, mas não alimentam qualquer interesse em desposar uma mulher com filhos. Estas jovens esposas cedo se apegam aos filhos, e na meia idade assemelham-se mais a viúvas do que a esposas. De fato, verifiquei que, em meus pensamentos, eu me referia continuamente às mães dos meninos adolescentes como "viúvas", embora pudessem ser, na verdade, as primeiras esposas de homens fortes e robustos.

É esta, pois, a estrutura da sociedade Mundugumor dentro da qual os jovens crescem, se casam e têm filhos. Há ênfase sobre a virgindade, mas existe também um grupo vigorosa e positivamente sexuado de moças que planejam suas próprias aventuras a despeito de uma restrita vigilância. Há um padrão social que prescreve ser a irmã usada como pagamento pela esposa do irmão, mas este padrão é continuamente desrespeitado pelo pai, pelo irmão e pelo amante sem irmã que tenta raptá-la. Os casamentos que se firmam são, primeiro, os casamentos arranjados entre os demasiado jovens, que duram por serem os cônjuges muito novos para escapar-lhe e, segundo, o casamento por escolha, no qual uma ligação intensa e apaixonada é posta em surdina pela gravidez, por outra mulher, pelas brigas e ciúmes conseqüentes. Enfim, a morte e a redistribuição das viúvas criam mais confusão, disputa entre os herdeiros varões, querelas nas casas políginas, sobretudo quando a mulher traz consigo uma filha ou um filho parcialmente crescido. Enquanto o rapto de uma mulher é problema da comunidade inteira, as brigas dentro do lar são freqüentes e têm pouco efeito fora do complexo. Um homem pode surrar a esposa de tal modo que ela se pinte de branco em sinal de luto e vá sentar-se longe da casa, lamentando-se cerimonialmente para que todos os transeuntes a vejam. Estes podem parar por curiosidade, mas nem sequer os próprios irmãos dela se intrometem. Não se trata de uma sociedade onde as mulheres são consideradas fracas e necessitadas da assistência masculina. Quando a mulher se torna intratável, esposo e irmãos se reúnem para chamá-la à ordem. Embora o transtorno por elas provocado seja de ordem diversa do provocado pelos homens e esteja confinado mais ao campo das relações pessoais, elas são encaradas como desordeiras totalmente responsáveis e não como pessoas necessitadas de proteção ou orientação. Pelo fato de ser a menina, freqüentemente, mais madura do que o menino, ou devido às condições de troca do casamento, ou por ter ela dado o primeiro passo numa aventura, muitos casamentos de jovens são dominados pela esposa, mais agressiva e madura. À medida que envelhece, o esposo se torna mais conscientede suas próprias forças e está pronto a exercer sua iniciativa na corte de mulheres mais jovens, se possível. A esposa agressiva prossegue em sua rota agressiva, agindo agora através de seu filho. Não é uma sociedade onde cada um se aposenta de bom grado. Avós que enviuvaram recentemente e tornaram a se casar procuram com forte empenho atrair a atenção dos maridos, contando com a novidade de seus encantos.

Os interesses dos filhos não chegam a constituir algo capaz de unir os pais; pelo contrário, os filhos tendem a separá-los ou a serem usados nos conflitos entre eles. O elemento de impetuoso e específico antagonismo sexual é tão poderoso num lar que contém jovens adolescentes, quanto o é nos casamentos entre jovens. E durante toda a batalha, a mulher é tida por um adversário apropriado, que está em desvantagem, é verdade, mas nunca é frágil.

13. OS QUE SE DESVIAM
DO IDEAL MUNDUGUMOR

Vimos como o caráter Mundugumor ideal é idêntico para ambos os sexos; como se espera que homens e mulheres sejam violentos, competitivos, agressivamente sexuados, ciumentos e prontos a ver e vingar insultos, deliciando-se na ostentação, na ação e na luta. Os Mundugumor escolheram como ideal os próprios tipos de homens e mulheres que, no meio Arapesh, são considerados tão incompreensíveis que mal é permitida sua ocorrência. Wabe e Temos, Ombomb e Sauwedjo ajustar-se-iam muito mais facilmente aos padrões Mundugumor do que aos Arapesh. Quando estudamos os Arapesh, vimos que essas personalidades mais violentas tiveram uma leve vazão e foram, de fato, impelidas a responder de forma neurótica paranóide a exigências sociais incompreensíveis. O que acontece entre os Mundugumor, onde a este tipo, tão imprevisto no meio Arapesh, é dada a mais plena possibilidade de desenvolvimento social? Se o homem ou mulher violentos e dotados de fortes impulsos sexuais são levados a um conflito neurótico com sua sociedade, a condição oposta prevalece entre os Mundugumor? O que acontece ao homem dócil que gostaria de defender os filhos, bem como as filhas, e à mulher que desejaria aconchegar nos braços o seu bebê? Apresentam-se tão claramente desajustados como os desajustados Arapesh?

"Ele não era forte, ele não tinha irmãos", dizem os Mundugumor, apesar de suas formulações de hostilidade e desconfiança mútuas entre irmãos. E nesse dito amiúde repetido, afirmam o emprego que a sociedade Mundugumor tem para seus desajustados, para os garotos cujas mãos tremem sobre a faca assassina em sua primeira matança, para os rapazes que nunca marcam um encontro com uma mulher no mato do qual voltarão orgulhosos e sangrantes, para os meninos que não tentam apropriar-se de todas as irmãs ou, sendo mais jovens, aceitam que o irmão mais velho se aproprie de todas, para os meninos que nunca desafiam seus pais, nem mesmo quando incitados por suas mães. São aqueles em cujos propósitos nenhum irmão cooperará. Virão a ser os homens que tornarão possível a continuação da sociedade Mundugumor. Podem viver perto de outros homens sem brigar continuamente com eles, ou seduzir-lhes as esposas e filhas. Não nutrem ambições próprias e contentam-se em desempenhar um papel humilde na luta, em ficar atrás de seus agressivos irmãos numa briga interna do povoado, ou numa incursão de caça de cabeças. Formam constelações ao redor dos chefes, vivendo como irmãos mais jovens, como genros, como cunhados, cooperando na construção de casas, no preparo de festas, em expedições. Embora o ideal Mundugumor seja que todo homem deve ser um leão, lutando altivamente por seu quinhão e rodeado por várias leoas igualmente violentas, na prática real há um número razoável de carneiros na sociedade, homens a quem não atraem o orgulho, a violência e a competição. Por causa desses homens, determinado número de regras se conservam, sendo assim transmitidas à geração seguinte; algumas famílias de irmãs são igualmente divididas entre irmãos, os mortos são pranteados, as crianças alimentadas. Quando o orgulhoso polígamo briga com o filho cuja irmã está para trocar por uma esposa para si mesmo, o filho pode refugiar-se junto a algum dos homens mais dóceis. A atmosfera de embate e conflito far-se-ia insuportável e, na verdade, impossível de manter, não fossem eles, pois

220

cada homem teria apenas um exército de uma pessoa para por em campo. Em vez de complicar a vida social, assumindo posições confusas e incompreensíveis, como procedem os desajustados entre os Arapesh, eles possibilitam a vida competitiva e violenta, na realidade tão incompatível com eles.

Será que estes homens são desajustados? Se por desajustado compreendemos o indivíduo que traz transtornos à sociedade, não o são. Porém, se no termo "desajustado" incluímos todos aqueles que não encontram uma vazão congenial para seus talentos especiais, que não encontram no curso da vida um papel que lhes seja apropriado, então cabe denominá-los desajustados. Onde o ideal da sociedade é uma esposa virgem, devem contentar-se com viúvas, com mulheres desprezadas, com mulheres que os outros homens não querem. Onde o êxito é medido em termos de número de esposas, número de cabeças capturadas e grandes exibições, eles podem ostentar apenas uma esposa, muitas vezes nenhuma cabeça e certamente nenhuma grande festa. São leais numa sociedade que considera a lealdade um estúpido descaso dos fatos efetivos quanto à inimizade intrínseca existente entre todos os varões; são paternais numa sociedade que é explícita quanto à falta de compensação na paternidade.

Além da dócil aceitação deste papel secundário e sem importância, dois caminhos se lhes abrem: o devaneio ou a impostura das ênfases sociais. O primeiro é o mais comum. Um homem pacífico conserva os filhos a seu lado e conversa com eles sobre os tempos em que as pessoas respeitavam as regras, em que todos se casavam corretamente e não havia quaisquer dessas irregularidades que levam as pessoas a "levantar e encarar" uns aos outros, quando os pais acariciavam os filhos e os filhos cuidavam de observar todos os pequenos rituais que preservam a vida dos pais, abstendo-se mesmo de andar na trilha recém- -palmilhada pelos pais. Assim falava Kalekúmban, um homem brando e estúpido que, numa época ou noutra, abrigara algumas dezenas de parentes seus. E assim falava Komeákua, o caolho, que gostava de pintar, mas que, não tendo nascido com o cordão umbilical à volta do pescoço, só podia fazer trabalho de aprendiz sob a sarcástica língua do mestre-de-ofício. Komeákua sempre permanecera junto de seus irmãos e, mais tarde, de seus sobrinhos; bem tarde em sua monótona vida, obtivera uma viúva por esposa, a qual lhe dera dois filhos que ele exibia pela aldeia em tocante desdém pelo divertimento dos outros. Em sua boca, como na de Kalekúmban, estavam os aforismos que falavam de dias mais organizados e mais calmos. Há grandes evidências de haver existido, no passado, uma época em

221

que a sociedade Mundugumor era menos devastada pela violência; a organização de parentesco apresenta traços de tal período. Não há, porém, provas de que isso tenha ocorrido há três ou vinte gerações atrás. Sonhadores como Kalekúmban são muito capazes de perpetuar e elaborar a lenda indefinidamente, a lenda do tempo em que tudo era "reto", quando cordas e grupos patrilineares estavam entrelaçados, quando as pessoas cooperavam umas com as outras e obedeciam às regras. E este devaneio é provavelmente um real estorvo para a sociedade. Impede os jovens de se ajustarem realisticamente às verdadeiras condições e de formularem novas regras capazes de enfrentá-las adequadamente. Mantém a atenção dos mais obedientes à lei paralisada com um estéril anseio em relação ao passado e dá a todos um sentimento de culpa. Se fosse ignorado este antigo pretenso Eliseu, um homem poderia encontrar sua primitiva irmã classificada. como a esposa de um tio sem tremer de vergonha e ódio. Tendo desaparecido para sempre as antigas regras de residência e as velhas trocas de casamento, novas regras e novas trocas poderiam ser desenvolvidas. Tudo isso o desajustamento do devaneador impede; demasiado fraco, demasiado inútil, demasiado delicado para exercer muita influência na formação de sua atual sociedade, serve para confundir os resultados. Quaisquer que sejam seus dotes, sua sociedade faz pouco uso deles e o resultado mais definido desse senso de desajustamento não é vantajoso.

O outro tipo de homem desajustado é muito mais raro e havia apenas um exemplo evidente na tribo quando lá estivemos. Era Ombléan, o mais dotado informante nosso. Era um jovem esbelto, delicadamente constituído, vivo, porém alheio por temperamento a qualquer dos objetivos dos Mundugumor. Era dócil, cooperativo, sensível, facilmente engajado nas causas dos outros. Sua casa estava sempre cheia de gente por cuja custódia não lhe cabia qualquer responsabilidade genuína. Afora sua única esposa Ndebáme, que conseguira afinal por um golpe de sorte, e dos três filhos pequenos, cuidava da sogra, Sangofélia, e dos dois filhos do seu segundo esposo. Este era um dos homens mais proeminentes e ricos da comunidade, mas se enjoara de Sangofélia e passara a maltratá-la. Ombléan a acolhera. Havia ainda uma irmã de Ndebáme que brigara com o marido e se refugiara na casa do cunhado, juntamente com seu bebê. E, enquanto estávamos na aldeia, Numba, um adolescente grande, desajeitado e imaturo, forçado pelos pais a dormir com sua jovem e desengonçada esposa, fugira para junto de Ombléan — que era simplesmente seu primo — e continuava a viver em sua casa. Desta forma, Ombléan tinha a seu cargo três mulheres, cinco crianças pequenas e um rapaz preguiçoso e grandalhão. Nenhuma dessas pessoas que dele se aproveitavam o respeitava especialmente; era demasiado débil e bondoso para espancá-los com crânios de crocodilos ou arremessar-lhes tições acesos. Em conseqüência, fazia boa parte do trabalho sozinho, plantando inhame, cultivando sagu e caçando para alimentar a família, onde as mulheres freqüentemente se recusavam a pescar. Era incansável, engenhoso, e demasiado enérgico e inteligente para refugiar-se em devaneios. Ao invés, estudava sua sociedade, aprendia cada regra e cada brecha através da qual a inteligência podia vencer a força bruta. Foi o informante mais intelectual que jamais tivemos, tão analítico e sofisticado que, a fim de evitar repetições e monotonia, concordamos em que ele discutisse com Sr. Fortune o funcionamento real da sociedade e comigo a forma teórica como deveria ela funcionar. Sua própria alienação de todas as motivações correntes aguçara sua já superior inteligência a um ponto muito raramente encontrado no âmbito de uma cultura homogênea. Mas era cínico onde, dentro de um outro contexto, teria sido entusiasta. Precisava despender seus esplêndidos dotes intelectuais em lograr uma sociedade na qual, do ponto de vista espiritual, não se achava em casa. Duas semanas após deixarmos Mundugumor, a pinaça de um arregimentador recambiava uns trinta jovens Mundugumor que tinham ido trabalhar nos campos auríferos. Esses homens haviam partido com raiva e ódio em seus corações, sacudindo ritualmente de seus pés o pó da região, cuspindo a terra de suas bocas, jurando nunca mais regressar até a morte de seus pais e irmãos mais velhos, que lhos tinham roubado as esposas. Agora, depois de dois anos gastos em exacerbar a vingatividade mútua, retornaram e lançaram-se, de facas e machados em punho, sobre o grupo de homens que se reunira para presenciar sua volta. Ombléan era um nomeado do governo, aceitara o fardo de negociar entre este e os Mundugumor; atirou-se no grosso da refrega em um esforço de deter a carnificina e foi gravemente ferido.

E quais eram as mulheres desajustadas em Mundugumor? Kwenda constituía um bom exemplo. Kwenda era roliça e suave, quando o ideal de mulher Mundugumor era alto, flexível e esbelto. Kwenda adorava crianças. Recusara-se a sacrificar o primeiro filho, um menino, apesar da exigência do marido, Mbunda. Enquanto ela amamentava a criança, ele fugira com outra mulher. Em vez de endurecer as costas na raiva, seguira-o e à sua nova esposa. Ultrajado, ele a expulsara e a largara em Biwat, sua aldeia materna, indo ele próprio trabalhar para os brancos. Em Biwat, Kwenda deu à luz gêmeos que morreram. Ela voltou para Kenakatem e foi viver com Yeshimba, um irmão do pai. Então Gisambut, a irmã reservada de Ombléan, deu à luz meninas gêmeas e Kwenda, sem ter ninguém para ajudá-la a ganhar a vida, adotou uma e logo pôde alimentá-la inteiramente com seus grandes seios. A pequena gêmea floresceu, cresceu tanto quanto a irmã que foi amamentada pela própria mãe, mas no rosto da gêmea de Kwenda sempre havia um sorriso cheio de covinhas e no da criança amamentada pela própria mãe, uma expressão dura e carrancuda. A gêmea de Kwenda andava em geral pela aldeia e eu estava habituada a cumprimentá-la e receber um sorriso feliz. Encontrar repentinamente a gêmea de Gisambut e enfrentar seu olhar rígido e ansioso era uma experiência que apresentava uma característica de pesadelo, o que resumia toda a diferença entre a experiência da criança Mundugumor média e da pequena gêmea de Kwenda, a quem esta prodigalizava uma afeição alegre e desinibida. Ela não só trabalhava de bom grado o dia inteiro para seu filho de seis anos e sua pequena gêmea, como também trabalhava para outros. Quem quer que desejasse alcançar o topo de coqueiro, precisava apenas lisonjear Kwenda, e, não obstante sua robustez e pesados seios, os quais lhe tornavam a escalada mais difícil do que para outras mulheres, ela o fazia sorrindo. Não só aleitava a gêmea, como muitas vezes também os bebês de outras mulheres durante o dia. Seu marido regressou à aldeia e tomou uma esposa jovem, de rosto severo, para quem adotou uma criança a fim de que ela não precisasse importuná-lo com a gravidez. Iam todos os dias ao mato para cultivar sagu. Ele odiava ouvir até o nome de Kwenda e afirmou que jamais a aceitaria de volta. Tentou inclusive uma experiência, que é completamente odiosa à maioria dos Mundugumor, porém é um hábito padronizado de um povo vizinho: tentou prostituí-la com um jovem de outra tribo. Fez isso com o pretexto de que ele próprio viria procurá-la à noite. O plano falhou, e embora a comunidade ficasse algo revoltada, pois a prostituição de suas mulheres é incompatível com o orgulho e a dominância Mundugumor, houve um leve sentimento de que não se podia culpar um homem por estar farto de uma esposa como Kwenda, uma mulher tão consistente e estupidamente boa, devotada e maternal. Kwenda, jovem, cálida e vigorosa, continuaria viúva de um esposo ausente; nenhum homem forte a tomaria como esposa, nenhum fraco o tentaria, pois Mbunda, não a querendo para si, pedia, apesar disso, um alto preço por ela. Assim, entre os Mundugumor, a mulher dócil, receptiva, cálida e maternal, tal como o homem dócil, receptivo, cálido e paternal, sofre desfavor social.

224

Por outro lado, existem outras personalidades anômalas, tão violentas que nem mesmo os estalões Mundugumor têm lugar para elas. Um homem desta espécie indispõe-se com demasiada freqüência com seus companheiros, até que seja, afinal, traiçoeiramente assassinado durante um ataque a outra tribo, ou possivelmente um membro de sua própria tribo o mate e aceite a leve penalidade, a proibição de usar as honras de caça de cabeças. Ou poderá fugir para os pântanos e lá perecer. Uma mulher de igual violência, que procura continuamente ligar-se a novos amantes e é insaciável em suas demandas, pode, ao fim, ser entregue a outra comunidade para ser comunalmente violentada. Mas o destino dessas pessoas violentas é compatível com o ideal Mundugumor, que espera uma morte violenta, tanto para os homens como para as mulheres. Enquanto o homem branco se limitou simplesmente a assaltar e queimar as aldeias Mundugumor, ou matar alguns poucos em expedições punitivas após algum ultraje a outra tribo ou ataque a um homem branco de passagem, foi impossível submetê-los. Morrer nas mãos de um branco era um tanto mais honroso do que morrer num recontro com os Andoar ou os Kendavi. Com orgulho relatam a história do Mundugumor que os brancos enforcaram por assassínio; ele ergueu a mão direita para o ar, evocou os nomes dos antepassados de sua aldeia e morreu. O único ponto patético é que lhe deram para comer uma ave, que era seu totem, e ele que estava morrendo com estilo — pois em geral os Mundugumor são muito descuidados no tocante a seus tabus totêmicos — recusou-se a comê-la e morreu com fome. Apenas quando o medo pela prisão do grande homem substituiu o medo de uma expedição punitiva é que os Mundugumor se submeteram ao controle do governo. Os chefes estavam dispostos a enfrentar a morte, porém enfrentar seis meses na prisão, imaginando quem lhes seduzira ou roubara as esposas, esta inatividade humilhante não estavam dispostos a enfrentar. Assim, havia três anos que a paz reinava, a caça de cabeças estava terminada e não mais se celebravam festins canibalescos.

Em tal moldura, vê-se que o indivíduo ocasional, cuja maior violência e má sorte resultavam em morte, nem por isso se afigurava como uma pobre vida. Os Ombléans e as Kwendas é que eram as criaturas verdadeiramente desajustadas, criaturas cujos dons foram maltratados em inúteis esforços para estancar a corrente de uma tradição congenitamente incompatível, onde se esperava que homens e mulheres fossem orgulhosos, rudes e violentos e onde os sentimentos mais ternos eram vistos como inadequados num sexo e no outro.

Terceira parte

OS TCHAMBULI HABITANTES DO LAGO

A ESCOLHA DOS TCHAMBULI

O estudo do povo Mundugumor proporcionou resultados semelhantes aos obtidos entre os Arapesh; os homens e as mulheres foram moldados para o mesmo padrão temperamental, embora este padrão, em sua violência, seu individualismo, seu apetite de poder e posição, contrastasse agudamente com a personalidade ideal dos Arapesh, com sua ênfase carinhosa e dócil. Procuramos um terceiro grupo, guiados novamente por considerações essencialmente irrelevantes para as relações entre os sexos. Por conselheiro tivemos o encarregado distrital, Sr. Eric Robinson, cujos anos de serviço no Sepik o haviam familia-

229

rizado com todas as partes do seu distrito. Ofereceu duas sugestões, os Washkuks, grupo montanhês que vivia acima da estação governamental em Ambunti e estavam mal e mal sob controle, e a tribo Tchambuli no Lago Aibom. Descreveu os Washkuks como um povo simples, vigoroso e adorável, ainda inatingido por numerosos contatos com o homem branco. Os primeiros recrutas de Washkuk ainda não tinham retornado para pavonear seu inglês pidgin, suas tangas, diante das faces dos velhos e introduzir um novo elemento na vida nativa. Os Tchambuli achavam- -se sob controle havia mais tempo, cerca de sete anos. Depois de impelidos para as montanhas pelos caçadores de cabeça do médio Sepik, foram reconduzidos às suas aldeias originais, sob a proteção governamental. Eram um povo de uma arte complicada, de uma cultura elaborada, muitos pontos em comum com a complexa cultura do médio Sepik. Resolvemos inspecionar primeiramente os Washkuks e empreendemos uma expedição especial a seu cume de montanha. Deparamos, então, pequenos homens barbados, que se comunicavam conosco por meio de duas línguas entremescladas e nos imploraram que não viéssemos morar com eles, porque, do contrário, teriam obviamente de permanecer em suas espalhadas aldeias para cuidar de nós e eles acabavam de completar os preparativos para uma longa expedição de caça itinerante. Não eram muitos e viviam em pares e trios por toda a encosta da íngreme elevação. Por se parecerem muito com os Arapesh, por eles próprios julgarem que suas vidas seriam irremediavel- mente atrapalhadas por nossa permanência, por sabermos que as condições de transporte e trabalho de campo seriam muito difíceis, decidimos tentar, ao invés, os Tchambuli. E assim, cientes apenas de que nos dirigíamos a um grupo lacustre, com uma arte bela e dinâmica, chegamos a Tchambuli.

4. O PADRÃO DE VIDA SOCIAL DOS TCHAMBULI

O povo Tchambuli vive num lago, ligado por duas vias navegáveis ao Rio Sepik, mais ou menos a cento e oitenta milhas de sua foz. Este lago situa-se numa região pantanosa, com pequenas e abruptas colinas ocasionais ao longo de sua extremidade sul. Seus lineamentos são irregulares e seus contornos mudam continuamente, à medida que as grandes e flutuantes ilhas de vegetação são empurradas para cá e para lá pelos ventos inconstantes. Eventualmente, uma dessas ilhotas, às vezes de tamanho suficiente para conter várias árvores adultas, se aloja permanentemente contra uma das margens do lago; às vezes bloqueia a saída de um canal e é preciso cortá-la em segmentos a fim de dar passagem às canoas nativas. As condições dos canais menores através do mato alto se alteram com o vento, ora oferecendo passagem livre, ora se apresentando completamente bloqueados.

A água do lago é tão colorida pela matéria vegetal de turfa marrom-escuro que parece preta na superfície e, quando nenhum vento a agita, assemelha-se a esmalte preto. Nessa superfície polida, nas épocas de calmaria, espalham-se as folhas de milhares de lótus róseos e brancos e lírios d'água azul-escuros, e entre as flores, de manhã cedo, as águas-marinhas brancas e as garças azuis surgem em grande número, completando o efeito decorativo, que ostenta um padrão quase por demais estudado para parecer completamente real. Quando o vento sopra e franze a superfície negra num azul-escuro, as folhas de lótus que jazem inertes e pesadas sobre a superfície de esmalte são enrugadas e, alçando-se levemente ao longo de suas hastes, mostram não ser de um verde monótono, mas de uma rosa e verde-prata variáveis e de uma transparência delicada e maleável. As pequenas colinas pontiagudas que orlam o lago reúnem nuvens sobre seus cimos que parecem neve e acentuam sua abrupta elevação do nível do pântano.

O povo Tchambuli é uma pequena tribo; apenas quinhentos ao todo falam a língua, e uma parte destes fala-a com um sotaque diferente e alguma diversidade no vocabulário. Vivem em três aldeias ao longo da borda do Monte Tchambuli, com suas casas cerimoniais erigidas sobre altas estacas, como pernaltas ao longo das encharcadas praias do lago. Entre as casas cerimoniais — existem quinze ao todo — corre uma estrada por onde os homens passam a pé durante a vazante, e ao longo da qual empurram suas estreitas canoas escavadas com as pontas em forquilha de seus remos de galhos, quando o lago sobe e inunda o chão de terra destas casas. Este chão é simplesmente de barro batido, com plataformas laterais elevadas de cada lado, onde cada membro das casas cerimoniais se senta em seu lugar marcado. No centro são enfileirados fogareiros, em cuja volta se vêem alguns tamboretes esculpidos, sobre os quais a pessoa senta e deixa que a espessa fumaça brinque ao redor dos pés, como proteção contra os mosquitos. Algumas vezes, longas e oscilantes cortinas de folhas verde-claras e verde-escuras, trançadas em complexos padrões, pendem lateralmente no andar inferior, para proteger dos olhares dos transeuntes os que estão no interior. Ao soar de passos ou vozes no caminho, estas frágeis cortinas se agitam para cá e para lá e as pessoas de dentro espiam curiosamente e gritam um cumprimento formal. Este é o caminho dos homens que as mulheres e meninas honram apenas nas ocasiões de festas. A estrada serpenteia através da praia irregular, e de duas em duas voltas avista-se uma nova casa cerimonial, de trinta ou quarenta pés de comprimento, construída paralelamente ao lago, com torres altas e finas em cada empena e uma viga-mestra que se curva no centro, dando ao telhado um perfil do crescente lunar. Em cada empena colmada e decorada de folhas, há um enorme rosto, esculpido em baixo-relevo e pintado de vermelho e branco. Quando constroem uma nova casa, em primeiro lugar edificam ligeiramente as torres com uma armação de vime e dois pássaros de vime, um macho e uma fêmea, são encarapitados sobre sinos da torre. Mais tarde, à vontade dos construtores, as torres são solidamente colmadas e os pássaros de vime substituídos por um ornamento mais pesado, uma ave de madeira cujas asas saem da imagem oca de um homem.

De cada casa cerimonial sai um caminho de uns cem pés pela encosta acima da montanha íngreme e salpicada de pedras, ao nível onde as grandes casas das mulheres se escondem entre as árvores. Tais casas são mais compridas e mais baixas do que as dos homens, a viga-mestra é reta e plana; erguem-se oblongas, sólidas, sobre os pilares firmes, com assoalhos bem construídos e fortes escadas que conduzem a cada entrada, suficientemente resistentes para durar uns bons anos e bastante grandes para abrigar três ou quatro grupos de famílias. Os porcos se instalam por entre as escadas, cestas semitrançadas pendem do teto, instrumentos de pesca se espalham por toda parte. O caminho de ida e volta para a praia, que as mulheres usam para ir à pesca e os homens para as diversões das casas cerimoniais, está bem batido. As moradias, que são especificamente chamadas "casas das mulheres", são ligadas por um caminho mais alto que corre ao longo da encosta, e pelo qual as mulheres vão de uma casa a outra. Cada casa abriga duas a quatro famílias e entre suas paredes espaçosas há sempre um grupo de mulheres ocupadas nas tarefas de cozinhar, trançar, remendar o equipamento de pesca. Em sua atividade amistosa e enérgica, reina um ar de solidariedade, de firme cooperação e de finalidade grupal, que falta nas casas cerimoniais alegremente decoradas ao longo da praia, onde cada homem se senta com afetação em seu próprio lugar e observa os companheiros minuciosamente.

De manhã bem cedo, quando as primeiras luzes envolvem o lago, o povo já está de pé. As mulheres, com os pontudos abrigos de chuva na cabeça, descem as encostas e vadeiam por entre os lótus rumo a suas esguias canoas a fim de inspecionar ou recolocar as grandes pesqueiras de vime, em forma de sino. Alguns homens já se acham nas casas cerimoniais, principalmente naquelas onde um ou dois pequenos noviços, meninos de dez ou doze anos,

233

com os corpos ressecados pela tinta branca, se encontram agachados no frio da madrugada. Os noviços são autorizados a dormir na casa das mães, porém devem estar de pé e fora dela antes do amanhecer, esgueirando-se para a margem do lago, disfarçados sob uma esteira de chuva que os cobre completamente. De uma casa cerimonial pode soar um gongo de tiras com a batida característica da casa, convocando homens de outras partes da povoação para alguma tarefa cerimonial, para ajudar no corte de um novo teto de palmeira, ou no trançado de máscaras para uma dança.

Nos dias de feira, flotilhas de canoas partem para pontos distantes nos pântanos, onde encontram os mal--humorados·e intratáveis habitantes do mato, a fim de trocar peixe e moedas de conchas por sagu e cana-de-açúcar. A moeda corrente do mercado são conchas verdes de caracóis, *talibun*[1]. Essas conchas, originárias da longínqua ilha de Wallis, ao largo da costa dos Arapesh, são polidas e ornamentadas com pequenos arabescos de cestaria espiralada pelos povos do norte do Sepik. As conchas chegam aos Tchambuli, cada uma já com acentuada individualidade de tamanho, forma, peso, cor, brilho e ornamentação, e os Tchambuli consideram cada uma como dotada de sexo e personalidade. Onde os *talibun* são usados, a barganha no mercado converte-se não em compra de alimentos por dinheiro, porém em troca de alimentos por valores, entre os quais há grande exercício de escolha. É compra bilateral e o proprietário de moeda deve advogar a virtude dessa moeda particular ainda mais fortemente do que o possuidor do alimento.

À medida que o sol esquenta, as mulheres retornam da pesca e galgam novamente a encosta, e das casas escondidas nas árvores vem o som incessante de vozes femininas, como o chilrear de um bando de passáros. Quando as pessoas se encontram nos caminhos ou nas canoas, cumprimentam-se com infindáveis frases polidas: "Você vem?" — "Olhe, irei quando for pegar lótus." "Então vai colher lótus?" "Sim, vou colher lótus para comer." — "Vá então colher lótus."

A vida cotidiana segue o ritmo sossegado da pesca e do trançado das mulheres e das atividades cerimoniais dos homens. Para um acontecimento como uma festa, ou uma dança de máscaras, toda a comunidade pára de trabalhar, os homens e as crianças se vestem de belos adornos festivos. Os homens, as cabeças enfeitadas com penas de ave-do-

(1) Este é o termo *pidgin* e é empregado aqui por ser largamente difundido na Nova Guiné.

234

-paraíso ou de ema por sobre os cachos cuidadosamente arranjados, e as crianças, com capas bordadas de conchas, pesados colares e cinturões de conchas, reúnem-se no terreiro de dança, aqueles movendo-se acanhados, envergonhados de comer, entre multidões de mulheres eficientes, risonhas e sem enfeites, e as crianças mascando ruidosamente pedaços de cana-de-açúcar. Um acontecimento como uma morte, ou escarificação de um menino ou menina, exige uma festa. Cinqüenta ou sessenta mulheres se reúnem numa casa, aglomerando-se em grupos de cozinheiras ao redor das panelas no fogão, raspando meticulosamente suas chapas de barro onde assam bolos e cozinhando as finas e perfeitamente simétricas panquecas de sagu, que acompanham todas as festas. Em certos momentos no desenrolar dos sucessos, alimentos especialmente cozidos ou valiosas conchas são transportados ao longo da estrada da praia, de uma casa cerimonial para outra, por pequenos grupos de homens e mulheres ritualmente organizados. Figuras mascaradas amiúde os acompanham, executando no trajeto palhaçadas e pantomimas entre grupos de mulheres dançantes que periodicamente mergulham entre suas pernas, ou quebram suas cuias de argila belamente desenhadas numa chuva de pó branco sob seus pés. Quase sempre há abundância de comida. As pessoas não dependem de uma produção agrícola que deva ser cultivada e colhida — embora alguns dos homens mais enérgicos e aberrantes ocasionalmente façam por sua conta algumas plantações de inhame em terreno alto ou canteiros de taioba nas águas baixas — mas do sagu que é comprado em grandes quantidades e guardado em altos potes de barro com rostos grotescos em alto-relevo à volta do gargalo. Não há necessidade de trabalho diário; o sagu é armazenado, o peixe é defumado, não há feira todos os dias e sempre é possível interromper todo o trabalho por vários dias e assistir cordialmente a um ritual ou a uma festa. É esse o curso normal da vida, porém ocasionalmente, depois de muita guerra entre os povos da floresta produtores de sagu ou após uma estação de pesca particularmente infeliz para os Tchambuli, e se for a época em que as plantações suplementares de taioba se acham todas submersas, há fome. O povo habituado à hospitalidade fácil, a uma alegre e firme ostentação de abundância, não tem código para lidar com a fome, exceto uma impiedosa intolerância com o roubo.

O ladrão de alimento era entregue sem piedade a outra aldeia, onde ele ou ela era executado, sendo sua cabeça considerada um troféu para validar a casa cerimonial daquele grupo, e um preço era pago à aldeia a que pertencia o ladrão.

Assim combinaram a caça de cabeças e a execução de criminosos. Consideravam necessário que todo menino Tchambuli matasse um vítima na infância e para tal propósito adquiriam de outras tribos vítimas vivas, em geral crianças ou bebês. Às vezes bastava um cativo de guerra ou um criminoso de outra aldeia Tchambuli. O pai segurava o cabo da lança para o filho, e a criança, repugnada e horrorizada, era iniciada no culto da caça de cabeças. O sangue da vítima era espalhado ao pé das pedras verticais, na pequena clareira, fora da casa cerimonial; e se a vítima era uma criança, enterravam o corpo sob um dos pilares da casa. A cabeça, a exemplo das cabeças dos inimigos mortos em combate, era composta pela modelagem de barro sobre o crânio original e pintada com fantásticos desenhos pretos e brancos, com olhos de conchas e cachos colados, e pendurada na casa cerimonial como um troféu de que vangloriar-se. Mas os Tchambuli não eram entusiastas da guerra ou da caça de cabeças; é verdade que uma casa cerimonial deve ter cabeças, mas preferiam comprar os bastardos, os órfãos e os criminosos dos homens da floresta e matá-los cerimonialmente na aldeia a correr os riscos da batalha. O adorno das cabeças constituía uma bela arte, sua posse um ponto de orgulho ritual; mas a aquisição era feita da forma mais segura e mansa possível.

Aqui os Tchambuli contrastam agudamente com seus arrogantes e belicosos vizinhos do médio Sepik, que consideravam a caça de cabeças a mais importante ocupação masculina. Os povos do médio Sepik dependem dos Tchambuli para a manufatura de grandes cestas-mosquiteiros trançadas, tidas por mobiliário inevitável e necessário em todas as casas nativas, nesta zona infestada de mosquitos. Os Tchambuli oferecem também mercado para as canoas feitas no Sepik, pois os nativos do Sepik conseguiram instrumentos de ferro para fabricar canoas muito antes e em quantidades maiores do que os Tchambuli. Os seus vizinhos do Sepik, porém, dedicam-lhes grande desprezo e os reputam bons objetivos de ataque. Há cerca de doze anos, os Tchambuli cederam finalmente diante das contínuas ações de assalto, caça de cabeças e queima de casas empreendidas pela gente do médio Sepik, e os habitantes das três aldeias fugiram para junto de seus amigos de troca, dirigindo-se um grupo para longe rumo ao rio Kolosomali, o segundo para as montanhas atrás de Tchambuli, e o terceiro mais para o norte. Esta fuga se realizou segundo os mais fortes laços de comércio e intercasamentos que as três aldeias haviam preservado em gerações anteriores. Depois que o governo branco penetrou no Sepik, os Tchambuli voltaram ao sítio de suas antigas aldeias, convenceram

236

os oficiais do governo de seu direito a elas, enxotaram os pequenos grupos de invasores do médio Sepik e reinstalaram-se em seus velhos lares. A proteção do governo significou o virtual abandono da caça de cabeças, porém as vinculações dos Tchambuli para com esta prática eram ligeiras, rituais e desimportantes. Importam-se bem mais em decorar suas casas cerimoniais com belas esculturas, manufaturando os graciosos ganchos duplos onde penduram as cestas de rede completamente decoradas que importam da margem norte do Sepik, e trançando as várias máscaras que pertencem a diferentes clãs e grupos cerimoniais. Com instrumentos de ferro recém-obtidos constroem agora suas próprias canoas, em vez de comprá-las da gente do Sepik a preços exorbitantes; não havendo ameaças de incursões, as mulheres têm tempo não só para suas pescarias, mas ainda para colher todas as delicadas variedades de raízes de lírios-d'água, sementes de lótus e trepadeiras, com que banqueteiam seus jovens parentes do sexo masculino quando aparecem para cavar com suas mães e tias o *talibun* e o vinte vezes mais valioso crescente de madrepérola, a *kina*. Sob a Pax Britannica, a cultura Tchambuli está passando por um renascimento e a beira do lago ressoa com o vibrar dos machados que escavam as canoas. Cada homem tem a mão ocupada em gravar uma decoração num pote de barro, em tecer um pássaro ou uma máscara, bordar uma cortina de casa, ou modelar um osso de casuar à semelhança de um papagaio ou de um búcero.

15. OS PAPÉIS CONTRASTANTES DOS HOMENS E DAS MULHERES TCHAMBULI

Assim como os Arapesh fazem do cultivo dos alimentos e da criação dos filhos a maior aventura de suas vidas e os Mundugumor encontram maior satisfação na luta e na aquisição competitiva de mulheres, os Tchambuli, pode-se dizer, vivem principalmente para a arte. Todo homem é um artista e a maioria é hábil não apenas numa arte, porém em várias: na dança, na escultura, no trançado, na pintura etc. Todo homem se preocupa, em especial, com seu papel no cenário de sua sociedade, com a elaboração de seu traje, com a beleza das máscaras que possui, com sua habilidade em tocar flauta, com o aperfeiçoamento e o *élan* de suas cerimônias, com o reconhecimento e a valorização que outros dispensam a seu desempenho. As cerimônias Tchambuli não são subproduto de algum acontecimento na vida do indivíduo, ou seja. não cabe dizer que os Tchambuli organizam uma cerimônia para iniciar os rapazes, mas antes que, para organizar uma cerimônia, os Tchambuli iniciam os rapazes. A aflição da morte é abafada e praticamente dissipada pelo interesse no cerimonial que a cerca — que flautas devem ser tocadas, que máscaras e cabeças de cerâmica hão de decorar a sepultura; na etiqueta do grupo de mulheres formalmente enlutadas, que recebem pequenas e belas lembranças de junco para se recordarem do acontecimento. O interesse das mulheres pela arte limita-se à participação no gracioso padrão de relações sociais, à pequena quantidade de pinturas em suas cestas, capuzes trançados e dança coral; quanto aos homens, porém, é o único objeto importante na vida.

A estrutura da sociedade é patrilinear. Grupos de homens, todos aparentados através de ancestrais masculinos e portando um nome comum, possuem faixas de terras que, dos cumes das colinas, onde se fazem plantações ocasionais, descem pelas encostas arborizadas, onde se erguem as casas das mulheres, e se estendem até a beira do lago, onde cada clã, ou às vezes dois clãs vizinhos, constroem sua casa masculina. Dentro desse grupo de homens aparentados existem certos tabus. O filho mais velho fica tímido e envergonhado na presença do pai e o seu irmão mais próximo em idade observa o mesmo tipo de comportamento em relação a ele. A possibilidade de herança é o que os embaraça. Os filhos mais jovens, muito afastados das considerações da sucessão, sentem-se à vontade uns com os outros. As relações entre um homem e o filho de seu irmão também são amistosas e esses homens — cuja posição é vivamente descrita pelo termo *pidgin,* "paizinho"[1] — intervêm entre os meninos e os seus autodesignados e alegres disciplinadores, os rapazes maiores. A qualidade de membro nessas casas de homens varia e as brigas são freqüentes. Ao mais insignificante descuido — uma exigência de prioridade que não se justifica, a falta da esposa de um homem em alimentar os porcos de outro, a não-devolução de um objeto emprestado — a pessoa que nutre um sentimento de ofensa se afastará, indo morar com outro grupo clânico com quem pretenda ter relações. Entrementes, subsiste um forte sentimento social de que tal comportamento é errado, que os homens de um clã deveriam sentar-se juntos, que é num grande número de homens idosos que repousa a sabedoria da casa cerimonial. Quando ocorre doença ou infelicidade, os xamãs explicam que os

---

(1) No original *small-papa.* (N. do T.)

240

espíritos xamânicos e os espíritos dos mortos que pendem das estacas da casa estão irritados pelo afastamento de um ou mais membros do clã. A solidariedade de qualquer desses grupos de homens é mais aparente do que real; é como se todos eles estivessem sentados de um modo muito ligeiro e instável na beira de suas pranchas pré-determinadas, prontos a ir embora ao menor olhar, toque ou palavra hostil.

Cada clã possui certos privilégios: longas listas de nomes que somente os filhos das mulheres do clã receberão por direito; canções do clã e uma massa de bens cerimoniais, máscaras, danças, canções, flautas, tambores de tiras, invocações especiais; e um conjunto de elementos sobrenaturais próprios, *marsalais* do lago, às vezes um dos espíritos xamânicos, ou outros seres sobrenaturais de menor importância, cujas vozes são ouvidas através da flauta, do tambor e da placa vibrante[2]. A casa dos homens de um clã insiste em que os dançarinos mascarados que passam por aquele caminho devam permanecer por um instante diante das pedras verticais instaladas do lado de fora; outras casas cerimoniais têm o privilégio de fazer girar as placas vibrantes durante as enchentes.

Além da estrutura clânica, existem várias outras maneiras formais de organização da sociedade. Há uma organização dual; todos os membros de um clã pertencem, geralmente, ou ao povo do Sol, ou ao da Mãe, porém, às vezes, um clã é dividido ao meio e cada uma das partes pertence a um dos povos. O casamento deveria realizar-se através da linha divisória da organização dual, mas nem sempre é assim. Essas duas divisões também dispõem de muitos direitos e bens cerimoniais, sendo esses últimos, em geral, guardados numa das casas de homens. Cada varão pertence também a vários outros grupos, nos quais desempenha papel especial em cerimônias de iniciação e em festas de outra espécie. Embora sua qualidade de membro do clã seja talvez a mais estabelecida de suas lealdades, ele pode também considerar-se orgulhoso e enobrecido pela exibição cerimonial de qualquer uma dessas associações transversais. Pode sentir-se magoado como membro de qualquer desses grupos e, ao proclamar seu partidarismo em uma espécie de disputa cerimonial, provocar frieza e descontentamento da parte de seus associados em alguma outra atividade. Cada indivíduo tem um alto sentimento da importância e do valor de cada uma dessas pertinências. É como um ator que representa muitos papéis e pode,

---

(2) Uma ripa de madeira presa à extremidade de uma tira de couro, produzindo um rugido intermitente quando girado ràpidamente — uma espécie de matraca. (N. do T.)

241

enquanto dura qualquer peça, identificar-se com o resto da companhia. Um dia, como membro da metade do Sol, objeta porque os membros da metade da Mãe tiraram suas flautas para um funeral, quando não era a sua vez; uma semana mais tarde, tudo isso é esquecido no furor relacionado ao modo como outro grupo iniciatório se comportou numa festinha de iniciação. Cada uma dessas passageiras e incompatíveis lealdades servem para confundir os outros; o mesmo homem é seu aliado um dia, seu adversário no outro, um espectador indiferente e cuidadosamente despreocupado no terceiro. Tudo o que resta ao homem Tchambuli característico, com seus cachos delicadamente arranjados, sua elegante cobertura púbica de pele de morcego altamente ornamentada de conchas, seu andar requebrado e seu ar autoconsciente, é a sensação de si como um ator a representar uma série de papéis encantadores — isso e seu relacionamento com as mulheres.

Suas relações com todos os outros homens são delicadas e difíceis, visto que ele está sentado muito ligeiramente, mesmo na casa de seus próprios companheiros de clã, e é tão nervoso e sensível que não come quase nunca em casas de outros clãs; suas relações com mulheres, porém, são o único aspecto sólido e seguro de sua vida. Enquanto bebê, permaneceu delicadamente nos braços de uma mãe risonha e despreocupada, uma mãe que o alimentava generosa, porém indiferentemente, enquanto ocupava os dedos em trançar com junco cestas de dormir ou capuzes de chuva. Quando caía, a mãe o levantava e o aconchegava ao colo enquanto continuava a conversar. Nunca era deixado só; havia sempre umas oito ou dez mulheres em volta, trabalhando, rindo, atendendo-lhe às necessidades, de assaz bom grado, mas sem obsessão. Se a outra esposa de seu pai não o alimentava com tanta generosidade quanto sua mãe, bastava que esta lhe fizesse leve censura: "Será que há tantas crianças que você deva relaxá-las?" Passou os anos de infância a rolar pelo chão da grande moradia, onde suas momices eram privilegiadas, onde podia divertir-se e engalfinhar-se com as outras crianças. Sua bôca nunca ficou vazia. As mulheres desmamavam os filhos com tanto descuido e despreocupação quanto os amamentavam, enchendo-lhes a boca de quitutes para deter-lhes o choro. Depois os nutriam fartamente com talos de lotos, talos de lírios, sementes de loto, maçãs malaias, pedaços de cana--de-açúcar e o garotinho podia permanecer sentado, mascando ruidosamente, na grande e espaçosa casa repleta de outras crianças de sua família e de grupos de mulheres amáveis e diligentes. Às vezes, havia uma cerimônia e sua mãe o levava consigo quando ia passar o dia cozinhando em outra casa. Lá, em meio à multidão maior de mulheres,

242

com mais crianças rolando pelo chão, ele também mascava como em sua própria casa. Sua mãe levava muitas guloseimas numa cesta, para dar-lhe cada vez que as reclamava. Quando conta sete ou oito anos, o menino começa a andar à volta dos lugares de vida cerimonial dos homens. Caso se aproxime demais da casa dos homens durante uma cerimônia, é escorraçado, embora em ocasiões normais possa esgueirar-se para dentro e esconder-se sob a proteção de um "paizinho". Os meninos mais velhos maltratam-no ligeiramente, mandam-no dar recados, jogam-lhe pedaços de pau e, por vezes, chegam a espancá-lo se ele desobedece. Corre de volta, disparando montanha acima para a casa da mãe, onde os meninos mais velhos não podem alcançá-lo. Da próxima vez em que se encontrar com um desses meninos, na casa de alguma das mulheres, aproveitar-se-á do embaraço do rapazola: provocá-lo-á e o atormentará, imitando-lhe o andar e a maneira com impunidade; o menino maior não o atacará.

A certa altura, mais ou menos entre os seus oito e doze anos, período que não é determinado tanto pela idade do menino quanto pelas ambições cerimoniais do pai, é escarificado. Fica preso a uma pedra, contorcendo-se, enquanto um "tio" materno, de parentesco distante, e um especialista em escarificações recortam desenhos em suas costas. Pode uivar o quanto quiser. Ninguém vai confortá-lo, ninguém tenta sustar seus uivos. Ninguém, tampouco, colhe qualquer prazer com eles. Executando, despreocupada e eficientemente, como parentes sua obrigação ritual, pela qual recebem um agradecimento cortês, ou desempenhando sua obrigação como artistas, recortam desenhos nas costas do jovem rapaz. Pintam-no com óleo e açafrão. Tudo à sua volta é um elaborado padrão cerimonial, de que não compartilha. O pai dá presentes ao irmão de sua mãe. As esposas do irmão de sua mãe recebem belas saias novas de palha, novos capuzes de chuva, novas cestas de transporte. Sua escarificação é motivo para toda esta ostentação, mas ninguém lhe dá a mínima atenção.

Segue-se um longo período de reclusão. À noite é-lhe permitido dormir em casa, mas na madrugada fria, antes do amanhecer, deve esgueirar-se da casa das mulheres, envolvido da cabeça aos pés numa grande e tosca capa de chuva. Seu corpo está lambusado de barro branco. Deve permanecer o dia todo dentro da casa dos homens. De quatro em quatro dias é lavado e submetido a nova camada de pintura. Tudo é muito desconfortável. Às vezes, dois homens de um mesmo clã combinam escarificar seus filhos, porém, em geral, o menino é iniciado sozinho. Ninguém sugere que isso é feito para o seu bem. Nem há indício de que os adultos estejam interessados no descon-

243

forto de sua posição ou na dor de suas escarificações. A discussão à sua volta gira exclusivamente sobre o procedimento cerimonial e, se o pai pode fazer uma cerimônia mais vistosa esperando três meses para lavá-lo, ele o faz. O filho não é levado em consideração. Ou então, grandemente amuado por alguma desatenção ou ofensa imposta a ele por aqueles que deveriam auxiliá-lo na cerimônia, o pai lava o filho incontinenti, uma semana mais ou menos após a escarificação. O banho é ritual e encerra o período de reclusão. O irmão da mãe do menino presenteia-o com um cinturão elaboradamente trançado, enfeites de conchas, uma cabaça de bambu lindamente entalhada com uma bela espátula de filigrana. Agora pode andar com essas coisas debaixo do braço, acompanhando grupos de pessoas que levam em seu nome alimentos, *talibun* ou *kinas*, para outras pessoas. Depois disto, espera-se que passe mais tempo na casa dos homens, mas ainda se refugia entre as mulheres, sempre que possível. Encaminha-se assim gradativamente para a juventude, enquanto o pai e os irmãos mais velhos lhe observam ciosamente a atitude face às suas esposas mais jovens, e enchem-se de suspeita se perambular pelos caminhos das mulheres.

As mulheres, entretanto, permanecem um grupo sólido de cujo apoio, alimento e afeição depende. Não há separação entre as mulheres do seu grupo consangüíneo e a esposa com quem se casa, pois desposa a filha de um dos meios-irmãos ou primos de sua mãe. Chama-a, tal como à sua própria mãe, *aiyai*. Todas as mininhas do clã materno, todas aquelas a quem olha esperançoso, são por ele assim chamadas. Uma de suas "mães" será, um dia, sua esposa. Os presentes que o pai deu em seu nome, quando ele era bem pequeno, os presentes que agora lhe ensinam a levar aos irmãos de sua mãe, constituem os mais sérios de seus direitos sobre uma mulher do clã materno. Desta forma, um clã liga-se a outro de geração a geração, tendo os homens de um clã um penhor sobre as mulheres do outro[3]. Daí por que as mulheres, para ele, se dividem no grupo de que depende; são todas consideradas da ordem das mães e incluem a própria mãe, as irmãs da mãe, as esposas dos irmãos do pai, as esposas dos irmãos da mãe e as filhas dos irmãos da mãe. No tocante à irmã do pai e à filha da irmã do pai, seu comportamento é mais formal, pois jamais poderão servir-lhe de mãe, esposa ou sogra, as três relações que se acham unidas no modo de sentir Tchambuli. Quanto ao casamento afetivo, além dos presentes enviados nas ocasiões cerimoniais,

(3) Para uma discussão desse sistema, v. Dr. Fortune, "A note on Cross-Cousin Marriage", *Oceania*, 1933.

cumpre pagar pela noiva com vários *kinas* e *talibun*, e para esse pagamento o moço depende de sua parentela masculina mais próxima. Um órfão, se lhe for permitido subsistir, tem poucas esperanças de obter esposa enquanto jovem. Ele é filho de ninguém; como pode então esperar ter uma esposa?

Assim como a atitude dos jovens em face das mulheres é franca mais do que complicada com diferentes atitudes conflitantes adequadas à mãe, irmã, esposa e sogra, do mesmo modo as mulheres em cuja casa foi criado constituem sólida unidade. Quando uma moça se casa, não ingressa na casa de estranhos, mas na casa da irmã do pai, que então se torna sua sogra. Se um homem possui duas esposas, elas, embora nem sempre procedam do mesmo clã, são irmãs e co-esposas. O fato de haverem sido co-esposas, mesmo quando separadas pela morte do marido e por casamento posterior, é considerado um forte liame entre mulheres. O protótipo da poliginia Tchambuli é um par de irmãs a entrar como noivas numa casa onde já casaram antes dela uma ou mais irmãs do pai; onde a velha sentada diante do fogo, que eventualmente murmura alguns comentários críticos, é também mulher do seu próprio clã e por isso não há de tratá-la asperamente. E este quadro inusitado de grande harmonia e solidariedade no âmbito das duas relações femininas em geral mais penosas, a de co-esposas e a de sogra e nora, permeia as inter-relações de todas as mulheres. As mulheres Tchambuli trabalham em blocos, uma dúzia juntas, trançando os grandes mosquiteiros de cuja venda provém a maioria dos *talibun* e dos *kina*. Cozinham juntas para qualquer festa, os fogareiros de barro (panelas redondas com tampas terraceadas, removíveis de um lugar para outro) colocadas lado a lado. Cada residência contém de uma a duas dúzias de fogareiros, de modo que nenhuma mulher precise cozinhar num canto sozinha. Toda a ênfase recai no companheirismo, no trabalho feliz e eficiente, estimulado por animadas brincadeiras e tagarelice. Num grupo de homens, porém, reina sempre tensão, vigilância, uma observação fingida aqui, um duplo sentido ali: "O que pretendia ele ao sentar-se no lado oposto na casa.dos homens quando viu você deste lado?" — "Você viu Koshalan passar com uma flor no cabelo? O que acha você que ele está planejando?"

À medida que o menino cresce, o mundo no qual irá ingressar surge a seus olhos como uma rede de cursos conflitantes, cada qual adornado de encantos sutis. Aprende a tocar flauta maravilhosamente, a flauta que soa como um casuar, a flauta que late qual um cachorro, as flautas que choram como pássaros, o conjunto de flautas que soam em uníssono para produzir um efeito de órgãos. Se for político, se fôr querido, poderá ter duas ou mesmo três esposas, como Walinakwon. Belo, dançarino gracioso, orador fluente, orgulhoso, autoritário, Walinakwon era, porém, ao mesmo tempo, brando e engenhoso. Além da primeira esposa, que o clã materno lhe dera quando ainda criança, duas outras mulheres o escolheram por marido. Era um homem de sorte. Todas as três mulheres teciam mosquiteiros e Walinakwon tinha, portanto, boas probabilidades de tornar-se rico.

Isto porque, apesar dos Tchambuli serem patrilineares em sua organização, apesar de haver poliginia e do homem pagar pela esposa — duas instituições que popularmente se afiguram degradar as mulheres — são as mulheres, entre os Tchambuli, que detêm a verdadeira posição de poder na sociedade. O sistema patrilinear inclui casas e terras, terra de morada e terra de plantio, mas apenas um ou outro homem, particularmente vigoroso, planta. Quanto à alimentação, o povo depende da pesca das mulheres. Os homens nunca pescam, a menos que um cardume apareça de repente no lago, quando saltam das canoas com o espírito jovial e lanceiam alguns peixes. Ou nas cheias, quando a estrada da praia se transforma num canal, pescam um pouco por esporte, à luz das tochas. Mas o verdadeiro negócio da pesca é inteiramente controlado pelas mulheres. Em troca do peixe obtêm sagu, taioba, noz de areca. A manufatura mais importante, os mosquiteiros, dois dos quais compram uma canoa comum, é totalmente produzida pelas mulheres. Os habitantes do médio Sepik compram estes mosquiteiros; na realidade a procura é tanta que os compradores os reservam muito antes de estarem terminados. E as mulheres controlam os lucros em *kinas* e *talibun*. É verdade que permitem aos homens efetuar as compras, tanto de alimentos no mercado como no transacionar os mosquiteiros. Os homens convertem estas viagens de compras numa ocasião de gala; quando um homem é incumbido das negociações finais por um dos mosquiteiros de suas esposas, parte resplandescente, ornado de penas e conchas, para passar alguns dias deliciosos à custa da transação. Hesita e negaceia, avança aqui e retrocede ali, aceita este *talibun* e rejeita aquele, pede para ver um *kina* mais delgado ou outro mais bem cortado, insiste em trocar metade dos artigos de compra depois de espalhados, faz uma verdadeira orgia de escolha, tanto quanto uma mulher moderna, com uma bolsa recheada, espera fazer numa viagem de compras a uma grande cidade. Contudo, somente com o consentimento da esposa, ele pode gastar os *talibun* e *kina* e as cordas de anéis de *conus* que traz de volta de suas férias. Acertou com jeito

246

um bom preço com o comprador; ainda lhe resta conseguir com jeito, com a esposa, parte do preço. Desde a meninice, é esta a atitude dos homens no que toca à propriedade. A verdadeira propriedade, aquela que o homem realmente possui, ele a recebe das mulheres, em troca de olhares lânguidos e palavras doces. Uma vez obtida, torna-se uma ficha nos jogos que os homens realizam entre si; ele não mais se preocupa com a economia básica da vida, mas antes em demonstrar afeto a um cunhado, em consolar os sentimentos feridos de alguém, em comportar-se muito elegantemente quando o filho de uma irmã cai à sua frente. A pequena guerra e paz se desenvolve o tempo todo entre os homens, os sentimentos que são feridos e precisam ser apaziguados são sustentados pelo trabalho e pelas contribuições das mulheres. Quando uma mulher está à morte, seu pensamento se volta aos rapazes a quem presta ajuda, o próprio filho, o filho da irmã de seu esposo; como se irá arrumar este que, na verdade, também é órfão e não tem alguém para ajudá-lo quando estiver para morrer? E se houver tempo, mandará chamar este belo rapazinho, ou o jovem já formado e lhe dará uma ou mais *kinas* ou algum *talibun*. Um tão belo rapaz vai por certo provocar ciúmes, envolver-se em alguma enrascada; é necessário assegurar-lhe os meios com que comprar seu retorno às boas graças.

A atitude das mulheres em relação aos homens é de carinhosa tolerância e estima. Divertem-se com os jogos que os homens realizam, particularmente com as representações que encenam em seu benefício. Um grande espetáculo de máscaras é ocasião de muito prazer. Quando se faz uma dança *mwai*, por exemplo, significa que um grupo de mulheres dança ao redor de cada conjunto de dançarinos mascarados. Essas figuras usam máscaras de madeira equilibradas em meio a penteado de folhas e flores, crivadas de dezenas de pequenas e delgadas esculturas, sobre varetas. Ostentam enormes panças feitas de um longo colar de conchas *kina* em forma decrescente, que chegam abaixo de suas cinturas quase como presas de elefantes. Usam anquinhas onde são fincadas caretas esculpidas. As pernas ficam escondidas em perneiras de palha; e descem de uma plataforma especialmente construída com um telão de fundo semelhante a montanhas distantes. As duas máscaras masculinas portam lanças e as duas femininas, vassouras; tocando trombetas e cantando músicas esotéricas em pequenos megafones de bambu, desfilam para cima e para baixo num longo caminho livre, junto ao qual se enfileiram mulheres e crianças espectadoras. As máscaras são propriedades do clã e, quando elas aparecem, as mulheres daquele clã, bem como as outras, saem e dançam em volta, compondo um alegre coro e apanhando do chão quaisquer penas ou enfeites que caiam. Não há homens no terreiro de dança, exceto os quatro escondidos dentro das máscaras — homens mais idosos nas máscaras masculinas, jovens e frívolos nas femininas. Esses jovens sentem um estranho prazer invertido em ingressar assim semidisfarçados no grupo das mulheres — não totalmente disfarçados, pois a maioria já segredou a uma mulher pelo menos os detalhes de suas perneiras. Agora mascarados, podem participar no rude jogo homossexual que caracteriza um grupo de mulheres em qualquer ocasião festiva. Quando não há máscaras no terreiro de danças, as mulheres representam entre si, executando jocosamente pantomimas do ato sexual. Quando as figuras aparecem, as mulheres incluem em seu jogo as máscaras femininas, mas de modo algum as masculinas. Tratam-nas com uma gravidade cuidadosa e delicada, evitando ferir seus sentimentos. Às máscaras femininas dão uma atenção muito definida, cutucando-as com feixes de folhas que trazem nas mãos, chocando-se contra elas em posições abertamente provocadoras, titilando-as e arreliando-as. O *double entendre* da situação, o espetáculo de mulheres a cortejar homens disfarçados de mulheres expressa, melhor do que qualquer outro ato ritual que presenciei, as complexidades da situação sexual entre os Tchambuli, onde os homens são nominalmente proprietários das casas, chefes das famílias, até mesmo donos das esposas, mas onde a verdadeira iniciativa e o poder se acham em mãos das mulheres. À máscara masculina as mulheres prestam lisonjas e algumas delas, em geral as mais idosas e mais sérias, dançam com ela; apanham do chão seus enfeites, quando caem. Com as máscaras femininas exibem um desejo sexual agressivo e alardeiam seu direito à iniciativa. Afinal, aos varões jovens basta segredar às mulheres as máscaras em que planejam dançar ou como poderão distinguir-lhes as pernas. Então, aprisionados nas máscaras desajeitadas, instáveis, mal equilibradas e parcialmente fiscalizados pelos homens mais velhos que dançam com as máscaras masculinas, podem apenas pavonear-se cegamente, de um lado para outro no terreiro de dança, esperando um sussurro ou um sopro a adverti-los de que certas mulheres se lhes achegaram. Essas cerimônias em geral se dissolvem em menos dias do que prevê o plano original, quando rumores de ligações começam a espalhar-se a ponto de atemorizar os homens mais velhos, os quais concluem haverem atraído as esposas ao terreiro de dança sem qualquer finalidade benéfica. Pois, mesmo que não tenha surgido qualquer ligação nova acobertada pela dança, a dança das mulheres está destinada a produzir por si mesma um alto grau de excitação sexual,

248

que pode tornar-se um explosivo nos dias futuros. As jovens esposas de homens velhos são as que mais apreciam tais cerimônias.

Estes festivais constituem uma ruptura na intensa vid., laboriosa das mulheres. Pés ligeiros, mãos habilidosas, eficientes, elas passam num contínuo vaivém de suas armadilhas de peixes para seus trançados de cestas, de suas cozinhas para as armadilhas de peixes, animadas, bem dispostas e impessoais. Jovial camaradagem, gracejos e comentários rudes e muito extensos são comuns. A cada residência é agregada freqüentemente uma noiva-criança, uma menina que aos dez ou onze anos é enviada para desposar o primo, um dos filhos da casa. Às mulheres não é difícil aceitarem a noiva. É a filha de seu irmão, sempre a conheceram; recebem-na de boa vontade, ensinam-lhe mais habilidade, fornecem-lhe um fogareiro para cozinhar. E, enquanto a vida dos homens é um amontoado de pequenas disputas, incompreensões, reconciliações, confissões, repúdios e protestos acompanhados de presentes, a vida das mulheres é singularmente desanuviada dos comentários desairosos ou das brigas. De cinqüenta brigas entre os homens, dificilmente há uma entre mulheres. Sólidas, preocupadas, poderosas, com os cabelos rentes e sem adorno, sentam-se em grupos e riem juntas ou ocasionalmente organizam uma dança noturna onde, sem um só homem, cada uma dança sozinha, vigorosamente, o passo que julga mais excitante. Aqui mais uma vez fica demonstrada a solidariedade das mulheres, o papel secundário dos homens. A residência dos Tchambuli é o símbolo dessa relação. Apresenta o quadro curioso do centro todo firmemente ocupado por mulheres bem entrincheiradas, enquanto os homens se sentam nas pontas, perto da porta, quase com um pé na escada, indesejados, resignados, prontos a fugir para suas casas de homens, onde cozinham sozinhos, juntam sua própria lenha e vivem, em geral, uma vida de quase solteiros, num estado de desconforto e suspeita mútuos.

Os jovens Tchambuli desenvolvem suas atitudes uns para com os outros numa atmosfera muito tensa de reqüesto, em que ninguém sabe sobre quem recairá a escolha de uma mulher, cada jovem prende a respiração e as esperanças, e nenhum tem disposição de confiar em outro. Tal corte surge da presença de viúvas ou esposas insatisfeitas. Estas últimas são criadas pela mesma fidelidade a um padrão despreocupado, com considerações práticas, que ocorre nas trocas Mundugumor. Se entre as "mães" de sua geração, uma das quais ele terá o direito de desposar, não houver sequer uma menina um pouco mais nova do que o menino, o clã materno dar-lhe-á uma jovem um pouco mais velha. Enquanto ele ainda é adolescente, inseguro, temeroso do sexo, ela amadurece e pode envolver-se em aventura com um dos seus irmãos, ou talvez com um parente mais velho. Os irmãos de sua mãe tentarão impedir isso; ridicularizarão publicamente o menino que não entra na cesta de dormir de sua esposa prometida, e o ameaçarão com possíveis aborrecimentos e a perda da noiva para outro clã. O menino, envergonhado e pungentemente infeliz, torna-se mais calado, mais recalcitrante do que nunca diante das investidas da esposa. Então, provavelmente, seguir-se-á algum outro arranjo, o casamento da moça com outro homem do clã. Quando se trata de uma viúva jovem, também é a escolha da menina que é decisiva, pois os homens não serão tolos a ponto de pagar por uma jovem que não indicou o esposo escolhido, dormindo com ele. Como dizem os homens, será dinheiro jogado fora. Uma viúva jovem é uma tremenda responsabilidade para a comunidade. Ninguém espera que ela permaneça quieta até que se lhe arranje um novo casamento. Não tem ela uma vulva? perguntam. Tal é o comentário que aparece continuamente entre os Tchambuli: "Serão as mulheres criaturas sem sexo, passivas, que vão perder tanto tempo na expectativa das considerações formais acerca do preço da noiva?" Os homens, menos intensamente sexuados, pode-se esperar que se submetam à disciplina da devida ordem e precedência.

Ainda assim, o curso do verdadeiro amor não transcorre mais suave aqui, onde dominam as mulheres, do que em sociedades dominadas por homens. Às vezes, quando são descritos arranjos matrimoniais, há uma tendência para considerar que um dos efeitos inevitáveis da prevalência feminina é a liberdade da mulher em se casar com quem queira. Porém, este não é um aspecto mais necessário do poder da mulher do que o direito de um jovem de escolher sua esposa o é, como resultado inevitável da patrilinearidade. As ambições sociais de uma mãe podem arruinar o casamento do filho sob a forma mais patriarcal de sociedade, e entre os Tchambuli nem homens nem mulheres cuidam de dar aos jovens mais liberdade que o necessário. O ideal é casar pares de primos enquanto crianças e assim resolver, pelo menos, parte da dificuldade. As oportunidades oferecidas pela poliginia servem, então, ao amadurecimento dos encantos do rapaz. Os homens mais velhos vêem com olhos invejosos a beleza e a graça de seus irmãos mais jovens e, posteriormente, de seus filhos, beleza e graça que hão de deslocá-los em breve ante as mulheres, especialmente de suas esposas jovens, cujos favores alcançaram talvez na derradeira vibração da poderosa idade madura. Os moços dizem amargamente que os velhos

250

aproveitam cada naco do poder e estratégia que possuem para eliminar seus jovens rivais, para envergonhá-los e desgraçá-los perante as mulheres. O método de desacreditar um jovem rival que os homens encontram mais próximo de suas mãos ciumentas é a acusação de orfandade. Se o pai de um menino é vivo, contribuirá talvez com dez ou vinte por cento do preço da noiva, raramente mais, e os outros homens do clã entrarão com o resto. A contribuição principal é feita pelo homem ou homens cujos casamentos foram financiados principalmente pelo pai do noivo. O estado de orfandade, portanto, não significa que o jovem seja na realidade incapaz de pagar o preço da noiva, mas apenas que se acha numa situação arriscada, da qual os outros homens podem tirar vantagens. E, cruelmente, os velhos lascivos, já à beira do túmulo, usarão esse poder para interferir entre um órfão do seu clã e a jovem viúva que expressou sua preferência por esse rapaz. Assistimos à representação de um desses dramas com todos os detalhes enquanto estávamos entre os Tchambuli. Tchuikumban era órfão; tendo perdido o pai e a mãe durante incursões de caçadores de cabeças, pertencia a um clã em desaparecimento. Mas era alto, ereto e encantador, embora mais arrogante e autoritário do que são, em geral, os homens Tchambuli. Yepiwali era sua "mãe", uma menina do clã materno, mas se casara, quando criança, numa parte distante do aldeamento, e Tchuikumban a via muito pouco. Então, mais ou menos na época em que chegamos a Tchambuli, os dois noivos em potencial, Yepiwali, agora viúva há muitas luas, e Tchuikumban, um órfão de um clã pobre e sem esposa prometida, passaram a se ver diariamente. Yepiwali, que sofria de uma grave úlcera de bouba, viera visitar os pais, e Tchuikumban ajudava na construção da nova casa de homens de Monbukimbit, um serviço que todos os sobrinhos uterinos devem aos irmãos da mãe. Yepiwali o viu e ele encontrou graça aos seus olhos. Ela contou a uma mulher mais velha que Tchuikumban lhe dera duas braçadeiras de contas. Não era verdade, porém era um alarde de que ela pretendia conseguir os favores dele. Mandou então a cabeça de um peixe para Tchuikumban através do cunhado. Tchuikumban comeu a cabeça do peixe, porém nada fez em retribuição às suas propostas. Dias mais tarde, Tchuikumban recebeu um casal de biguatingas. Yepiwali, que ouvira falar disso, mandou-lhe um recado: "Se você tiver dignidade, mande-me um pedaço dessa biguatinga em troca do meu peixe". Assim, Tchuikumban mandou-lhe metade do peito da ave. No dia seguinte fez uma viagem à aldeia de Kilimbit e passou por Yepiwali no caminho. Ele não lhe disse palavra, tampouco ela,

251

porém ela notou o novo cinto branco que ele estava usando. Naquela noite, mandou dizer-lhe que, se ele tivesse dignidade, lhe mandaria aquele cinto, um pouco de sabão e fósforos[2]. Ele o fez.

Nesta ocasião, o pai de Yepiwali decidiu que urgia casá-la de novo. Os boatos de suas ligações espalhavam-se e não era seguro deixá-la sem esposo por tanto tempo. Não lhe era possível discutir o casamento com ela, pessoalmente, porém convocou um primo, Tchengenbonga, a quem ela chamava de "irmão", para fazê-lo. Tchengenbonga perguntou à jovem qual de seus 'filhos" desejava desposar e ela respondeu que Tavalavban tentara conquistar-lhe a afeição, encontrara-a numa trilha e lhe tocara os seios, mas não gostava dele. Mostrou a Tchengenbonga os presentes que extraíra de Tchuikumban e disse que gostaria de desposá-lo. Tchengenbonga pediu-lhe o cinto e ela lhe deu. Tchuikumban viu o cinto em Tchengenbonga, mas nada disse. Pouco depois, um homem de outra tribo enviou ofertas pela mão de Yepiwali, porém, após prolongadas negociações, foram recusadas — todavia, não antes de ter-se tornado pública sua escolha de Tchuikumban. A questão do pagamento surgiu entre os parentes de Tchuikumban, que se recusaram a efetuá-la, porque ela não sabia fazer mosquiteiros. Não iriam permitir que um dos seus rapazes se casasse com uma mulher que não fosse boa provedora. Seu pai adotivo foi implacável: "Você é órfão. Como pode querer casar-se com uma mulher de sua própria escolha? Esta moça não presta. Está gasta por uma vida licenciosa. Não sabe tecer. Qual será o seu proveito em se casar com ela?" Reduziu Tchuikumban a uma miséria infeliz. Logo depois, Tchuikumban encontrou Yepiwali numa trilha deserta; ela parou e lhe sorriu, mas ele fugiu, por demais envergonhado de seu miserável *status* de órfão para ficar e cortejá-la. Yepiwali perdeu a paciência. Ela escolhera este homem, por que então ele hesitava? Mandou um recado aos homens da povoação próxima, juntamente com duas cestas de alimentos, dizendo que, como os homens de sua própria aldeia não tinham dignidade, um deles poderia vir e levá-la. Seus parentes ficaram alarmados. Passou a ser vigiada mais de perto. Então, no meio da cerimônia e confusão de uma casa de luto, ficou-se sabendo que Yepiwali se encontrara, às escondidas, com alguém, e verificou-se que esse alguém era Akerman, um homem mais velho do clã que tinha o direito de desposá-la. Ainda desejando Tchuikumban, apesar de bastante irritada com ele e com todos os jovens, levaram-na

(2) Comprados dos nossos empregados, bem como o cinto.

para se casar com Akerman, seguida pelas palavras confortadoras de uma mulher mais velha: "A outra esposa de Akerman é a irmã de seu pai. Será bondosa com você e não vai ralhar porque você não sabe fazer cestas". A outra esposa de Akerman fazia boas cestas, Akerman era velho e rico, e não era da conta de ninguém se tomava uma esposa jovem. Assim, o caso de amor malogrou porque os parentes de Tchuikumban envergonharam-no devido à sua orfandade e porque Yepiwali não era capaz de sustentar um jovem esposo.

Dessa forma, o conflito a respeito das mulheres, proscrito entre os Arapesh devido à ênfase dada à procura de esposas para os filhos e parte tão importante do embate e do choque de vida entre os Mundugumor, também existe entre os Tchambuli, onde jovens e velhos lutam furtivamente pelos favores das mulheres, mas em sua maior parte a luta é subterrânea. Não é um combate, mas uma competição secreta, onde é provável que homens e mulheres jovens percam para a vontade dos pais.

Os segredos do culto dos homens e a santidade das casas masculinas são também importantes para a posição dos sexos. Estas casas masculinas, que combinam as funções de clube e camarim de atores, lugar onde os homens podem manter-se isolados das mulheres e preparar sua própria alimentação, oficinas e salas de vestir para cerimônias, não permanecem invioláveis à entrada de uma mulher, em certas ocasiões cerimoniais. No caso da escarificação de uma criança, a mulher que a carrega entra oficialmente na casa dos homens e se senta orgulhosamente sobre um tamborete. Se houver uma briga, as mulheres aglomeram-se na encosta e gritam avisos e orientações para o próprio centro da casa onde se desenrola o debate. Vêm armadas de grossos porretes, a fim de tomar parte na batalha, se for necessário. As cerimônias elaboradas, o bater dos tambores-d'água, o soprar de flautas não constituem segredos para as mulheres. Enquanto se encontravam paradas, um auditório apreciador, ouvindo solenemente a voz do crocodilo, perguntei-lhes: "Vocês sabem quem faz aquele barulho?" — "Claro, é um tambor-d'água, mas não dizemos nada, por medo de que os homens possam ficar envergonhados." E os moços respondem, quando se lhes pergunta se as mulheres conhecem seus segredos: "Sim, conhecem-nos, mas são boas e fingem não conhecê-los, com medo de que fiquemos envergonhados. Além disso, poderíamos ficar tão envergonhados que as espancaríamos".

"Poderíamos ficar tão envergonhados que as espancaríamos." Nesta frase encontra-se a contradição básica da sociedade Tchambuli, onde os homens são teórica e legalmente dominantes, mas onde desempenham um papel emocionalmente servil, dependentes da segurança que lhes é concedida pelas mulheres, e esperando até mesmo na atividade sexual que elas tomem a iniciativa. Suas magias amorosas consistem em amuletos feitos de pedras roubadas, que as mulheres usam para práticas auto-eróticas; disso os homens se ressentem profundamente, achando que poderiam beneficiar-se de maior impulso e especificidade sexual das mulheres. O que pensarão as mulheres, o que dirão as mulheres, o que farão as mulheres, é algo que subsiste no fundo da mente de cada homem, à medida que ele tece sua tênue e incerta trama de relações insubstanciais com outros homens. Cada homem permanece sozinho, a representar sua multiplicidade de papéis, ora aliado a um, ora a outro homem; as mulheres, porém, constituem um grupo sólido, ativo, protetor, jovial, não-perturbado por rivalidades. Alimentam suas crianças do sexo masculino e seus jovens parentes varões com sementes de lotos e raízes de lírios, seus esposos e amantes com pílulas de amor distribuídas parcimoniosamente. E, ainda assim, os homens são mais fortes e um homem pode surrar a esposa, servindo essa possibilidade para confundir todo o fluxo do domínio feminino e da saltitante, encantadora, graciosa e galanteadora atenção masculina.

16. OS INADAPTADOS EM TCHAMBULI

O ideal Tchambuli de homem e de mulher contrasta agudamente com os ideais tanto dos Mundugumor como dos Arapesh e, na verdade, tem pouquíssimo em comum com ambos. Entre os Arapesh e os Mundugumor, os homens e as mulheres possuem idealmente a mesma personalidade social, ao passo que entre os Tchambuli suas personalidades se opõem e se completam idealmente. Ademais, tanto os Arapesh como os Mundugumor preocupam-se basicamente com as relações humanas em si mesmas, enquanto os Tchambuli, em teoria, se devotam a finalidades artísticas impessoais. Embora os Mundugumor procurem exaltar o eu, forçar outros seres humanos ao serviço do eu, explorar impiedosamente os fracos e eliminar os fortes que se lhes opõem, e os Arapesh procurem antes depreciar o eu, sendo seus homens e mulheres ideais os indivíduos que se realizam na devoção às finalidades de outrem, os Arapesh e os Mundugumor são, em última análise, pessoais em suas ênfases. A estrutura de suas sociedades é constantemente vergada ou quebrada para servir as necessidades e ambições pessoais, e não existe o sentimento de que essa estrutura é tão válida e bela que o indivíduo deveria estar subordinado à sua perpetuação e elaboração, de que o valioso é a dança e não o dançarino.

Mas os Tchambuli valorizam primordialmente sua vida social intricada, delicadamente padronizada, seus ciclos infindáveis de cerimônias e danças, a superfície polida de suas inter-relações. Nem homens, nem mulheres estão idealmente preocupados com objetivos pessoais, quaisquer que sejam eles; as mulheres cooperam com um grande grupo de parentesco, o homem é membro de várias associações, a cujos objetivos e fins supostamente se ajusta. Por prazer, neste padrão, as mulheres pescam e recolocam suas armadilhas, remam pelo lago na madrugada fria, sobem de volta às suas casas, onde passam o dia inteiro sentadas, trançando mosquiteiros que trarão mais *kina* e *talibun* à circulação, e é graças à presença da *kina* e do *talibun* que a vida cerimonial é mantida em movimento, pois cada dança, cada cerimônia exige o dispêndio de alimentos e valores. As mulheres dão a esses serviços eficiência impessoal, vigorosa; trabalham não para o esposo ou filho primordialmente, mas para que a dança possa desenrolar-se num estilo grandioso.

Assim como a tarefa das mulheres é pagar pela dança, o dever dos homens é dançar, aperfeiçoar os passos e os sons que hão de tornar o espetáculo um êxito. A contribuição das mulheres é geral, o dinheiro e o alimento, que possibilitam a dança. A dos homens, de outro lado, é específica e delicadamente ajustada, um caso de minucioso aperfeiçoamento. O prestígio que advém de façanhas individuais foi praticamente eliminado e, para o sacrifício no solo cerimonial, vítimas compradas tomaram o lugar das vítimas mortas na guerra por bravura pessoal. Pressupõe-se que o casamento seja arranjado segundo linhas completamente formais, com base em laços emocionais e consangüíneos, há muito estabelecidos, um fundamento seguro para a orientação da vida.

A descrição desse ideal de uma Utopia artística impessoal pode soar estranha aos ouvidos do leitor, depois do material apresentado no último capítulo, onde foi resumida a massa de disputas, sentimentos feridos e intriga que caracteriza a vida dos homens. E é essa a finalidade, pois os Tchambuli, como os Mundugumor e os Arapesh, escolheram como caminho decretado para toda a humanidade um

256

que é especial demais para convir congenialmente a todos os temperamentos. E complicaram ainda mais a questão, ao decretar que os homens deverão sentir e agir de um modo, as mulheres agir e sentir de forma totalmente diversa. Isso introduz de imediato um novo problema educacional. Se cumpre ajustar adequadamente meninos e meninas a tais atitudes contrastantes para com a vida, seria de esperar que sua primeira educação apresentasse traços contrastantes. Entretanto, até a idade de seis ou sete anos, o menino e a menina Tchambuli são tratados exatamente da mesma maneira, e nessa idade, enquanto a menina é rapidamente treinada em ofícios manuais e absorvida na vida sóbria e responsável da mulher, ao menino não é dado um treinamento assim adequado a seu futuro papel. É abandonado, à margem de sua sociedade, um pouco grande demais para as mulheres, um tanto pequeno demais para os homens. Não tem idade suficiente para que confiem nele, dentro de uma casa de homens, enquanto secretos preparativos estão em desenvolvimento. Sua língua destreinada pode escorregar. Não tem idade bastante para aprender a execução impecável das grandes flautas; não se lhe podem confiar as elaboradas canções secretas do clã, que ele aprenderá a apregoar através do megafone quando for mais velho. Se a ênfase fosse posta totalmente na habilidade, na aquisição de uma técnica perfeita e suave, esses meninos pequenos, tão logo deixassem as saias da mãe, poderiam ser adestrados como pequenos executantes. O segredo da sala de vestir, herança Tchambuli dos cultos do *tamberan* da Nova Guiné, impede tal possibilidade. Este segredo, que é tão inexpressivo, tão destituído de função, um peso tão grande sobre os interesses da tribo Tchambuli — interesses que são sempre artísticos e nunca religiosos — é também sua ruína. Torna-lhes impossível vincular o menino em crescimento a uma devoção impessoal. O arranjo das pessoas numa grande cerimônia mostra, em relevo agudo, a posição do menino de oito anos. Na sala de vestir, por trás das telas de esteiras de folhas de palmeira, estão os velhos, os jovens e os rapazes recém--iniciados, saltitando para cá e para lá em pequenas tarefas. No terreiro de danças ficam grupos de mulheres e meninas, algumas dançando com um conjunto de máscaras, outras sentadas em alegres grupos parlantes. Algumas das menininhas dançam, outras estão sentadas com as mulheres, segurando os bebês, descascando cana-de-açúcar para as crianças menores, completa e solidamente identificadas com seu próprio sexo. Somente os garotos são excluídos. Não pertencem a lugar algum, atrapalham todo mundo. Em grupos taciturnos, desanimados, sentam-se à volta, em tamboretes. Aceitam ocasionalmente o alimento que lhes é

257

oferecido, apenas para irem comê-lo de mau-humor e talvez brigar por causa dele com outro menino que esteja na mesma posição. É uma festa de todos, menos deles.

Este período de três, às vezes quatro anos, na vida desses meninos estabelece hábitos que prevalecem pelo resto da vida. Uma sensação de abandono, de exclusão, instala-se neles. Quando os homens ou os meninos maiores os mandam levar um recado, sentem-se explorados, eles que não são queridos em ocasião alguma. Os meninos maiores enxotam-nos para casa ao anoitecer, e nas casas das mulheres, onde ainda são mimados com grande generosidade imparcial e impessoal que não lhes aplaca os sentimentos feridos, sentam-se e ouvem as flautas. Mesmo as mulheres, sabem eles, estão por dentro dos segredos; e suas irmãs menores, que, estando mais amiúde com as mulheres, captaram mais da conversa destas, silenciam entre risadinhas suas observações sobre uma cerimônia, quando um menino não-iniciado se aproxima delas. Ninguém sugere que tal demora ocorra para o próprio bem deles, explicação que é dada aos meninos Arapesh. Não, é por conveniência dos homens mais velhos. Assim, os meninos menores ardem em ressentimento que nunca desaparece inteiramente e, quando crescem, se transformam em homens Tchambuli típicos, ultra-rápidos em sentir-se ofendidos ou menosprezados e em explodir em histérica vituperação. Um a um, no correr dos anos, são introduzidos nos segredos, sem a mínima sensação de estarem afinal vendo coisas belas e temíveis, pois os Tchambuli não possuem tal sentimento religioso. O espetáculo belo, quase temível, é a produção acabada a que os meninos pequenos assistiram desde a infância. Os segredos do vestiário resultam ser a reunião de pedacinhos de bugigangas, meias-máscaras, insígnias não-pintadas de pedaços de junco, com que é construído o espetáculo. Quando são iniciados, ingressam num grupo já caracterizado por rivalidades, muitas das quais do tipo reinante numa companhia de balé, onde a subordinação de todos a um padrão sempre entra em choque com a ambição e a vaidade individuais. A admissão gradual aos segredos e a forma como, enquanto iniciados, são convertidos em meros peões sem qualquer papel próprio, completam o mal, e a perfeita dedicação à dança, com o que conta o ideal Tchambuli, nunca é atingida.

Não obstante, essa leve jaça na unanimidade e harmonia dos atores não desfigura seriamente a superfície da vida Tchambuli. O espetáculo continua; são feitas novas máscaras com olhos enviesados que sugerem o rosto de um lobisomem, novas flautas com pontas enfeitadas por pequenos pássaros graciosos e, quando o sol imerge sobre o

258

lago, sereno e irreal, a música das flautas se ergue das casas de homens. Embora os atores estejam mais interessados em seus próprios passos do que na dança inteira, ainda assim o seu bailado é perfeito. É certo que uma leve irrealidade impregna toda a vida. As emoções realistas são de tal modo abafadas pela observância cerimonial que todo sentimento se torna um pouco irreal, até a expressão de ódio ou de medo se converte também apenas numa figura da dança. Assim, da beira lamacenta do lago onde se banham os jovens, chegam gritos de agonia, berros de socorro e os sons estertorantes da morte. Não se trata de afogamento, embora eles ocorram — aconteceu mesmo um na semana passada, quando o filho de Kalingmale foi para o fundo e ficou emaranhado entre as raízes. Mas esses gritos agudos são apenas os jovens brincando, brincando com a morte. Na encosta, não muito longe, Kalingmale está sentado, com o olho num machado que as mulheres conservam longe dele. Sua esposa acusou-o de ser responsável pela vadiagem da criança na água; ele quer aquele machado para matar a mãe da criança que estava com seu filho, mas que não se afogou. Atacou-a duas vezes, mas agora as mulheres vigilantes não mais o abandonam. Mas lá embaixo, na beira do lago, os jovens riem histericamente quando o estertorar da morte é realisticamente imitado, ora por uma voz jovem, ora por uma outra.

Ou chegam notícias de que uma mulher foi raptada por outra tribo. Assaltada enquanto pescava, foi levada para ser esposa de um inimigo. Os jovens sentam-se na casa de homens, desenhando decorações em novas cuias de barro e soltando um *bon mot* a cada volta do instrumento de gravar. "Vocês estão zangados", pergunta-lhes alguém, "por causa do rapto de sua irmã?" — "Não sabemos ainda", respondem. "Os anciãos não nos disseram."

Mas sob este tipo de alegre dissociação, implícita na padronização formal da vida à distância das emoções primárias nos interesses de uma forma graciosa, há uma causa cultural mais séria de desajustamento. É mister lembrar que existe contradição na sociedade Tchambuli, que, sob formas patriarcais, as mulheres dominam a cena. Com uma personalidade social muito mais dominadora e definida do que é usualmente desenvolvida nas mulheres, mesmo sob a matrilinearidade, as mulheres são teoricamente sujeitas aos homens; foram, na verdade, compradas e pagas, fato que é mencionado com freqüência. Destarte, o menino Tchambuli cresce dentro de dois conjuntos de idéias conflitantes; ouve dizer que seu pai comprou sua mãe, ouve falar quanto seu pai pagou por sua mãe e quanto recolherá agora para pagar pela jovem esposa de seu filho. Ouve observações como a citada ao fim do último capítulo: "Poderíamos ficar tão envergonhados que as espancaríamos". Vê mocinhas mal-casadas se envolverem em intrigas, engravidarem e perseguidas por homens e mulheres, precipitarem-se loucamente pelas escadas da casa, ou por caminhos rochosos, até abortarem. E ele vê que, ao fim, são consultadas sobre suas escolhas, apesar de tudo. Ao mesmo tempo leva uma vida afinada às vozes das mulheres, onde cerimônias são organizadas por causa das mulheres, onde as mulheres têm a primeira e a última palavra nos acordos econômicos. Tudo o que ouve sobre o sexo acentua o direito da mulher à iniciativa. O menino escolhido receberá um presente e um desafio da jovem que o escolheu; os homens podem nutrir desejo, mas pouco lhes adianta, a não ser que suas esposas estejam ativamente interessadas; na verdade, suas esposas podem preferir o auto-erotismo. Eis um conflito na própria raiz de seu ajustamento psico-social; sua sociedade lhe diz que ele governa as mulheres, sua experiência mostra a cada passo que as mulheres esperam governá-lo, como governam seu pai e seu irmão.

Entretanto, a verdadeira dominância da mulher é muito mais real do que a posição estrutural dos homens, e a maioria dos jovens Tchambuli se ajustam a isso, habituam-se a esperar as palavras e os desejos das mulheres. Em cima de suas casas de homens, isolada com cortinas dos olhos dos transeuntes, está a figura de madeira da mulher com uma vulva enormemente exagerada, pintada de escarlate. É o símbolo que lhes controla as emoções. Contudo, embora a maioria se ajuste, aqui, como nas duas outras sociedades que examinamos, há alguns indivíduos incapazes de se ajustarem ao estilo de vida em que sua cultura insiste. Entre os Tchambuli, os homens desajustados têm o mesmo temperamento que os desajustados dos Arapesh, os jovens mais virilóides, violentos, dominadores e ativamente sexuados, intolerantes a qualquer controle e a qualquer atividade que eles próprios não hajam encetado. Mas, entre os Arapesh, tais jovens tinham contra si todo o peso da sua sociedade; apenas farrapos de folclore, pedaços de obsoleta magia de cultivo davam-lhe algum material objetivo onde pendurar suas desconfianças e suspeitas. Se cortejavam as esposas mais intrepidamente do que ditava o sentimento Arapesh, elas pelo menos não levavam este fato à conta de uma invasão de suas prerrogativas femininas. Entre os Tchambuli, entretanto, as condições são mais difíceis. O moço violento, com vontade de empreender e ditar, encontra uma riqueza de justificação formal para suas ambições. Ao longo dos oitões das casas de homens estão penduradas filas de cabeças, teoricamente

260

tomadas dos inimigos. Ele sonhou anos a fio com expedições de caça de cabeças, antes de compreender que são espólios de tráfico de traição, não de uma batalha. Vê pagamentos serem feitos por sua esposa. Algum dia ela será sua e ele fará o que quiser com ela; não foi ela comprada? Isto já é mais do que suficiente para confundi--lo. E tais jovens estão definitivamente desajustados entre os Tchambuli, mais do que em qualquer grupo semelhante que estudei. Táukumbank estava coberto de sarna; durante um curto período, longe de sua aldeia, esqueceu a própria língua e era obrigado a conversar com o pai no jargão comercial do médio Sepik. (Sua confusão foi ainda mais intensificada por um casamento irregular entre o pai e a mãe, que o transformou num membro de grupos sociais conflitantes e lhe atrapalhou completamente a compreensão do funcionamento de sua sociedade.) Tchuikumban tinha uma surdez de origem histérica e não ouvia qualquer ordem que lhe era dirigida. Yangítimi tinha uma série de furúnculos e tornava-se cada vez mais aleijado e mais recessivo. Kavíwon, um belo jovem musculoso, filho do Lulai indicado pelo governo, tentou realizar, através da posição paterna, o desejo de dominar. Mas o pai limitou-se a balançar os cachos e retirou-se. Kavíwon, sentado no chão de sua casa, foi tomado por um desejo incontrolável de atirar uma lança no grupo de mulheres tagarelas, suas duas esposas e as irmãs delas, sentadas sob sua casa. Disse simplesmente que não conseguia mais suportar a risada delas. A lança, enfiada compulsoriamente através de uma fenda no assoalho, traspassou a bochecha da esposa, e durante algum tempo houve temor por sua vida. Sintomas neuróticos, atos incontáveis de ódio e violência, caracterizam estes jovens cuja sociedade lhes diz serem os amos em seus lares, mesmo depois que tal comportamento se fez completamente obsoleto.

As esposas destes jovens desajustados também sofrem, não só de lanças transviadas nas bochechas, mas porque julgam necessário tornar sua dominância tanto mais clara. Foi o que aconteceu com Tchubukéima, a esposa de Yangítimi, uma jovem bela e alta com temperamento de prima-dona. Quando engravidou, Yangítimi mostrou pouco interesse; andava mal-humorado e seus furúnculos pioravam. Ela vingava-se com contínuos desmaios nas circunstâncias mais públicas e evidentes. Tais ataques redundaram em proibições rituais, confusão e tumulto. Yangítimi adotava temporariamente uma atitude solícita apropriada. Quando as dores do parto começaram, Yangítimi aborreceu-se logo com sua posição de espectador preocupado e desamparado, sentado na extremidade oposta da casa enquanto a esposa permanecia isolada com a

261

parteira e as irmãs do seu pai, entre cujos joelhos a parturiente deve ajoelhar-se. Yangítimi começou a rir e gracejar com o mágico que fora chamado para lançar um encanto sobre o processo. A esposa ouviu seu riso despreocupado e a raiva subiu em seu íntimo. Toda enfunada, apareceu no meio da casa, lá onde não lhe cabia ir. Suspirou e gemeu. A conversa despreocupada do marido parou. Ela retirou-se. Novamente chegou-lhe aos ouvidos o rumor de uma típica conversa masculina irresponsável. Abruptamente interrompeu seu rítmico gemer, que aumentara a uma periodicidade de cinco segundos, e adormeceu. A ansiedade desceu sobre a casa. Se perdesse as forças, ela e a criança morreriam. As mulheres tentaram acordá--la. A conversa despreocupada dos homens foi silenciada. Ela acordou. Os gemidos recomeçaram e mais uma vez a impaciência de Yangítimi ante o papel revelou-se. E mais uma vez Tchubukéima desfilou, exibiu seus sofrimentos, e por fim caiu de novo no sono. Esse procedimento, iniciado pela manhã bem cedo, continuou mais e mais. Por volta do meio-dia, os homens estavam um pouco assustados. Discutiam as possibilidades mágicas, as possibilidades de feitiçaria. Uma a uma, foram elas vaticinadas e rejeitadas. As mulheres diziam severamente, nada impressionadas, que Tchubukéima não carregara bastante lenha durante a gravidez. No meio da tarde, recorreram a medidas desesperadas. Decidiu-se que os espíritos da casa eram inimigos e que era preciso remover a esposa de Yangítimi para uma casa no extremo oposto da aldeia. Isso, diziam as pessoas, muitas vezes induzia a mulher a desenvolver o esforço adequado e expelir a criança. Assim, galgando uma trilha íngreme e escorregadia, lá fomos nós para aquela casa, a milha e meia de distância — na frente a mulher em trabalho, consumida pelo ódio, e atrás as outras que a assistiam. Eu mesma, justamente no curso de um ataque de febre, seguia à retaguarda. Chegando à casa escolhida, isolaram de novo Tchubukéima, que voltou a ajoelhar-se entre os joelhos da irmã de seu pai. Mas então surgira nova complicação: as mulheres também haviam perdido a paciência. A tia, sentada com a cabeça voltada para outra mulher, tagarelava, animadamente, sobre as ripas de palmeiras que o povo da aldeia de Indéngai andara cortando, sobre uma recente reconciliação em Wómpun, sobre o estado facial da esposa de Kavíwon, e o que ela pensava dos homens que enfiavam lanças no rosto das esposas. De vez em quando, volvendo-se para a furiosa jovem ajoelhada, observava: "Tenha este filho!" Tchubukéima tornou a deitar-se irritada e adormeceu. Não foi antes das duas da manhã, quando Yangítimi, agora realmente preocupado, pagou uma *kina* ao representante terreno

262

de um dos espíritos xamânicos, que Tchubukéima se decidiu a dar à luz seu filho. Esposa dominante de um marido aberrante, vira-se forçada a raras delongas a fim de demonstrar sua real posição.

A análise da situação do desajustado entre os Mundugumor mostrou como uma pessoa branda, colocada numa posição que sua cultura decretou seja tratada de modo violento e agressivo, sofre um desajustamento menos pronunciado do que o indivíduo violento condenado, mas não disciplinado, a representar um papel suave e responsável. As condições Tchambuli confirmam a conclusão. Os homens são os desajustados evidentes, sujeitos a acessos maníacos, histéricos e neurastênicos. A mulher sossegada e não-dominadora segue o seu caminho, via de regra, dentro dos confortáveis limites do amplo grupo feminino, eclipsada por uma esposa mais jovem, dirigida por uma sogra. Seu desajustamento não é de modo algum evidente; se ela não desempenha um papel tão relevante quanto o seu sexo lhe autoriza, tampouco se rebela grandemente contra sua posição.

Se for particularmente inteligente, poderá, como Ombléan dos Mundugumor, ludibriar sua cultura. Uma mulher deste tipo era Tchengokwále, mãe de nove filhos, esposa mais velha de Tanum, um homem violento, dominador, inteiramente desajustado, que era o nosso vizinho mais próximo. Tchengokwále adaptou-se à violência do marido e, por sua aquiescência, sem dúvida acentuou-a. Ao mesmo tempo, era um pouco diferente das mulheres mais jovens, agressivas e altamente sexuadas, da outra esposa de seu marido, e da esposa prometida de seu filho. Além disso, dedicara-se ao trabalho de parteira, uma ocupação considerada quase delicada e sentimental pelos Tchambuli. E quando um grupo de homens se reunia para consultas sobre alguma complicação, a única mulher admitida entre eles, a única a sentir mais afinidades com os ansiosos e acossados homens do que com as mulheres autoconfiantes e dominadoras, era Tchengokwále, a parteira.

Quarta parte

A IMPLICAÇÃO DESSES RESULTADOS

17. A PADRONIZAÇÃO
DO TEMPERAMENTO SEXUAL

Consideramos até agora, em pormenor, as personalidades aprovadas de cada sexo, entre três grupos primitivos. Vimos que os Arapesh — homens e mulheres — exibiam uma personalidade que, fora de nossas preocupações historicamente limitadas, chamaríamos maternal em seus aspectos parentais e feminina em seus aspectos sexuais. Encontramos homens, assim como mulheres, treinados a ser cooperativos, não-agressivos, suscetíveis às necessidades e exigências alheias. Não achamos idéia de que o sexo fosse uma poderosa força motriz quer para os homens quer para as mulheres. Em acentuado contraste com tais atitudes, verificamos, em meio aos Mundugumor, que homens e mulheres se desenvolviam como indivíduos implacáveis, agressivos e positivamente sexuados, com um mínimo de aspectos carinhosos e maternais em sua personalidade. Homens e mulheres aproximavam-se bastante de um tipo de personalidade que, em nossa cultura, só iríamos encontrar num homem indisciplinado e extremamente violento. Nem os Arapesh nem os Mundugumor tiram proveito de um contraste entre os sexos; o ideal Arapesh é o homem dócil e suscetível, casado com uma mulher dócil e suscetível; o ideal Mundugumor é o homem violento e agressivo, casado com uma mulher também violenta e agressiva. Na terceira tribo, os Tchambuli, deparamos verdadeira inversão das atitudes sexuais de nossa própria cultura, sendo a mulher o parceiro dirigente, dominador e impessoal, e o homem a pessoa menos responsável e emocionalmente dependente. Estas três situações sugerem, portanto, uma conclusão muito definida. Se aquelas atitudes temperamentais que tradicionalmente reputamos femininas — tais como passividade, suscetibilidade e disposição de acalentar crianças — podem tão facilmente ser erigidas como padrão masculino numa tribo, e na outra ser prescritas para a maioria das mulheres, assim como para a maioria dos homens, não nos resta mais a menor base para considerar tais aspectos de comportamento como ligados ao sexo. E esta conclusão torna-se ainda mais forte quando observamos a verdadeira inversão, entre os Tchambuli, da posição de dominância dos dois sexos, a despeito da existência de instituições patrilineares formais.

O material sugere a possibilidade de afirmar que muitos, senão todos, traços de personalidade que chamamos de masculinos ou femininos apresentam-se ligeiramente vinculados ao sexo quanto às vestimentas, às maneiras e à forma do penteado que uma sociedade, em determinados períodos, atribui a um ou a outro sexo. Quando ponderamos o comportamento do típico homem ou mulher Arapesh, em contraste com o do típico homem ou mulher Mundugumor, a evidência é esmagadoramente a favor da força de condicionamento social. De nenhum outro modo podemos dar conta da uniformidade quase completa com que as crianças Arapesh se transformam em pessoas satisfeitas, passivas, seguras, enquanto que as crianças Mundugumor se convertem caracteristicamente em pessoas violentas, agressivas e inseguras. Só ao impacto do todo da cultura integrada sobre a criança em crescimento podemos atribuir a formação dos tipos contrastantes. Não há outra explicação de raça, dieta ou seleção que possamos aduzir para esclarecê-la. Somos forçados a concluir que a natureza humana é quase incrivelmente maleável, respondendo acurada e diferentemente a condições culturais contrastantes. As diferenças entre indivíduos que são mem-

268

bros de diferentes culturas, a exemplo das diferenças entre indivíduos dentro da mesma cultura, devem ser atribuídas quase inteiramente às diferenças de condicionamento, em particular durante a primeira infância, e a forma deste condicionamento é culturalmente determinada. As padronizadas diferenças de personalidade entre os sexos são desta ordem, criações culturais às quais cada geração, masculina e feminina, é treinada a conformar-se. Persiste entretanto o problema da origem dessas diferenças socialmente padronizadas.

Conquanto a importância básica do condicionamento social ainda seja imperfeitamente reconhecida — não apenas no pensamento leigo, mas até pelo cientista especificamente preocupado com tais assuntos — ir além e considerar a possível influência de avariações no equipamento hereditário é empresa arriscada. As páginas seguintes hão de oferecer um significado muito diferente para quem tenha integrado em seu pensar o reconhecimento do admirável mecanismo conjunto do condicionamento cultural — quem realmente haja acolhido o fato de que seria possível desenvolver a mesma criança como pleno partícipe em qualquer dessas três culturas — e outro para quem ainda acredite que as minúcias do comportamento cultural são transportadas no plasma germinativo individual. Se se disser, portanto, que, embora tenhamos captado a significação total da maleabilidade do organismo humano e a importância preponderante do condicionamento cultural, ainda restam outros problemas a solver, cumpre lembrar que esses problemas *se seguem* a tal compreensão da força do condicionamento; não podem precedê-la. As forças que levam as crianças nascidas entre os Arapesh a se desenvolverem em personalidades Arapesh típicas são inteiramente sociais, e qualquer discussão das variações ocorrentes deve ser visualizada contra este substrato social.

Com esta advertência em mente, podemos formular mais uma pergunta. Admitindo-se a maleabilidade da natureza humana, por que motivo surgem as diferenças entre as personalidades padronizadas que as diferentes culturas decretam para todos os seus membros, ou que uma cultura decreta para os membros de um sexo em contraste com os do sexo oposto? Se tais diferenças são culturalmente criadas, porquanto este material poderia sugerir muito fortemente que o são, se a criança recém-nascida é moldável com igual facilidade num Arapesh não-agressivo ou num agressivo Mundugumor, por que então ocorrem em geral esses contrastes impressionantes? Se as chaves das diferentes personalidades determinadas para os homens e mulheres, entre os Tchambuli, não residem na constituição física dos dois sexos — uma posição que nos incumbe rejeitar seja no caso dos Tchambuli seja no de nossa própria sociedade — onde havemos de achar as chaves em que os Tchambuli, os Arapesh e os Mundugumor se basearam? As culturas são feitas pelo homem, são construídas de materiais humanos; não estruturas diversas, porém comparáveis, dentro das quais os seres humanos podem atingir plena estatura humana. Sobre o quê construíram eles as suas diversidades?

Reconhecemos que uma cultura homogênea empenhada, desde as suas instituições mais graves aos costumes mais frágeis, em um rumo cooperativo, não-agressivo, pode inclinar cada criança a essa ênfase, algumas a um perfeito acordo com ela, a maioria a uma fácil aceitação, enquanto só alguns poucos desajustados deixam de receber o carimbo cultural. Considerar que certos traços como agressividade ou passividade estão ligados ao sexo não é possível à luz dos fatos. Terão semelhantes traços — como agressividade ou passividade, orgulho ou humildade, objetividade ou preocupação com relações pessoais, resposta fácil às necessidades do jovem e do fraco ou hostilidade em face destes, tendência a iniciar relações sexuais ou, apenas, a responder aos ditames de uma situação ou iniciativas de outra pessoa — terão estes traços alguma base no temperamento em geral? Serão eles potencialidades de todos os temperamentos humanos, que podem ser desenvolvidos por diferentes espécies de condicionamento social e que não aparecerão na falta do necessário condicionamento?

Quando propomos essa pergunta, deslocamos nossa ênfase. Se indagarmos por que um homem ou uma mulher Arapesh denotam o tipo de personalidade que consideramos na primeira parte deste livro, a resposta será: Por causa da cultura Arapesh, por causa da forma intricada, elaborada e infalível pela qual uma cultura é capaz de moldar cada recém-nascido à imagem cultural. E se fizermos a mesma pergunta acerca de um homem ou mulher Mundugumor, ou a respeito de um homem Tchambuli comparado a uma mulher Tchambuli, a réplica será do mesmo gênero. Eles ostentam as personalidades peculiares às culturas em que nasceram e foram educados. Nossa atenção se concentrou nas diferenças entre homens e mulheres Arapesh como um grupo, e homens e mulheres Mundugumor como um grupo. É como se houvéssemos representado a personalidade Arapesh por um amarelo-claro, a Mundugumor por um vermelho-escuro, enquanto a personalidade feminina Tchambuli fosse laranja-escuro e a do homem Tchambuli, verde-pálido. Mas se inquirirmos de onde proveio a orientação original em cada cultura, de modo que uma se mostre agora amarela, outra vermelha, a terceira laranja e verde

270

segundo o sexo, cumpre entao perscrutá-las mais de perto. E debruçando-nos mais próximos do quadro, é como se, por trás do brilhante amarelo consistente dos Arapesh e do vermelho-escuro outrossim consistente dos Mundugumor, atrás do laranja e verde dos Tchambuli, achássemos em cada caso os delicados e apenas discerníveis contornos de todo o espectro, diferentemente revestido em cada caso pelo tom uniforme que o cobre. Esse espectro é a amplitude de diferenças individuais que se encontram atrás dos acentos culturais mais conspícuos, e é aí que devemos procurar a explicação da inspiração cultural, da fonte onde se abeberou cada cultura.

Parece haver igual amplitude de variação temperamental básica entre os Arapesh e os Mundugumor, embora o homem violento seja um desajustado na primeira sociedade e um líder na segunda. Se a natureza humana fosse matéria-prima totalmente homogênea, carente de impulsos específicos e caracterizada por diferenças constitucionais irrelevantes entre os indivíduos, então aqueles que apresentam traços de personalidade tão antitéticos à pressão social não deveriam reaparecer em sociedades com ênfases tão diversas. Se as variações entre indivíduos fossem atribuíveis a acidentes no processo genético, os mesmos acidentes não se repetiriam com freqüência análoga em culturas tão acentuadamente diferentes, com métodos de educação fortemente contrastantes.

Mas, pelo fato dessa mesma distribuição relativa de diferenças individuais aparecer em cultura após cultura, malgrado a divergência entre as culturas, parece apropriado oferecer uma hipótese para explicar sobre que bases as personalidades de homens e mulheres foram diversamente padronizadas com tanta freqüência na história da raça humana. Esta hipótese é uma extensão daquela aventada por Ruth Benedict em seu *Patterns of Culture*. Suponhamos que existam diferenças temperamentais definidas entre seres humanos que, se não são inteiramente hereditárias, pelo menos são estabelecidas numa base hereditária logo após o nascimento. (Mais do que isso, não podemos no momento aprofundar o assunto.) Estas diferenças, finalmente incorporadas à estrutura de caráter dos adultos, constituem, então, as chaves a partir das quais a cultura atua, selecionando como desejável um temperamento, ou uma combinação de tipos congruentes e relacionados, e incorporando esta escolha a cada fio da tessitura social — ao cuidar das crianças pequenas, aos jogos que as crianças praticam, às músicas que as pessoas cantam, à estrutura da organização política, às práticas religiosas, à arte e à filosofia.

Algumas sociedades primitivas tiveram tempo e robustez para reparar todas as suas instituições, de modo a ajustá-las a um tipo extremo, e a desenvolver técnicas educacionais, as quais hão de assegurar que a maioria de cada geração apresentará uma personalidade congruente com esta ênfase extrema. Outras sociedades trilhavam um caminho menos definido, selecionando seus modelos não dos indivíduos mais extremos, mais altamente diferenciados, porém dos tipos menos acentuados. Em tais sociedades, a personalidade aprovada é menos pronunciada e a cultura contém amiúde os tipos de inconsistências que muitos seres humanos também exibem; uma instituição pode ajustar-se aos usos do orgulho, outra a uma humildade casual que não é congruente nem com o orgulho, nem com o orgulho invertido. Tais sociedades, que adotaram como modelos os tipos mais comuns e menos agudamente definidos, muitas vezes revelam também uma estrutura social padronizada de modo menos definido. A cultura de tais sociedades é comparável a uma casa cuja decoração não foi composta por um gosto preciso e definido, por uma ênfase exclusiva na dignidade ou conforto, na pretensão ou beleza, mas onde foi incluído um pouco de cada efeito.

Alternativamente, uma cultura pode obter suas chaves, não de um temperamento, porém de vários. Mas, em vez de misturar numa mixórdia inconsistente as escolhas e ênfases de diferentes temperamentos, ou combiná-las num todo polido mas não particularmente diferenciado, pode isolar cada tipo, convertendo-o na base da personalidade social aprovada para um grupo de idade, de sexo, de casta ou de ocupação. Dessa forma, a sociedade torna-se não um tom uniforme com algumas manchas discrepantes de uma cor intrusa, porém um mosaico, com grupos diferentes apresentando diferentes traços de personalidade. Especializações como estas podem fundamentar-se em qualquer faceta dos dotes humanos — diferentes habilidades intelectuais, diferentes capacidades artísticas, traços emocionais diversos. Assim, os samoanos determinam que todos os jovens devem apresentar como traço de personalidade a ausência de agressividade e punem com opróbrio a criança agressiva que apresenta traços considerados apropriados somente em homens nobres de meia-idade. Nas sociedades baseadas em idéias elaboradas de hierarquia, os membros da aristocracia serão autorizados, compelidos mesmo, a demonstrar orgulho, sensibilidade a insultos, que seriam condenados como impróprios em membros das classes plebéias. Assim também, em grupos profissionais, ou em seitas religiosas, alguns traços temperamentais são selecionados e institucionalizados, e ensinados a cada novo membro que ingressa na profissão ou seita. Da mesma forma,

272

o médico aprende o modo de tratar que é o comportamento natural de alguns temperamentos e o comportamento-padrão do clínico geral na profissão médica; o Quacre aprende, pelo menos, o comportamento exterior e os rudimentos da meditação, a capacidade que não é, necessariamente, característica inata de muitos dos membros da Society of Friends[1].

O mesmo acontece com as personalidades sociais dos dois sexos. Os traços que ocorrem em alguns membros de cada sexo são especialmente consignados a um sexo e denegados a outro. A história da definição social das diferenças de sexo está cheia de tais arranjos arbitrários no campo intelectual e artístico, mas, em virtude da suposta congruência entre sexo fisiológico e dotação emocional, temos sido menos capazes de reconhecer que uma similar seleção arbitrária é feita também entre os traços emocionais. Admitimos que, por convir a uma mãe o desejo de cuidar de sua criança, se trata de um traço com que as mulheres foram mais prodigamente dotadas por um cuidadoso processo teleológico de evolução. Admitimos que, pelo fato de os homens caçarem, uma atividade que requer arrojo, bravura e iniciativa, foram dotados com estas proveitosas atitudes como parte de seu temperamento de sexo.

As sociedades fizeram estas suposições quer aberta quer implicitamente. Se uma sociedade insiste em que a guerra é a ocupação mais importante para o sexo masculino, estará por conseguinte insistindo em que todos os meninos demonstrem bravura e belicosidade. Mesmo que a acentuação da bravura diferencial de homens e mulheres não venha a articular-se, a diferença em ocupação torna implícito este ponto. Quando, entretanto, uma sociedade vai adiante e define os homens como corajosos e as mulheres como medrosas, quando aqueles são proibidos de mostrar medo e a estas se perdoa a demonstração mais flagrante de medo, introduz-se um elemento mais explícito. Coragem, ódio a qualquer fraqueza, ao recuo diante da dor ou do perigo — esta atitude, que é um componente tão forte de *alguns* temperamentos *humanos*, foi escolhida como chave do comportamento masculino. A franca demonstração do medo ou do sofrimento, que é congenial a um temperamento diferente, foi convertida em chave do comportamento feminino.

Originalmente duas variações do temperamento humano, um ódio ao medo ou desejo de exibi-lo, viram-se socialmente traduzidas em aspectos inalienáveis das perso-

---

(1) Sociedade de Amigos, ordem dos Quacres.

273

nalidades dos dois sexos. E nessa definida personalidade do sexo toda criança será educada, se for menino, para suprimir o medo, se for menina, para demonstrá-lo. Se não houver uma seleção social com respeito a este traço, o temperamento altivo, que é avesso a qualquer frouxidão de sentimentos, manifestar-se-á, independentemente do sexo, pela dureza do queixo. Sem uma taxativa proibição de tal comportamento, o homem ou a mulher francos e expressivos hão de chorar ou comentar o medo e o sofrimento. Tais atitudes, fortemente marcadas em certos temperamentos, podem por seleção social ser padronizadas ou proibidas para todos, ignoradas pela sociedade, ou convertidas no comportamento aprovado e exclusivo de um único sexo.

Nem os Arapesh, nem os Mundugumor estabeleceram qualquer atitude específica para o sexo. Todas as energias da cultura foram dirigidas para a criação de um único tipo humano, independente de classe, idade ou sexo. Não há divisões entre classes etárias em relação às quais se considerem adequados motivos e atitudes morais diferentes. Não há classe de videntes ou profetas que permaneçam à parte, bebendo inspiração em fontes psicológicas inacessíveis à maioria das pessoas. Os Mundugumor fizeram, é verdade, uma seleção arbitrária, quando reconheceram habilidade artística apenas em indivíduos nascidos com o cordão umbilical em volta do pescoço, e negaram firmemente o feliz exercício da habilidade artística aos nascidos de maneira menos incomum. O menino Arapesh com infecção de sarna foi socialmente selecionado para tornar-se um indivíduo descontente e anti-social, e a sociedade força crianças alegres e cooperativas, amaldiçoadas com essa doença, a se aproximarem por fim do comportamento próprio de um pária. Com estas duas exceções, nenhum papel emocional é imposto ao indivíduo em razão de nascimento ou de acaso. Assim como não há entre eles idéia de grau que declare alguns de posição social elevada e outros baixa, tampouco há idéia de diferença sexífera que proclame a necessidade de um sexo sentir diversamente do outro. Uma possível construção[2] social imaginativa, a atribuição de diferentes personalidades a diferentes membros da comunidade classificados em grupos de casta, sexo e idade, não existe.

Entretanto, quando nos voltamos para os Tchambuli, encontramos uma situação que, conquanto bizarra em um aspecto, parece, não obstante, mais compreensível em outro. Os Tchambuli, ao menos, levaram em consideração

---

(2) No sentido de *construct* mental.

274

as diferenças de sexo: usaram o fato óbvio do sexo como um ponto de organização para a formação da personalidade social, mesmo que nos pareça terem invertido o quadro normal. Embora haja motivo para acreditar que nem toda mulher Tchambuli nasce com um temperamento dominador, organizador e administrativo, ativamente sexuada e disposta a tomar a iniciativa nas relações sexuais, possessiva, determinada, prática e impessoal em suas perspectivas, ainda assim a maioria das meninas Tchambuli cresce com estes traços. E, embora existam provas definitivas a demonstrar que os homens Tchambuli não são, por dotes inatos, os atores delicados e responsáveis de uma peça encenada em benefício das mulheres, ainda assim a maioria dos meninos Tchambuli manifesta no mais das vezes essa personalidade vaidosa de ator. Visto que a formulação Tchambuli de atitudes de sexo contradiz nossas premissas comuns, podemos ver claramente que a sua cultura atribuiu arbitrariamente certos traços humanos às mulheres e imputou outros, da mesma forma arbitrária, aos homens.

Se aceitarmos, então, essa evidência tirada dessas sociedades simples que, através de séculos de isolamento da corrente principal da história humana, conseguiram desenvolver culturas mais extremas e surpreendentes do que é possível sob condições históricas de grande intercomunicação entre povos e a resultante heterogeneidade, quais são as implicações desses resultados? Que conclusões podemos extrair de um estudo da forma pela qual uma cultura seleciona alguns traços da extensa gama de dotes humanos e especializa esses traços ou para um sexo, ou para toda a comunidade? Que importância tem esses resultados para o pensamento social? Antes de considerarmos esta questão, será necessário discutir mais pormenorizadamente a posição do desajustado, o indivíduo cuja disposição inata é tão estranha à personalidade social exigida por sua cultura para sua idade, sexo, ou casta, que jamais conseguirá usar perfeitamente a vestimenta de personalidade que sua sociedade lhe confeccionou.

18. INADAPTADO

Quais são as implicações de uma compreensão do inadaptado social, do ponto de vista esboçado no último capítulo? Sob o termo "inadaptado" incluo qualquer indivíduo que, por disposições inatas ou acidente da primeira educação, ou mediante as influências contraditórias de uma situação cultural heterogênea, foi culturalmente "cassado", o indivíduo para quem as ênfases mais importantes de sua sociedade parecem absurdas, irreais, insustentáveis ou completamente erradas. O homem médio, em qualquer sociedade, perscruta o próprio coração e nele encontra um reflexo do mundo à sua volta. O delicado processo educacional que o tornou adulto assegurou-lhe essa pertinência espiritual à sua própria sociedade. Isso, porém, não é verdadeiro no caso do indivíduo para cujos dotes tempe-

277

ramentais sua sociedade não tem emprego, e nem sequer tolerância. A mais superficial inspeção de nossa história é suficiente para demonstrar que dotes exaltados num século são desaprovados no seguinte. Homens que seriam santos na Idade Média não têm vocação nas modernas Inglaterra e América. Quando consideramos sociedades primitivas que selecionaram atitudes muito mais extremas e contrastantes do que o fizeram as nossas próprias culturas ancestrais, o assunto se torna ainda mais claro. Na medida em que uma cultura é integrada e definida em seus objetivos, intransigente em suas preferências morais e espirituais, nesta mesma medida condena alguns de seus membros — membros apenas por nascimento — a viver alheios a ela, na melhor das hipóteses em perplexidade e no pior dos casos numa rebelião que pode dar em loucura.

Tornou-se moda agrupar todos aqueles que não aceitam a norma cultural como neuróticos, indivíduos alienados da "realidade" (isto é, das soluções atuais de sua própria sociedade) para o conforto ou inspiração de situações fantasiosas, refugiando-se em alguma filosofia transcendente, na arte, no radicalismo político ou, simplesmente, na inversão sexual ou outra qualquer idiossincrasia elaborada de comportamento — vegetarianismo ou uso de cilício. O neurótico é, ademais, considerado imaturo; não cresceu o suficiente para compreender as motivações obviamente realistas e louváveis de sua própria sociedade.

Nesta definição cobre-tudo, dois conceitos bem diversos ficaram borrados e confusos, um inutilizando o outro. Entre os desadaptados de qualquer sociedade, é possível distinguir aqueles que são fisiologicamente inadequados. Talvez tenham intelectos fracos ou glândulas defeituosas; alguma das possíveis fraquezas orgânicas pode predeterminá-los ao fracasso em qualquer das mais simples tarefas. Talvez — rara, muito raramente se encontram tais indivíduos — tenham praticamente todo o equipamento fisiológico do sexo oposto. Nenhum desses indivíduos sofre de qualquer discrepância entre um pendor puramente temperamental e a ênfase social; são meramente fracos e defeituosos, ou são anormais no sentido de que se acham num grupo que se desvia demasiado dos padrões culturais humanos — não padrões culturais particulares — para que possa funcionar efetivamente. A tais indivíduos, toda sociedade deve proporcionar um ambiente mais brando, mais limitado, ou mais particular do que aquele que oferece à maioria de seus membros.

Existe, porém, outro tipo de neurótico, continuamente confundido com estes indivíduos fisiologicamente defeituosos; trata-se do desajustado cultural, aquele que está em desacordo com os valores de sua sociedade. A moderna psiquiatria tende a atribuir todo o seu desajustamento a condicionamento precoce e, assim, coloca-o na odiosa categoria dos psiquicamente aleijados. O estudo das condições primitivas não corrobora uma explicação tão simples. Não explica o fato de que sempre esses indivíduos que mostram acentuadas predisposições temperamentais em oposição às ênfases culturais é que são, em cada sociedade, as pessoas desajustadas; ou o fato de que o tipo de indivíduo que é desajustado entre os Mundugumor é diferente do tipo que o é entre os Arapesh. Não explica por que tanto uma América materialista e azafamada como uma tribo materialista e azafamada das Ilhas do Almirantado produzem vagabundos, ou por que o indivíduo dotado de uma capacidade de sentir intensamente é que é desajustado em Zuni ou em Samoa. Tal material sugere a existência de outro tipo de indivíduo desajustado, cujo malogro no ajustamento deveria atribuir-se não à sua própria fraqueza e deficiência, não ao acaso ou à doença, mas a uma discrepância fundamental entre sua disposição inata e os padrões da sua sociedade.

Quando a sociedade não é estratificada e as personalidades sociais de ambos os sexos são fundamentalmente semelhantes, estes desadaptados procedem indiscriminadamente dos dois sexos. Entre os Arapesh o homem violento e a mulher violenta, entre os Mundugumor o homem e a mulher confiantes e cooperativos, são os desadaptados. A auto-estima demasiado positiva determina o desajustamento entre os Arapesh, a auto-estima demasiado negativa é um defeito igual entre os Mundugumor. Em capítulos anteriores, discutimos as personalidades de alguns desses indivíduos desadaptados e mostramos como os mesmos dotes que a sociedade Mundugumor teria honrado eram desaprovados entre os Arapesh, como a Wabe, Temos e Amitoa se afiguraria compreensível a vida Mundugumor, enquanto Ombléan e Kwenda estariam à vontade entre os Arapesh. Contudo, a alienação desses dois grupos em suas próprias culturas, a despeito de prejudicar seu funcionamento social, reduzindo os empregos em que seus dotes poderiam aplicar-se, não obstante deixou ileso seu funcionamento psico--social. Os impulsos positivos de Amitoa levaram-na a comportar-se não como um homem, mas como uma mulher das Planícies. O amor de Ombléan pelas crianças e seu desejo de trabalhar ativamente a fim de cuidar de muitos dependentes não o tornavam suspeito de ser como uma mulher, nem provocava em seus companheiros uma acusação de efeminação. Amando as crianças, a paz e a ordem, seu comportamento poderia parecer-se ao de alguns homens brancos, ou alguma tribo que eles nunca viram, mas certamente se parecia tão pouco ao de uma mulher

279

Mundugumor quanto ao de um homem Mundugumor. Não havia homossexualismo nem entre os Arapesh nem entre os Mundugumor.

No entanto, qualquer sociedade que especializa seus tipos de personalidade pelo sexo, que insiste em que qualquer traço — amor pelas crianças, interesse pela arte, bravura em face do perigo, tagarelice, falta de interesse em relações pessoais, passividade nas relações sexuais; há centenas de traços dos mais diversos tipos que foram assim especializados — está inalienavelmente ligado ao sexo, pavimenta o caminho para uma espécie de desajustamento da pior ordem. Onde não existe tal dicotomia, um homem pode fitar tristemente seu mundo e achá-lo essencialmente sem significado, mas mesmo assim casar-se e criar filhos, encontrando talvez um alívio definitivo de sua infelicidade nessa participação total numa forma social reconhecida. Uma mulher pode devanear a vida inteira com um mundo onde haja dignidade e orgulho em vez da medíocre moralidade mercenária que ela encontra à sua volta e, ainda assim, cumprimentar o marido com um sorriso franco e cuidar dos filhos num ataque de crupe. O desadaptado pode transferir seu senso de estranheza à pintura, à música, ou a uma atividade revolucionária e, apesar disso, permanecer essencialmente lúcido em sua vida pessoal, em suas relações com os membros de seu próprio sexo e os do sexo oposto. Não é assim, entretanto, numa sociedade que, como a dos Tchambuli ou a da Europa e América históricas, define alguns traços de temperamento como masculinos e outros como femininos. Em aditamento ou à parte da dor de haver nascido numa cultura cujas metas reconhecidas ele não pode fazer suas, um homem assim vê-se agora em muitos casos assaltado por uma angústia complementar, a de ser perturbado em sua vida psico-sexual. Os seus sentimentos são não só incorretos, mas também, e o que é muito pior e mais desconcertante, são os de uma mulher. O ponto significativo não é se esta desorientação, que torna os objetivos definidos das mulheres de sua sociedade compreensíveis para ele e os objetivos dos homens alheios e desagradáveis, resulta numa inversão ou não. Nos casos extremos em que o temperamento de um homem concorda muito de perto com a personalidade feminina aprovada, e se existe uma forma social atrás da qual possa abrigar-se, um homem pode voltar-se para a inversão declarada e para o travestismo.[1] Entre os índios das Planícies, o indivíduo que preferia as atividades plácidas das mulheres às atividades perigosas e

(1) O neologismo faz-se necessário para a clareza do conceito.

torturantes dos homens podia exprimir sua preferência em termos de sexo; era-lhe dado assumir roupagens e ocupações femininas e proclamar que, na verdade, era mais mulher do que homem. Entre os Mundugumor, onde não existe tal padrão, um homem pode orientar-se para atividades femininas, tais como a pesca, sem que lhe ocorra simbolizar seu comportamento em vestimentas femininas. Não havendo qualquer contraste entre os sexos e nem qualquer tradição de travestismo, uma variação na preferência temperamental não resulta nem em homossexualismo, nem em travestismo. Por estar distribuído desigualmente pelo mundo, parece claro que o travesti não é apenas uma variação que ocorre quando existem diferentes personalidades decretadas para homens e mulheres, mas que não ocorre, necessariamente, nem mesmo aí. É de fato uma invenção social que se estabeleceu entre os índios americanos e na Sibéria, mas não na Oceania.

Observei com alguns detalhes o comportamento de um jovem índio americano que era, com toda a probabilidade, um invertido inato, durante o período em que justamente estava tornando explícito o seu travestismo. Este homem mostrara, quando menino pequeno, traços femininos tão acentuados que um grupo de mulheres capturara-o certa vez e despira-o para descobrir se era mesmo um menino. Conforme foi crescendo, começou a especializar-se em ocupações femininas e a usar roupa branca feminina, embora exteriormente ainda preferisse trajes masculinos. Levava nos bolsos, porém, grande variedade de anéis e braceletes, como os que somente as mulheres usam. Nas festas em que os sexos dançavam separadamente, começava a noite vestido como homem e dançando como homem e depois, como se agisse sob irresistível compulsão, começava a aproximar-se cada vez mais das mulheres e, ao fazê-lo, colocava uma jóia após outra. Finalmente, aparecia um xale, e, no término da noite, estava vestido qual um *berdache*, um travesti. As pessoas já estavam referindo-se a ele como "ela". Citei este caso no presente contexto para deixar claro que se trata do tipo de indivíduo desajustado a que esta discussão não diz respeito. Sua aberração parecia ter uma origem fisiológica específica; não era uma mera variação temperamental que sua sociedade resolvera definir como feminina.

Essa discussão não concerne nem aos invertidos congênitos, nem ao comportamento público do homossexual praticante. Existem formas, é verdade, pelas quais os diferentes tipos de desajustamento se cruzam e reforçam uns aos outros, e é possível encontrar o invertido congênito entre os que buscaram abrigo no travestismo. Mas os inadaptados que ora nos interessam são os indivíduos cujo ajustamento à vida é condicionado por sua afinidade temperamental com um tipo de comportamento considerado inatural a seu próprio sexo e natural ao sexo oposto. A fim de produzir este tipo de desajustamento, faz-se necessário não só uma personalidade social definida aprovada, mas é preciso que também esta personalidade seja rigidamente limitada a um dos sexos. A coerção exercida com o fito de levar o indivíduo a comportar-se como membro de seu próprio sexo converte-se num dos instrumentos mais fortes com que a sociedade tenta moldar a criança em crescimento nas formas aceitas. Uma sociedade destituída de uma rígida dicotomia de sexo diz simplesmente à criança que denota traços de comportamento aberrante: "Não aja dessa forma". "As pessoas não fazem isso." "Se você se comportar desse modo, ninguém vai gostar de você." "Se você se portar dessa forma, nunca se casará." "Se você se portar assim, as pessoas o enfeitiçarão", e assim por diante. Invoca — como no caso do pendor natural da criança a rir, chorar ou zangar-se em lugares impróprios, a ver insultos onde não existem ou deixar de perceber um insulto pretendido — considerações da conduta humana como socialmente definidas, não de conduta determinada pelo sexo. O estribilho da canção disciplinadora é: "Você não será um verdadeiro ser humano, a menos que suprima essas tendências incompatíveis com nossa definição de humanidade". Porém não ocorre aos Arapesh nem aos Mundugumor acrescentar: "Você não se está comportando de forma alguma como um menino. Está-se comportando como uma menina", mesmo quando realmente possa ser este o caso. Cabe lembrar que, entre os Arapesh, os meninos, devido à tênue diferença de tratamento dos pais, choram mais do que as meninas e têm acessos de cólera até bem tarde. Entretanto, em virtude de não haver idéia de diferença de sexo no comportamento emocional, esta diferença real nunca foi invocada. Nas sociedades em que não existe dicotomia sexual de temperamento, um aspecto, um aspecto básico, do sentimento da criança acerca de sua posição no universo não é levado a desafio — a autenticidade de sua pertinência ao seu próprio sexo. Pode continuar observando o modo de conjugação dos mais velhos e padronizar suas esperanças e pretensões segundo esse modo. Não é obrigada a identificar-se com um progenitor do sexo oposto quando lhe dizem que seu próprio sexo é assaz discutível. Uma leve imitação do pai por parte da filha, ou da mãe por parte do filho, não é aproveitada e convertida em exprobração, ou em profecia de que a menina crescerá masculinizada ou o menino efeminado. As crianças Arapesh e Mundugumor são poupadas dessa forma de confusão.

282

Consideremos, em compensação, a forma pela qual as crianças de nossa cultura são pressionadas à submissão: "Não se comporte como uma menina". "As meninas não fazem isso." A ameaça de que não irá comportar-se como membro de seu próprio sexo é usada para impor mil detalhes de rotina educacional e asseio, maneiras de sentar e descansar, idéias de esportividade e honestidade, padrões de expressão de emoções e uma multidão de outros pontos em que reconhecemos diferenças de sexo socialmente definidas, tais como limites de vaidade pessoal, interesse em roupas ou em acontecimentos atuais. De um lado para o outro, tece a lançadeira do comentário: "Meninas não fazem isso", "Você não quer crescer para tornar-se um homem de verdade como papai?", emaranhando as emoções da criança numa confusão que, se ela for infeliz bastante para possuir, mesmo em pequeno grau, o temperamento aprovado para o sexo oposto, pode evitar o estabelecimento de qualquer ajustamento adequado a seu mundo. Toda vez que se toca no ponto de conformação do sexo, toda vez que o sexo da criança é invocado como motivo pelo qual deveria preferir calças a saias, bastões de beisebol a bonecas, murros a lágrimas, incute-se na mente da criança um medo de que, apesar da evidência anatômica contrária, ela pode realmente não pertencer ao seu próprio sexo.

O pequeno peso da evidência anatômica do próprio sexo, comparada com o condicionamento social, foi vividamente dramatizado há pouco tempo numa cidade do Centro-Oeste americano, onde se encontrou um menino que por doze anos vivera como menina, sob o nome de Maggie, executando tarefas e usando roupas de menina. Ele descobrira, vários anos antes, que sua anatomia era de menino, mas isso não lhe sugerira a possibilidade de ser socialmente classificado como tal. Não obstante, quando assistentes sociais descobriram o caso e modificaram a sua classificação, ele não mostrou quaisquer traços de inversão; tratava-se apenas de um menino erroneamente classificado como menina, e cujos pais, por razões que não se descobriram, se recusavam a reconhecer e retificar seu erro. Esse estranho caso revela a força da classificação social, em oposição à mera qualidade de membro anatômico de um sexo, e é essa classificação social que permite à sociedade implantar nas mentes infantis dúvidas e confusões sobre sua posição sexual.

Tal pressão social exerce-se de várias maneiras. Primeiro, a ameaça de "cassação" de sexo contra a criança que apresenta tendências aberrantes, o menino que não gosta de brincadeiras violentas ou que chora quando é repreendido, a menina que só se interessa por aventuras, ou prefere bater em suas companheiras de folguedos a derramar-se em lágrimas. Em segundo lugar, a atribuição das emoções definidas como femininas ao menino que mostra a mais leve preferência por uma das ocupações ou distrações superficialmente limitadas pelo sexo. O interesse de um garoto pelo tricô pode nascer do prazer na própria habilidade para manipular uma agulha; seu interesse pelo cozinhar pode derivar de um tipo de interesse que mais tarde o levaria a ser um químico de primeira classe; seu interesse por bonecas pode surgir não de sentimentos ternos e carinhosos, mas do desejo de dramatizar algum incidente. Da mesma forma, o irresistível interesse de uma menina pela equitação poderá originar-se do deleite com sua própria coordenação física no lombo do cavalo, o interesse pelo telégrafo do irmão pode vir do orgulho de sua eficiência no manejo do código Morse. Alguma potencialidade física, intelectual ou artística pode casualmente expressar-se numa atividade supostamente apropriada ao sexo oposto. Tem isso duas conseqüências: a criança é censurada em sua escolha e acusada de ter as emoções do sexo oposto, e também pelo fato da escolha ocupacional ou do passatempo arrastá-la mais para o sexo oposto, poderá com o tempo adotar muito do comportamento socialmente limitado àquele sexo oposto.

Uma terceira forma pela qual nossa dicotomia da personalidade social segundo o sexo afeta a criança em crescimento é a base que lhe fornece para uma identificação inversa com os pais. Na moderna psiquiatria, é familiar invocar a identificação do menino com a mãe para explicar sua adoção subseqüente de um papel passivo com referência aos membros de seu próprio sexo. Pressupõe-se que, através de uma distorção do curso normal do desenvolvimento da personalidade, o menino deixa de identificar-se com o pai, perdendo a chave para o comportamento "masculino" normal. Ora, não resta dúvida de que a criança em desenvolvimento, ao procurar as chaves de seu papel social na vida, comumente encontra os modelos mais importantes naqueles com os quais se viu ligado, durante a infância, por relação de parentesco. No entanto, minha sugestão é que ainda temos de explicar por que ocorrem essas identificações e que a causa não reside numa feminilidade básica do temperamento do menino pequeno, mas na existência de uma dicotomia entre o comportamento padronizado dos sexos. Devemos descobrir por que determinada criança prefere identificar-se com o progenitor do sexo oposto. As categorias sociais mais evidentes em nossa sociedade — na maioria delas — são os dois sexos. Roupas, ocupações, vocabulário, tudo serve para atrair a atenção da criança para a sua semelhança com o progenitor do mesmo sexo. Não obstante, algumas crianças, desafiando toda esta pressão, escolhem os pais do sexo oposto, não para amá-los mais, porém como as pessoas a cujos estímulos e finalidades mais se identificam, cujas escolhas sentem poderem assumir quando crescerem.

Antes de nos aprofundarmos nesta questão, gostaria de reapresentar minha hipótese. Sugeri que certos traços humanos foram socialmente especificados como atitudes e comportamento próprios de um único sexo, enquanto outros traços humanos o foram para o sexo oposto. Esta especificação social é, então, racionalizada numa teoria de que o comportamento socialmente decretado é natural a um sexo e inatural ao outro, e de que o desajustado é desajustado por causa de defeitos glandulares ou de acidentes no desenvolvimento. Tomemos um caso hipotético. As atitudes em face da intimidade física variam muitíssimo entre indivíduos e foram diversamente padronizadas em diferentes sociedades. Encontramos sociedades primitivas, como as dos Dobu e dos Manus, onde o contato físico casual é de tal modo proibido aos dois sexos, tão cercado de regras e categorias, que somente um doido tocará em outra pessoa, leve e casualmente. Outras sociedades, como a dos Arapesh, permitem um bocado de leve intimidade física entre pessoas de ambos os sexos e idades diferentes. Consideremos agora uma sociedade que especificou para um sexo este traço temperamental particular. Aos homens foi designado o comportamento característico do indivíduo que julga intolerável o contato físico casual, às mulheres, à guisa de comportamento "natural", o de pessoas que o aceitam facilmente. Para os homens, a mão no braço ou nos ombros, dormir no mesmo quarto com outro homem, ter que segurar outro homem no colo dentro de um automóvel cheio — todo contato desse gênero seria, por definição, repelente, possivelmente até nojoso ou terrificante, se o condicionamento social fosse assaz forte. Para as mulheres, nesta dada sociedade, entretanto, o contato físico tranqüilo e não-convencional seria, por definição, bem acolhido. Abraçar-se-iam entre si, acariciar-se-iam os cabelos, arrumar-se-iam as roupas, dormiriam na mesma cama confortavelmente e sem embaraços. Tomemos agora um casamento entre um homem bem educado desta sociedade, intolerante em relação a qualquer contato físico casual, e uma mulher bem educada, que o acharia natural quando manifestado entre mulheres, e que jamais o esperaria entre meninos ou homens. A este casal nasce uma filha que, desde o nascimento, apresenta uma atitude de *noli me tangere*[2], que a mãe nada pode fazer para dissipar. A

---

(2) Em latim no original: *Não me toques.*

menina escapa do colo da mãe, retorce-se quando esta tenta beijá-la. Volta-se com alívio para o pai, que não a embaraça com demonstrações de afeto e nem mesmo insiste em segurar-lhe a mão quando a leva a passear. A partir de uma chave tão simples como esta, uma preferência que na criança é temperamental e, no pai, um comportamento masculino socialmente firmado, a garotinha pode construir uma identificação com o pai e uma teoria segundo a qual ela se parece mais com menino do que com menina. Com o tempo pode realmente tornar-se mais ajustada de várias outras maneiras ao comportamento do sexo oposto. O psiquiatra que a encontra mais tarde na vida envergando roupas masculinizadas, exercendo ocupação masculina e incapaz de encontrar a felicidade no casamento, dirá talvez que a identificação com o sexo oposto foi a causa de seu desajustamento como mulher. Esta explicação, porém, não revela o fato de que tal identificação não teria ocorrido nestes termos se não houvesse uma dicotomia de atitudes sexuais na sociedade. A criança Arapesh, que se assemelha mais a um pai reservado que a uma mãe efusiva, pode ter a sensação de parecer-se mais com o pai do que com a mãe, mas isso não resulta em efeitos posteriores sobre sua personalidade numa sociedade em que não é possível "sentir como homem" ou "sentir como mulher". O acidente de uma diferenciação de atitudes sexuais dinamiza essas probabilidades de identificação no ajustamento da criança.

Esse exemplo é reconhecidamente hipotético e simples. As reais condições numa sociedade moderna são infinitamente mais complexas. Arrolar apenas algumas das espécies de confusões que sucedem seria suficiente para focalizar a atenção sobre o problema. Um dos progenitores da criança pode ser anômalo, constituindo-se assim em falso guia para a criança quando ela tenta encontrar o seu papel. Ambos os pais da criança podem desviar-se da norma de maneiras opostas, a mãe mostrando pronunciados traços temperamentais mais adaptados em geral ao homem e o pai apresentando traços opostos. É bastante provável que esta condição ocorra na sociedade moderna, na qual, já que se acredita que o casamento deve basear-se em personalidades contrastantes, homens desadaptados amiúde escolhem mulheres desadaptadas. Assim, a criança, tateando em busca de chaves, poderá efetuar identificação falsa, ou porque seu próprio temperamento se assemelhe ao determinado para o sexo oposto, ou porque, embora em si mesma apta a um ajustamento fácil, o progenitor do seu próprio sexo seja desajustado.

Discuti primeiro a identificação segundo linhas temperamentais, mas ela também pode processar-se em outros

286

termos. A identificação original pode ocorrer através da inteligência ou de dotes artísticos específicos, identificando-se a criança bem dotada com o progenitor mais dotado, independentemente do sexo. Então, se existir duplo padrão de personalidade, esta simples identificação com base no interesse ou na habilidade traduzir-se-á em termos de sexo, e a mãe lamentará: "Maria está sempre trabalhando com os instrumentos de desenho de Jorge. Ela não tem interesses normais de menina. Jorge diz que é uma pena que ela não tenha nascido menino". A partir deste comentário, será muito fácil a Maria chegar à mesma conclusão.

Vale a pena mencionar aqui a forma pela qual a situação do menino difere da menina em quase todas as sociedades conhecidas. Quaisquer que sejam as disposições com respeito a descendência ou posse de propriedade, e mesmo que esses arranjos exteriores formais se reflitam nas relações temperamentais entre os dois sexos, os valores de prestígio sempre se ligam às ocupações masculinas, se não inteiramente às custas das ocupações femininas, pelo menos em larga proporção. Por isso, quase sempre sucede que é dada à menina "que deveria ter sido um menino" pelo menos a possibilidade de uma participação parcial nas atividades que estão cercadas pela aura de prestígio masculino. Para o menino "que deveria ter sido menina" não existe tal oportunidade. Sua participação em atividades femininas é quase sempre motivo de dupla reprovação: mostrou-se indigno de ser classificado como homem e desse modo condenou-se a atividades de baixo valor de prestígio.

Além do mais, as atitudes e interesses particulares classificados como femininos em qualquer sociedade raramente receberam qualquer expressão mais rica na arte ou na literatura. A menina que acha os interesses masculinos definidos mais próximos dos seus próprios pode encontrar para si mesma formas de expressão vicária; ao menino que talvez conseguisse saídas análogas se houvesse uma arte e literatura femininas comparáveis, nega-se tal evasão satisfatória. Kenneth Grahame imortalizou a perplexidade de todos os meninos diante dos interesses especiais e limitados das meninas, em seu famoso capítulo "Do que falavam elas".

— Ela saiu de novo com aquelas meninas do Vicariato — disse Edward, olhando as compridas pernas negras de Selina movendo-se rapidamente trilha abaixo. — Agora sai com elas todos os dias; e tão logo saem, juntam as cabeças e falam, falam, falam todo o santo tempo! Não consigo imaginar o que tanto acham para falar...

— Talvez falem de ovos de passarinhos — sugeri sonolentamente... — e de navios, búfalos e ilhas desertas; e por

287

que os coelhos têm rabos brancos; e se prefeririam ter uma escuna ou um cúter; e o que serão quando forem grandes, pelo menos, quero dizer que existem muitas coisas para conversar, se você *quiser* falar.

— Sim; mas elas não conversam sobre este tipo de coisas — insistiu Edward. — Como *podem?* Não *sabem* nada; não sabem *fazer* nada, a não ser tocar piano e ninguém gostaria de falar sobre *isso;* e não se interessam por nada, nada que tenha sentido, quero dizer. Então, de que *falam* elas?... Mas não consigo compreender estas meninas. Se elas realmente têm algo inteligente para conversar, como é que ninguém sabe o que é? E se não têm — e nós sabemos que não *podem* ter, naturalmente — por que não calam a boca? Este velho coelho aqui, *ele* não quer falar...

— Oh! Mas os coelhos falam! — interpôs Harold. — Já os observei muitas vezes em sua gaiola. Juntam as cabeças, e os narizes sobem e descem, exatamente como Selina e as meninas do Vicariato!...

— Bem, se eles conversam — disse Edward sem querer — aposto que não falam tolices como estas meninas! — O que era malévolo, como também injusto, pois não havia ainda transpirado — não até este dia — de *quê* falavam Selina e suas amigas.[3]

Tal perplexidade tende a perdurar por toda a vida. A mulher que, por temperamento ou por acidente de educação, identificou-se mais com os interesses dos homens, se não se ajustar aos padrões comuns do sexo, sai perdendo em seu papel essencialmente feminino de procriação. O homem que foi "cassado" dos interesses de seu próprio sexo sofre uma "cassação" mais sutil, pois grande parte do simbolismo artístico de sua sociedade se tornou inacessível e não há substituto para o qual possa voltar-se. Permanece uma pessoa confusa e desnorteada, incapaz de sentir-se como os homens se sentem "naturalmente" em sua sociedade, e outrossim incapaz de colher qualquer satisfação nos papéis que foram definidos por mulheres, embora a personalidade social destas se aproxime mais do seu temperamento.

E assim, em milhares de formas, o fato de ser necessário sentir-se não apenas como membro de uma sociedade dada num dado período, mas também como membro de um sexo e não como membro do outro, condiciona o desenvolvimento da criança e produz indivíduos que se acham deslocados em sua sociedade. Muitos estudiosos da personalidade atribuem estes desajustamentos múltiplos e imponderáveis à "homossexualidade latente". Tal juízo, porém,

---

(3) De *The Golden Age,* de Kenneth Grahame. Copyright 1895, 1922, by Dodd, Mead and Company, Inc.

288

é gerado por nosso padrão bissexual; é um diagnóstico *post hoc* de um resultado, não diagnóstico de uma causa. É um juízo aplicado não só ao invertido mas também aos indivíduos, infinitamente mais numerosos, que se desviam da definição de comportamento adequado a seu sexo.

Se esses traços contraditórios de temperamento que diversas sociedades consideraram vinculado ao sexo não o estão, sendo meras potencialidades humanas especializadas como comportamento de um sexo, a presença do desajustamento, que não mais deve ser rotulado de homossexual latente, é inevitável em toda a sociedade que insiste nas conexões artificiais entre sexo e bravura, entre sexo e auto-estima positiva, ou entre sexo e uma preferência por relações pessoais. Além disso, a falta de correspondência entre a verdadeira constituição temperamental dos membros de cada sexo e o papel que a cultura lhes atribui tem suas repercussões na vida dos indivíduos que nasceram com o temperamento esperado e adequado. Considera-se freqüentemente que numa sociedade que qualifica os homens como agressivos e dominadores, as mulheres como compreensivas e submissas, os indivíduos desajustados serão as mulheres dominantes e agressivas e os homens compreensivos e submissos. A posição desses é, sem dúvida, mais difícil. Os contatos humanos de toda sorte, e sobretudo a corte e o casamento, podem trazer-lhes problemas insolúveis. Mas consideremos também a posição do menino naturalmente dotado de temperamento agressivo e dominador e educado na crença de que é de seu papel masculino dominar mulheres submissas. É treinado a reagir ao comportamento receptivo e submisso em outrem com uma demonstração de agressividade autoconsciente. E então encontra não só mulheres, mas também homens submissos. O estímulo a um comportamento dominador, a uma insistência na indiscutível lealdade e afirmações reiteradas de sua importância, é-lhe apresentado em grupos de um só sexo e cria-se uma situação de "homossexualidade latente". Da mesma forma, ensinou-se a este homem que sua habilidade de dominar é a medida de sua masculinidade, de modo que a obediência de seus companheiros continuamente o tranqüiliza. Quando depara uma mulher tão naturalmente dominadora quanto ele próprio, ou mesmo uma mulher que, apesar de temperamentalmente não-dominadora, é capaz de ultrapassá-lo em alguma perícia ou tipo de trabalho especial, uma dúvida sobre sua própria masculinidade instala-se-lhe na mente. Esta é uma das razões por que os homens que melhor se acomodam ao temperamento aceito para os homens em sua sociedade são mais desconfiados e hostis com as mulheres desajustadas que, apesar de treinamento contrário, mostram os mesmos traços temperamentais. Sua segurança na convicção de pertencer ao seu próprio grupo de sexo se apóia na não-ocorrência de personalidade semelhante no sexo oposto.

E a mulher submissa e compreensível pode ver-se numa posição igualmente anômala, ainda que sua cultura haja definido seu temperamento como próprio das mulheres. Adestrada desde a infância a submeter-se à autoridade de uma voz dominadora, a curvar todas as suas energias a fim de agradar o egoísmo mais vulnerável das pessoas dominantes, pode muitas vezes deparar a mesma entonação autoritária e uma voz feminina e assim ela, que por temperamento é a mulher ideal em sua sociedade, encontrará outras mulheres tão absorventes que os ajustes matrimoniais nunca entram no quadro. Este envolvimento em devoção a membros do seu próprio sexo poderá; por seu turno, instalar nela dúvidas e questões com respeito à sua feminilidade essencial.

Assim, a existência numa dada sociedade de uma dicotomia de personalidade determinada pelo sexo, limitada pelo sexo, pune em maior ou menor grau todo indivíduo que nasce em seu âmbito. Aqueles indivíduos cujos temperamentos são indubitavelmente anômalos não conseguem ajustar-se aos padrões aceitos, e pela sua própria presença, pela anormalidade de suas respostas, confundem aqueles cujos temperamentos são os esperados para o seu sexo. Dessa forma, é plantado, em praticamente todo espírito, um germe de dúvida, de ansiedade, que interfere com o curso normal da vida.

Mas a estória das confusões não termina aqui. Os Tchambuli e, em menor grau, habitantes de algumas regiões da América moderna patenteiam uma dificuldade a mais do que uma cultura que define personalidade em termos de sexo pode inventar para seus membros. Cumpre recordar que, embora a teoria Tchambuli seja patrilinear, a prática Tchambuli concede a posição dominante às mulheres, de modo que a posição do homem de temperamento anômalo — isto é, dominante — é duplamente dificultada pelas formas culturais. A formulação cultural de que o homem pagou pela esposa e pode, portanto, controlá-la continuamente, induz em erro estes indivíduos aberrantes, levando-os a novas tentativas de assumir tal controle, e os põem em conflito com toda sua educação de infância no sentido de obedecer e respeitar às mulheres, e com a educação de obedecer e respeitar às mulheres, e com a educação de suas esposas no sentido de esperar tal respeito. As instituições Tchambuli e as ênfases de sua sociedade estão, em certa medida, em pendência umas com as outras. A história nativa atribui grande desenvolvimento de temperamentos dominantes a várias tribos vizinhas, cujas mulheres, durante muitas gerações, fugiram e casaram-se com Tchambuli. Na explicação de suas próprias contradições, ela invoca uma situação que era bastante freqüente entre os Arapesh para confundir os ajustamentos de homens e mulheres lá. Estas inconsistências na cultura Tchambuli foram provavelmente incrementadas por um interesse decrescente pela guerra e caça de cabeças e um interesse crescente pelas delicadas artes da paz. A importância das atividades econômicas das mulheres talvez também tenha crescido sem qualquer intensificação correspondente no papel econômico dos homens. Quaisquer que sejam as causas históricas, e elas são, sem dúvida, múltiplas e complexas, os Tchambuli apresentam hoje uma confusão impressionante entre instituições e ênfases culturais. Encerram também um maior número de homens neuróticos do que encontrei em qualquer outra cultura primitiva. Ter alguém a aberração, a incapacidade temperamental de conformar-se ao papel a ele prescrito de receptivo e bailante serviçal de mulheres, aparentemente confirmado pelas instituições, isso é demais, mesmo para membros de uma sociedade primitiva a viver em condições bem mais simples que as nossas.

As culturas modernas que sofrem os espasmos do ajustamento à cambiante posição econômica da mulher apresentam dificuldades comparáveis. Os homens acham que um dos esteios de seu domínio, esteio que muitas vezes chegam a considerar sinônimo do próprio domínio — a capacidade de ser o único amparo da família — foi-lhe retirado. As mulheres educadas na crença de que a posse de uma receita ganha dava o direito de governar, uma doutrina que funcionou suficientemente bem enquanto as mulheres tinham receita, encontram-se cada vez mais confusas entre sua verdadeira posição no lar e aquela para a qual foram treinadas. Os homens que foram educados na crença de que o seu sexo está sempre ligeiramente em foco e que acreditam ser seu poder de ganhar a subsistência uma prova de virilidade, mergulham numa dupla incerteza pelo desemprego; e isso se complica ainda mais pelo fato de suas esposas terem sido capazes de obter colocações. Todas estas condições ficam agravadas, ademais, na América, devido ao grande número de diferentes padrões de comportamento decretado para cada sexo, que predominam em diferentes grupos regionais e nacionais, e pela suprema importância do padrão de comportamento entre os sexos que as crianças encontram dentro das quatro paredes de seus lares. Cada parcela da nossa cultura complexa e estratificada possui seu próprio conjunto de regras pelas quais é mantido o poder e o equilíbrio complementar entre os sexos. Estas regras, porém, variam, e algumas vezes são até mesmo contraditórias, como entre diferentes grupos nacionais ou classes econômicas. Portanto, não havendo uma tradição a insistir em que os indivíduos se casem dentro do grupo onde foram criados, casam-se continuamente entre si homens e mulheres cujos quadros de inter--relações entre os sexos diferem completamente. Suas confusões, por sua vez, são transmitidas aos filhos. O resultado é uma sociedade onde dificilmente alguém duvida da existência de um comportamento "natural" diferente para os sexos, porém ninguém está certo de qual seja esse comportamento. Dentro das definições conflitantes sobre o comportamento adequado a cada sexo, quase todo tipo de indivíduo tem campo para duvidar da completude da sua posse de uma natureza realmente masculina ou realmente feminina. Conservamos a ênfase, o senso da importância do ajustamento e, ao mesmo tempo, perdemos a capacidade de impor o ajustamento.

CONCLUSÃO

O conhecimento de que as personalidades dos dois sexos são socialmente produzidas é compatível com todo programa que aspire a uma ordem social planejada. É uma espada de dois gumes que pode ser usada para derrubar uma sociedade mais variada, mais flexível que a raça humana jamais produziu, ou apenas para abrir um atalho estreito pelo qual um ou os dois sexos serão obrigados a marchar, arregimentados, sem olhar nem à direita nem à esquerda. Possibilita um programa fascista de educação, onde as mulheres são forçadas a voltar ao modelo que a Europa moderna fatuamente acreditou haver destruído para sempre. Possibilita um programa comunista, no qual os dois sexos são tratados quase tão igualmente quanto o permitem suas diferentes funções fisiológicas. Por ser o condicionamento social o determinante, foi possível à América, sem um plano consciente, mas nem por isso menos seguro, inverter, em parte, a tradição européia da dominação masculina e preparar uma geração de mulheres que regulam suas vidas pelos padrões de suas professoras e de suas mães agressivas e orientadoras. Seus irmãos andam aos tropeções numa vã tentativa de preservar o mito da dominação masculina numa sociedade onde as moças passaram a considerar este predomínio como seu direito natural. Disse uma menina de quatorze anos comentando o significado do termo *tomboy:* "Sim, é verdade que antigamente significava uma menina que tentava agir como um menino, vestir-se como menino e outras coisas semelhantes. Mas isto foi no tempo da saia-balão. Agora, tudo o que as meninas têm a fazer é agir exatamente como os meninos, calma, calmamente". A tradição neste país tem mudado tão rapidamente que o termo *sissy*, que há dez anos se referia a um menino com traços de personalidade considerados femininos, pode agora ser aplicado com ênfase ferina de uma menina a outra, ou pode ser definido por uma menina pequena como "o tipo de menino que usa sempre luvas de beisebol e anda por aí gritando: 'Mande para cá, mande para cá!', e quando lhe jogam uma bola fácil não consegue pegá-la". Esses comentários penetrantes são indícios de uma tendência que falta na planificação concertada por detrás dos programas fascista e comunista, mas que, apesar de tudo, adquiriu aceleração nas últimas três décadas. Planos que arregimentam as mulheres como criadoras de lares, ou que deixam de diferenciar a educação dos dois sexos, têm pelo menos a virtude de serem claros e indubitáveis. O atual desenvolvimento deste país apresenta toda a insidiosa ambigüidade da situação que encontramos ilustrada entre os caçadores de cabeça Tchambuli, onde o homem ainda é definido como o chefe da casa, embora a mulher seja treinada para tomar essa posição com maior celeridade e segurança. O resultado é um número crescente de homens americanos que se sentem no dever de gritar a fim de manter suas posições vulneráveis, e um número crescente de mulheres americanas que se apegam infelizmente a uma dominação que sua sociedade lhes concedeu, sem porém lhes dar uma carta de leis e regras segundo as quais elas possam realizá-la sem danos para si, seus esposos e filhos.

Existem pelo menos três caminhos abertos a uma sociedade que compreendeu a medida até onde a personalidade masculina e feminina são socialmente produzidas. Dois desses caminhos já foram tentados antes, repetidamente, em diversos momentos da longa, irregular e repetitiva história da raça humana. O primeiro é padronizar

294

a personalidade de homens e mulheres como claramente contrastantes, complementares e opostas e tornar cada instituição da sociedade congruente com essa padronização. Se a sociedade declarasse como única função da mulher a maternidade, a educação e o cuidado dos filhos menores, poderia arranjar as coisas de tal modo que toda mulher que não fosse fisiologicamente impedida se tornasse mãe e fosse sustentada no exercício dessa função. Poderia abolir a discrepância entre a doutrina de que o lugar das mulheres é no lar e o número de lares que lhes foram oferecidos. Poderia abolir a discrepância entre o educar as mulheres para o casamento e depois forçá-las a ficar solteironas para arrimar os pais.

Tal sistema seria um desperdício dos dotes de muitas mulheres que poderiam exercer bem melhor outras funções do que a habilidade de ter filhos num mundo já superpovoado. Seria um desperdício do talento de muitos homens que poderiam exercer seus dotes especiais de personalidade bem melhor em casa do que no mercado. Seria um desperdício, porém seria claro. Seria uma tentativa de garantir a cada indivíduo o papel em que a sociedade insistiu em treiná-lo, a ele ou a ela, e tal sistema castigaria apenas aqueles indivíduos que, apesar de toda a educação, não apresentassem as personalidades aprovadas. Há milhões de pessoas que, de bom grado, se voltariam para esse método padronizado de tratar as relações entre os dois sexos, e devemos ter em mente a possibilidade de que as maiores oportunidades abertas às mulheres do século vinte lhes podem ser inteiramente retiradas, e que poderemos voltar a uma estrita arregimentação das mulheres.

O desperdício, se ocorrer, não será apenas de muitas mulheres, mas igualmente de muitos homens, pois a arregimentação de um sexo traz consigo, em maior ou menor grau, também a arregimentação do outro. Toda ordem parental que define como feminina uma forma de sentar, uma resposta a uma censura ou ameaça, um jogo, ou uma tentativa de desenhar, cantar, dançar ou pintar, está moldando não só a personalidade do irmão de cada menina, como também a da irmã. Não pode haver sociedade que insista em que a mulher siga um padrão especial de personalidade, definido como feminino, que não viole também a individualidade de muitos homens.

Alternativamente, a sociedade pode enveredar pelo caminho que se tornou particularmente associado aos planos dos grupos mais radicais: admitir que homens e mulheres podem moldar-se a um padrão particular tão facilmente como a um outro e cessar de fazer qualquer distinção na personalidade aprovada de ambos os sexos.

295

As meninas podem ser educadas exatamente como o são os meninos, aprendendo as mesmas regras, as mesmas formas de expressão, as mesmas ocupações. Esse caminho pode parecer a lógica resultante da convicção de que as potencialidades rotuladas por diferentes sociedades tanto masculinas como femininas são, na realidade, potencialidades de alguns membros de cada sexo, e de maneira nenhuma ligadas ao sexo. Se isso for aceito, não será razoável abandonar o tipo de padronizações artificiais de diferenças sexuais, que por tanto tempo caracterizaram a sociedade européia, e admitir que são fantasias sociais para as quais não temos mais qualquer utilidade? No mundo atual, os anticonceptivos permitem às mulheres não engravidar contra a vontade. A mais conspícua diferença real entre os sexos, a diferença de força, faz-se progressivamente menos significativa. Da mesma forma como a diferença de altura entre os homens perdeu sua importância real, agora que as ações judiciais substituíram os combates corpo a corpo, também a diferença de força entre homens e mulheres não vale mais uma elaboração em instituições culturais.

Entretanto, ao avaliar um programa como esse, é necessário ter em mente a natureza dos proveitos que a sociedade alcançou em suas formas mais complexas. Um sacrifício de distinções em personalidade de sexo pode significar um sacrifício em complexidade. Os Arapesh reconhecem um mínimo de distinção de personalidade entre velhos e jovens, entre homens e mulheres e carecem das categorias de hierarquia ou *status*. Vimos que tal sociedade, na melhor das hipóteses, condena à frustração pessoal e, na pior, ao desajustamento, todos aqueles homens e mulheres que não se conformam a suas ênfases simples. O indivíduo violento entre os Arapesh não encontra na literatura, na arte, no cerimonial ou na história de seu povo, qualquer expressão dos impulsos internos que estão abalando sua paz de espírito. Tampouco é apenas o derrotado, o indivíduo cujo próprio tipo de personalidade não é reconhecido em parte alguma de sua sociedade. A pessoa altamente inteligente e imaginativa, que afina essencialmente com os valores de sua sociedade, pode também sofrer pela falta de alcance e profundidade características de uma simplicidade demasiado grande. A mente ativa e a intensidade de um menino Arapesh, que conheci bem, não se satisfaziam com as soluções liberais, com a falta de drama em sua cultura. Procurando material com que exercitar sua imaginação, seu anseio por uma vida onde fossem possíveis emoções mais fortes, nada conseguia encontrar que lhe alimentasse a imaginação, a não ser contos sobre as apai-

296

xonadas explosões dos desajustados, explosões caracterizadas por uma violenta hostilidade a outros, de que ele próprio carecia.

Tampouco é apenas o indivíduo quem sofre. A sociedade perde igualmente e vimos essa atenuação nas representações dramáticas dos Mundugumor. Ao exprimir a exclusão das mulheres como medida protetora congenial a ambos os sexos, os Arapesh mantiveram seu culto do *tamberan*, com a necessária assistência das mulheres. Os Mundugumor, porém, desenvolveram um tipo de personalidade para homens e mulheres, a quem a exclusão de qualquer parte da vida foi interpretada como um insulto mortal. E à medida que as mulheres Mundugumor exigiram mais e mais e receberam o direito de iniciação, não é de surpreender que a vida cerimonial Mundugumor haja definhado, que os atores tenham perdido sua audiência e um elemento artístico vigoroso da comunidade Mundugumor esteja desaparecendo. O sacrifício das diferenças de sexo significou uma perda na complexidade para a sociedade.

O mesmo acontece em nossa própria sociedade. Insistir em que não há diferenças de sexo numa sociedade que sempre acreditou nelas e dependeu delas, talvez seja uma forma tão sutil de padronização de personalidade como insistir em que existem muitas diferenças de sexo. É o que sucede particularmente numa tradição em mudança, quando um grupo em controle tenta desenvolver uma nova personalidade social, como é o caso atual de muitos países europeus. Tomemos, por exemplo, a suposição corrente de que as mulheres se opõem mais à guerra do que os homens, de que qualquer aprovação declarada quanto à guerra é mais horrível, mais revoltante nas mulheres do que nos homens. Por trás dessa suposição, as mulheres podem trabalhar pela paz sem enfrentar a crítica social em comunidades que criticariam imediatamente seus irmãos ou esposos se estes tomassem, como elas, parte ativa em propagandas de paz. Essa crença de que as mulheres estão, por natureza, mais interessadas na paz é, sem dúvida, artificial, parte da mitologia toda que considera as mulheres mais delicadas que os homens. Mas, em contraste, consideremos a possibilidade de uma minoria poderosa que quisesse predispor uma sociedade à aceitação da guerra. Uma forma de fazê-lo seria insistir em que os motivos e os interesses das mulheres são iguais aos dos homens, em que as mulheres devem sentir um prazer sangüinário tão grande em preparar a guerra quanto cada homem. A insistência no ponto de vista oposto, de que a mulher-mãe predomina sobre a mulher-cidadã, coloca, pelo menos, um leve obstáculo à agitação da guerra, evita que um entusiasmo coletivo pela guerra seja lançado sobre toda a geração mais jovem. Segue-se o mesmo tipo de resultado se o clero estiver profissionalmente comprometido com uma crença na paz. A belicosidade relativa de diferentes sacerdotes individuais pode ser ou ofendida ou contentada pelo papel pacífico prescrito, porém um certo protesto, um certo tom discordante, soará na sociedade. A perigosa padronização de atitudes que desautoriza todo tipo de desvio será bastante reforçada se nem idade, sexo ou crença religiosa forem considerados como algo que predisponha automaticamente certos indivíduos a assumir atitudes minoritárias. A remoção de todas as barreiras econômicas e legais contra a participação das mulheres no mundo em pé de igualdade com os homens poderá constituir, em si mesma, um movimento de padronização no sentido da eliminação em massa da diversidade de atitudes, que é um produto de civilização adquirido a um preço muito alto.

Uma sociedade assim padronizada, na qual homens, mulheres, crianças, sacerdotes e soldados foram todos treinados para um conjunto de valores coerente e não-diferenciado, deve necessariamente criar a espécie do desadaptado que encontramos entre os Arapesh e os Mundugumor, o indivíduo que, independentemente de sexo ou ocupação, se rebela porque é temperamentalmente incapaz de aceitar a ênfase unilateral de sua cultura. Os indivíduos que fossem especificamente desajustados nos termos do seu papel psico-sexual desapareceriam, é verdade, porém, desapareceria com eles o conhecimento de que existe mais de um conjunto de valores possíveis.

Na medida em que a abolição das diferenças nas personalidades aprovadas de homens e mulheres significa a abolição de qualquer expressão do tipo de personalidade alguma vez considerado exclusivamente feminino, ou exclusivamente masculino, tal caminho implica perda social. Assim como uma ocasião festiva é tanto mais alegre e encantadora se os dois sexos estiverem vestidos diversamente, o mesmo acontece nos assuntos menos materiais. Se a indumentária é em si um símbolo, e o xale de uma mulher corresponde a uma reconhecida suavidade em seu caráter, toda a trama de relações pessoais torna-se mais elaborada e, de muitos modos, mais compensadora. O poeta de tal sociedade cantará virtudes, ainda que femininas, as quais talvez nunca venham a exercer qualquer papel numa Utopia social que não admitiu diferenças entre as personalidades de homens e mulheres.

Na proporção em que uma sociedade insiste sobre os diferentes tipos de personalidade de modo que um grupo de idade, de classe ou de sexo possa seguir objetivos negados ou desprezados em outra, cada indivíduo participante

298

dessa sociedade é tanto mais rico. A arbitrária atribuição de roupas, maneiras e respostas sociais determinadas a indivíduos nascidos em certa classe, de um certo sexo, ou de uma certa cor, aos nascidos num certo dia da semana, ou aos nascidos com uma certa compleição, viola os dotes pessoais do indivíduo, porém permite a construção de uma cultura rica. O mais extremo desenvolvimento de uma sociedade que atingiu grande complexidade às custas do indivíduo é a Índia histórica, baseada, como era, na associação intransigente de mil atributos de comportamento, atitude e ocupação com um acidente de nascimento. A cada indivíduo foi dada a segurança, embora pudesse ser a segurança do desespero, de um papel determinado, e a recompensa de ter nascido numa sociedade altamente complexa.

Além disso, quando consideramos a posição do indivíduo desajustado nas culturas históricas, aqueles que nasceram dentro de uma sociedade complexa, na classe ou no sexo errados para que suas personalidades logrem plena ascendência, acham-se em melhor posição do que os nascidos numa sociedade simples que não utiliza de forma alguma seus dotes especiais de temperamento. A mulher violenta numa sociedade que permite violência apenas aos homens, o membro fortemente emocional de uma aristocracia numa cultura que permite franca expressão emocional apenas no campesinato, o indivíduo com inclinações rituais que é criado como protestante num país que também possui instituições católicas — cada um desses pode encontrar expressas em algum outro grupo da sociedade as emoções que ele ou ela está proibido de manifestar. Recebe um certo gênero de apoio pela simples existência desses valores, valores tão compatíveis com ele e tão inacessíveis a ele devido a um acidente de nascimento. Para os que se contentam com um papel de espectador substituto, ou com materiais para regalar a imaginação criadora, isso talvez possa ser quase suficiente. Contentar-se-ão possivelmente em sentir da calçada, durante um desfile, do auditório de um teatro, ou da nave de uma igreja, aquela emoção cuja expressão direta lhes é negada. As cruas compensações oferecidas pelo cinema àqueles cujas vidas estão emocionalmente famintas são oferecidas em formas mais sutis pela arte e pela literatura de uma sociedade complexa ao indivíduo deslocado no seu sexo, classe ou grupo ocupacional.

Adaptações de sexo, entretanto, não são coisa de passivo espectador, mas uma situação em que os indivíduos mais passivos devem desempenhar algum papel, se ele ou ela quiser participar completamente da vida. E embora possamos reconhecer as virtudes da complexidade, os enredos interessantes e encantadores que as culturas são capazes de desenvolver com base nos acidentes de nascimento, cabe também perguntar: Não será o preço demasiado alto? A beleza que existe no contraste e na complexidade não seria obtenível de alguma outra forma? Se a insistência social sobre personalidades diferentes para os dois sexos resulta em tanta confusão, em tantos desadaptados infelizes, em tanta desorientação, é possível imaginar uma sociedade que abandone essas distinções sem abandonar os valores que agora dependem deles?

Suponhamos que, em vez da classificação assentada sobre as bases "naturais" de sexo e raça, a sociedade classificasse a personalidade com base na cor dos olhos, decretando que todas as pessoas de olhos azuis seriam dóceis, submissas e receptivas às necessidades dos outros, enquanto todas as pessoas de olhos castanhos seriam arrogantes, dominadoras, egocêntricas e decididas. Nesse caso, dois temas sociais complementares seriam entrelaçados — a cultura, em sua arte, sua religião, suas relações pessoais formais, teria dois fios em vez de um. Haveria homens e mulheres de olhos azuis, o que redundaria na existência de homens ternos e "maternais" tanto quanto as mulheres. Um homem de olhos azuis poderia casar-se com uma mulher educada para a mesma personalidade que a dele, ou com uma mulher de olhos castanhos, educada para uma personalidade contrastante. Uma das fortes tendências que leva ao homossexualismo, a tendência a amar o semelhante mais do que a pessoa antitética, seria eliminada. A hostilidade entre os dois sexos, como grupos, reduzir-se-ia ao mínimo, posto que os interesses individuais dos membros de cada sexo poderiam entrelaçar-se de maneira diferentes, e casamentos de semelhança e amizades de contraste não acarrretariam necessariamente *handicap* de possíveis desajustamentos psico-sexuais. O indivíduo sofreria todavia mutilação em suas preferências temperamentais, pois seria o fato isolado da cor dos olhos que iria determinar as atitudes que sua educação levaria a assumir. Toda criatura de olhos azuis ver-se-ia forçada à submissão e seria tida por desajustada se ele ou ela denotasse quaisquer dos traços que, segundo fora decidido, se apropriavam somente aos de olhos castanhos. A maior perda social, entretanto, na classificação da personalidade com base no sexo, não estaria presente nessa sociedade que fundamentou sua classificação na cor dos olhos. As relações humanas, e sobretudo aquelas que envolvem o sexo, não seriam artificialmente destorcidas.

Todavia, tal orientação, a substituição do sexo pela cor dos olhos como base para educar as crianças em

300

grupos que apresentassem personalidades contrastantes, conquanto fosse um avanço definitivo em relação à classificação por sexo, não deixaria de constituir uma paródia de todas as tentativas que a sociedade fez, através da história, para definir o papel do indivíduo em termos de sexo, ou cor, ou data de nascimento, ou forma da cabeça. Entretanto, a única solução do problema não está em escolher entre a padronização da diferença de sexo com o resultante custo em felicidade e ajustamento individuais, e a abolição dessas diferenças com a conseqüente perda de valores sociais. Uma civilização poderia evitar de guiar-se por categorias como idade ou sexo, raça ou posição hereditária numa linha familial, e, em vez de especializar a personalidade ao longo de linhas tão simples, reconhecer, treinar e dar lugar a muitos talentos temperamentais diferentes. Poderia construir sobre as diferentes potencialidades que ela tenta agora artificialmente extirpar em algumas crianças e criar em outras.

Historicamente, a redução da rigidez na classificação dos sexos surgiu em épocas diferentes, seja pela criação de uma nova categoria artificial, seja pelo reconhecimento das diferenças individuais reais. Algumas vezes, a idéia de posição social transcendeu as categorias de sexo. Numa sociedade que reconhece gradações de riqueza ou hierarquia foi permitida às mulheres de categoria ou de riqueza uma arrogância negada a ambos os sexos entre humildes e pobres. Semelhante alteração constituiu, é verdade, um passo adiante na emancipação das mulheres, nunca, porém, um passo adiante na maior liberdade do indivíduo. Algumas poucas mulheres compartilharam a personalidade da classe alta, mas, para contrabalançar esse fato, muitos homens e mulheres viram-se condenados a uma personalidade caracterizada pela subserviência e pelo medo. Alterações como essas significam apenas a substituição de um padrão arbitrário por outro. Uma sociedade é igualmente irrealista se insiste em que somente os homens podem ser corajosos, ou que somente os indivíduos de posição podem ser corajosos.

Romper uma linha de divisão, a que existe entre os sexos, e substituí-la por outra, a que existe entre as classes, não representa um avanço real. Apenas desloca a irrelevância para um ponto diferente. E, nesse ínterim, indivíduos nascidos nas classes altas são inexoravelmente modelados a um tipo de personalidade, a uma arrogância que é incompatível com, pelo menos, alguns deles, enquanto o arrogante entre os pobres se exalta e se enfurece sob o treinamento para a submissão. Numa extremidade da escala está o jovem dócil e não-agressivo, filho de pais ricos, que é forçado a comandar, e, na outra, a

301

criança empreendedora e agressiva dos cortiços, que é condenada a um lugar nas fileiras. Se nosso objetivo é dar maior expressão a cada temperamento individual, mais do que algum interesse partidário num sexo e no seu destino, devemos, apesar de tudo, encarar esses desenvolvimentos históricos que auxiliaram na libertação de algumas mulheres como um gênero de desenvolvimento que implicou também perdas sociais maiores.

A segunda via pela qual categorias de diferenças do sexo se tornaram menos rígidas é através do reconhecimento dos genuínos dotes individuais quando ocorrem nos dois sexos. Aqui uma distinção real foi substituída por outra artificial e os benefícios são enormes para a sociedade e para o indivíduo. Onde o escrever é aceito como profissão que ambos os sexos podem seguir com perfeita conveniência, os indivíduos dotados de habilidade para escrever não precisam ser privados disso por causa do sexo, nem necessitam, se escreveram, duvidar de sua masculinidade ou feminilidade essencial. Uma ocupação que não se baseia em dons determinados pelo sexo pode agora alistar em suas fileiras o dobro de artistas potenciais. E aqui podemos fechar um plano fundamental para a construção de uma sociedade que substituiria por diferenças reais as diferenças arbitrárias. Precisamos reconhecer que, sob as classificações superficiais de sexo e raça, existem as mesmas potencialidades, reaparecendo geração após geração, apenas para perecer, porque a sociedade não tem lugar para elas. Assim como a sociedade permite agora a prática de uma arte aos membros dos dois sexos, do mesmo modo poderá também permitir o desenvolvimento de muitos dotes temperamentais contrastantes em cada sexo. Poderá abandonar suas diversas tentativas de fazer com que os meninos lutem e as meninas permaneçam passivas, ou de fazer com que todas as crianças lutem, e, ao invés, plasmar nossas instituições educacionais de modo a desenvolver plenamente o menino que mostra uma capacidade de comportamento maternal e a menina que apresenta uma capacidade oposta que é estimulada pela luta contra obstáculos. Nenhuma habilidade, nenhuma aptidão especial, nenhuma vivacidade de imaginação ou precisão de pensamento passaria ignorada por ser a criança que as possuísse de um sexo e não de outro. Nenhuma criança poderia ser implacavelmente amoldada a um padrão de comportamento, mas, em vez disso, existiriam muitos padrões, num mundo que aprendeu a autorizar a cada indivíduo o padrão mais compatível com seus dotes.

Uma tal civilização não sacrificaria os proveitos de milhares de anos durante os quais a sociedade edificou

302

padrões de diversidade. Os ganhos sociais seriam conservados e cada criança seria encorajada com base no seu real temperamento. Onde temos agora padrões de comportamento para mulheres e padrões de comportamento para homens, teríamos então padrões de comportamento que expressariam os interesses dos indivíduos com muitos tipos de talentos. Haveria códigos éticos e simbolismos sociais, uma arte e um estilo de vida, congeniais a cada dote.

Historicamente, nossa própria cultura apoiou-se, para a criação de valores ricos e contrastantes, em muitas distinções artificiais das quais a mais impressionante é o sexo. Não será pela mera abolição dessas distinções que a sociedade desenvolverá padrões em que os dons individuais hão de receber o seu lugar, em vez de serem forçados a um molde mal-ajustado. Se quisermos alcançar uma cultura mais rica em valores contrastantes, cumpre reconhecer toda a gama das potencialidades humanas e tecer assim uma estrutura social menos arbitrária, na qual cada dote humano diferente encontrará um lugar adequado.

303

ÍNDICE E GLOSSÁRIO

A

Abelam, 38
Abullu (cerimônia da colheita de inhame), 100
Abundância (veja Economia)
Abuting (um inhame comprido, máscaras usadas na iniciação), 114
Acessos de raiva, 72-74, 150
Aden, 101
Adoção, 43, 191, 193, 224
Adolescência, 133; filhos dos Mundugumor, 174, 210; inibições, 152
Adultério, 136, 138, 139

Afogamento, 171, 196, 259
Agehu (praça central da aldeia), 34, 35, 74, 83, 87, 108, 109, 126, 131
Agilapwe, 160, 161, 162
Ahalesemihi, 139
Aibom, Lago, 230, 231
Aitape, 100
Aiyai (mãe), 244
Akerman, 252, 253
Akikiyu, 20
Aldeia (veja Comunidade)
Alimento, 32, 174, 184, 237, 242, 243; "época de fome", 45; escassez, 44, 235; excedente, 52, 100, 235

305

Alimento ofertado, caça, 32, 44, 46, 51, 83, 84, 91, 147, 148, 184, 185; cerimonial, 108; cozinha depois do nascimento, 59, 83, 84; grupo à parte, 93, 94; hábitos de comer, 91, 109, 125, 174, 175, 180, 234, 235; horticultura, 32, 44, 45, 52, 79, 184, 235; importância do, 40; pesca, 175, 233, 246; quem, 34, 137; 233, 235, 249; tabus, 90, 182 (*veja* Gravidez e Nascimento); troca, 52, 234

Alipinagle, 43

Alis, 115, 116, 117

Alitoa, 33, 87, 109, 116, 123, 129, 152, 153, 155, 158, 160, 161, 197, 198

Aliwhiwas (planta usada em magia), folhas, 109

Alojamento, Arapesh, 32, 33; água, 42; cabanas, 34, 44; casas de homens (*veja* Homem); cestas de dormir (*veja*); complexos, 174, 175, 178-79, 185, 186; construção, 46, 70, 179, 180, 233; cortinas, 232; de mulheres, 233; fogueiras, 33, 34, 50, 232, 245; homens menos importantes, 186; quem dorme onde, 34, 45, 57, 59, 60, 124, 212, 234

Amantes, 210-14

Ambunti, 230

América, 148, 198, 199, 279, 290, 291

Amitoa, 153-56, 158, 159, 161, 162, 279, 280

Amus, 155

Ancestrais, 35, 42, 43, 180, 240

Andoar, 170, 173, 174

Anéis de *Conus*, 246

Anômalo (*veja* Inadaptado)

Anyuai, 104, 105

Arapesh, atitudes, 39, 40, 44, 50, 51, 76, 122, 141, 142, 145, 146, 147, 162; estrutura, 139; litoral, 32, 35, 36, 37, 39, 64, 86, 88, 99, 109; organização, 41, 44, 45, 47, 98, 255, 256; Pla-

nícies (*veja* Planícies, homens das); território, 31, 34, 39; ·tratamento dos, 26, 31

Arte, Agilapwe, 161; mulheres, 88; Mundugumor, 173, 208; pintura, 70, 88, ?21; povo dotado, 148; Tchambuli, 229, 230, 232, 236, 237, 239, 240. 241, 274

Ashup (um emético), 117

Auto-erotismo (*veja* Onanismo), 260

Ave totêmica, 178, 225

Autoridade, 41

Avô, como se usa, 99

B

Baimal, 87, 131, 155, 156, 158, 162

Balidu, 78, 155

Banaro, 166

Banyimebis, 134

Barad (um canal de água, termo *pidgin*) definido, 172, 175, 184, 194

Bastardo, 236

Bateson, Gregory, 16, 166, 167

Ba Thonga, 24

Benedict, Ruth, 17, 24, 271

Berdache (um homem travesti), 25, 281

Bischu, 61, 133

Biwat, 233

Boneca, 89

Briga, Agilapwe, 160, 161; Amitoa, 155; caráter da, 132; comunidades, 144, 145; esposas, 130; feiticeiros, 38, 143; filhos, 71, 73; irmãos, 136, 139; mãe, 144; mulheres, 249, 253; Mundugumor, 184, 185, 206-08; por mulheres, 94, 144, 185; rixas, 49; Tchambuli em casas de homens, 240, 253

Briggs, Dr., 16

Brincadeira, 119, 211

Buanyin (parceiro hereditário de comércio), relação, 51, 53, 74, 127, 152

Budagiel, 87, 105

Bugabahine, 160

C

Caça de cabeças, 34, 47, 169, 170, 172, 186, 225, 236, 237, 261

Canções (veja Música), 35, 36, 50, 241

Canibalismo, 169, 170, 171, 186, 207, 225, 236

Carregar, 33, 77

Casamento (veja Noivado, Poligamia, Viúvas); americano, 291; ausência de cerimônia, 110; características desejáveis, 99, 102; consumação, 111, 215; corda, 183; domínio no, 217, 250; escolha da noiva, 98, 99, 210, 211, 249; grupo, 106; hímen, 106; idade, 106; insultos, 201; irregularidades, 105, 116, 122-31, 132, 133, 135, 136; causa das, 131, 137; liberdade no, 23, 250; monogamia, 119, 120; morte, 122, 132; mulher escolhe, 206, 249, 250; padrão Arapesh, 46, 47, 48, 99, 100, 106; pagamento, 110, 134, 161, 179, 245; parentesco, 202; primos, 136, 249, 250; quem não casa, 102, 103; relação sexual, 43, 44, 56, 60, 104, 105, 114, 118, 146, 190, 212, 213, 224, 225, 250; ritual, 114; significado do, 99, 100, 113, 114, 122, 132, 139; Tchambuli, 241, 244, 245, 249, 250, 251, 256; troca, 42, 98, 99, 158, 179, 214

Cerimônias (veja Festas, Iniciação, Máscaras), chefia, 50; esposa, 59; local, 35; Mundugumor, 175, 176, 186, 207; nascimento, 58, 59; significação, 110; Tchambuli, 232, 234, 236, 240, 241, 243, 244, 247, 248

Cestas de dormir, 180, 212 (veja Mosquiteiros)

Citações do povo relativas a, 259; advertência ao filho, 146; aforismo, 100; Agilapwe, 160, 161; agradecimentos, 234; Alipinagle, 43; Amitoa, 154; anciãos dizem, 169, 170; aptidão natural, 51; aviso ao amante, 212; avó, 68; Baimal e Tamberan, 87; balão de brinquedo, 79; boneca, 89; casais casados, 213; consolo, 253; côrte, 251; crescimento, 94, 98; crianças adotadas, 193; encantamento, 58; esposa, 98, 144, 253; fantasma, 43; feitiçaria, 74, 75, 102; ferimento, 76; festas, 33; filha, 101; filhos, 67, 73, 242; homens maus, 160; homens traiçoeiros, 245; irmã, 100; irmão da mãe, 144; luta, história da, 48; mãe ao filho, 59, 67; Manum, história de, 188, 189; marido, 97; Me'elue e Sauwedjo, 125, 126, 127; menina comprometida, 104; menino em viagem, 68; morte de prisioneiros, 207; órfãos, 252; pai e filho, 61, 62; parentesco, 202; propriedade, 78; relações sexuais, 118; segredos, 253; Tamberan, 85, 87; Temos, 151

Clã, 42, 44, 51, 78, 91, 98, 105, 110, 119, 122, 133, 136, 158, 241, 244, 247; definido, 177

Comércio (veja Economia)

Competição, Arapesh, 42, 51, 52, 53; Mundugumor, 185, 203, 206; Tchambuli, 240, 242, 253

Comportamento (veja Etiqueta)

Comunicação (veja Sepik), caminhada, 37, 38, 99; caminho, 36, 92, 175; mensagens, 32, 34; Tchambuli, 231, 232, 233

Comunidade, Alitoa, 33, 34; "aldeias-mãe", 36; disputas, 48, 49; Mundugumor, 171, 174, 177, 178, 181; nomes, 42, 177; relações cerimo-

307

niais, 156; Tchambuli, 232; unidades políticas, 47, 177
Comunista, 293, 294
Conflito, 65, 83, 99, 179, 203, 204, 256
Cooperação, Arapesh, 41, 42, 44, 45, 46, 47, 52, 53, 68, 131, 142; mulheres, 233; Mundugumor, 182, 184, 220
Controle do corpo, 70; familiaridade com, 69
Controle esfincteriano (veja Criação da criança)
Controle social (veja Roubo, veja Inadaptados), como são tomadas as decisões, 47; criminoso, 235, 236; grande homem, 47; homem violento entre os Mundugumor, 225; julgamento de Me'elue, 127; nenhum para os inadaptados, 162; opinião pública, 127, 130; ostracismo, 47; punição, 49, 50; repreensão do ancião, 124; sanções, 47, 49, 83, 98, 130; símbolos de brecha, 73; uso da obscenidade, 127; vingança, 48; vulnerável, 127-128
Conversa escatológica, 203
Corda (estrutura da descendência Mundugumor), 178-80, 182, 200, 201, 208
Côrte, 212, 249, 250
Crescimento, 39, 40, 56, 60, 81, 91, 92, 93, 94, 97, 110, 120, 149, 215
Criação da criança, alimento, 61, 67, 242, 243; alimentos proibidos, 197; amamentação, 60, 64, 65, 66, 121, 192-96, 224, 242; banho, 56, 57, 64; carregar, 59, 64, 194-95, 212; controle esfincteriano, 65; desmame (veja Crescimento), 61, 196, 242; dormir, 57, 64, 77, 194, 196, 242; moleira, 114; pagem, 65; parto, 56, 154, 261, 262
Criança, da viúva, 119; de Wabe, 136; entre Arapesh, 141; homem preferido, 57; mulher preferida, 173; Mun-

dugumor, 189; nomes, 241; pagamento por, 110
Cultos (veja Religião)
Cultura, Arapesh, 150; base da, 20; complexidade, 296; condicionamento para (veja Educação); elaboração da, 21, 22; estudo da primitiva, 166; integração, 184, 277; padrão, 41, 131, 132, 139; reciprocidade na, 157; Samoa, 147; sexual, 290, 291 (veja Sexo); significado da, 20, 270; símbolo da, 73; Tchambuli, 230, 291; temperamento e, 148, 151, 152, 270, 272

D

Daguar, 99
Dança, Amitoa, 156; bebês na, 77; complexo, 35, 36, 37, 53; Mundugumor, cobra, 172, 173; Tchambuli, 239, 240, 241, 247, 248, 256, 258, 259, 281
Débeis mentais, 109
Defeituoso, 42, 122, 133, 261
Desajustamento, debilidade mental (veja Nahomen); conflitos, 155, 260; devaneador, 221, 222; doente, 261, 278 (veja Agilapwe); Mundugumor, 220, 222, 224, 225, 261, 262; neuroses, 78, 261, 278; paranóia (veja Wabe); personalidades (veja Amitoa, Kavíwon, Komeákua, Kwenda, Nyelahai, Ombomb, Omblean, Taukumbank, Tchuikumban, Tchengokwale, Temos, Yabinigi, Yauwiyu, Wabe, Wupale); relação com a primeira educação, 156; sexo (veja Amitoa, Wabe); sintomas, 136, 137, 161, 261, 263; temperamentos, 279, 280
Desgraças, 39, 43, 143, 240
Desmame (veja Criação da criança), segundo, 72, 132
Dicotomia, 144, 280, 282, 284, 286, 290

308

Disputas, 48, 49
Dobu, 285
Doença *(veja* Feitiçaria), 39, 42, 84, 195, 240
Dote, 214
Dunigi, 76

E

Economia, computação de custos, 52; amigos de troca, 37, 92, 94, 154, 172, 236; comércio, 32, 36, 37, 38, 172, 173, 179, 234, 236, 246; débito, 37; herança, 43, 44, 90, 178, 240; manufatura, 37, 38, 70, 172, 173, 236, 237, 245, 246; moeda, 36, 234 *(veja* Talibun); propriedade, 37, 43, 44, 45, 78, 79, 94, 171, 178, 232, 233, 236, 240, 247; riqueza, 179, 184; transporte, 37
Educação, condicionamento, 268, 269, 271, 283, 284, 285, 286, 288, 294, 296; disciplina, 73; divisão do mundo pelas crianças, 74; educação entre os Arapesh, 53, 64, 67, 68, 69, 148-50; educação entre os Mundugumor, 205; educação entre os Tchambuli, 245, 246, 257, 258; esperados conformarem-se, 146; falta de técnica, 70; influência dos inadaptados, 162; integração, 268; meninas, 77, 138; meninos, 51, 52, 78, 89, 90, 138, 206, 207, 209, 210; padrão dos Arapesh, 71, 81, 82, 141, 142; padronização por temperamento, 295, 301; proibições, 198, 203; propriedade, 78, 79; punição, 49; resultados da, 283; tradição, 108.
Egoísmo, 142, 146, 149, 151, 197
Emoções, afeição, 68-70, 113, 114, 146, 195; aflição, 140; amor, 98, 115, 138, 139, 254; como se expressam, 150, 156; controle das, 71,
139; entusiasmo, 71; insulto, 50, 51; irreais, 259; medo, 39, 68, 76, 175; ódio, 143, 156; paixão, 115, 211; raiva, 71-76, 145, 195; riso, 34, 59, 176; segurança *(veja* Criança); símbolo, 260; têmpera, 50, 72, 102, 137, 150; vergonha, 50, 68, 198
Encantamentos, 58, 79, 254
Escândalo, 128
Escarificação, 49, 107, 182, 183, 243, 244, 253
Espírito da vida, fontes de, 57, 117
Espíritos *(veja* Religião)
Esposa *(veja* Meninas, Noivado, Poligamia), co-espôsa, 121, 133, 137; como viúva, 216; crescimento, 97; de outros homens, 115; disciplinada, 73; espíritos, 42; fuga, 160, 161; horticultura, 44, 45; irmã para trocar, 191; maldade dos homens, 160; maltratada, 135; Mundugumor, 178, 179, 190; "pequenas esposas", 92; procura, 95, 103; protetor, 134; rejeitada, 130, 131; surra, 138, 151, 153, 178, 206, 254; velha, 94; verdadeira, 120, 127
Etiqueta, 52, 75, 87, 88, 94, 100; gracejo, 198, 199, 200, 202, 203, 205, 213, 221, 240, 241, 242, 244, 272, 282, 283, 285, 291
Excreções, 38, 62, 69
Experiência traumática, 72, 73

F

Fascista, 293, 294
Família *(veja* Linha patrilinear, Irmãos, para irmão ou irmã), afastamento do pai, 94; avô, 67; escolha da esposa, 98, 99; filha, 134, 178; gratidão do filho, 103; no casamento, *(veja);* posição da criança, 67; nos complexos, 175, 176; pai e

309

filha *(veja* Corda), 178-81; pai e filho, atitude com respeito a, 71, 72, 93, 94, 175, 178, 180, 181, 190, 205, 206, 240; propriedade, 79; Tchambuli, 233

Feitiçaria *(veja* Magia e Morte), acusações de, 125, 129-31; cerimonial da moça, 108; chagas, 160; curas para, 117; estranho, 99; forno divinatório, 35; homens das Planícies, 37, 38, 39, 49, 123; quem é o feiticeiro, 102; sedução, 114; "sujeira", 38, 75, 76, 92

Festas, *abullu,* 52; Arapesh, 33; de família para a mulher, 93; depois do nascimento, 59; iniciação *(veja);* lugar de, 34, 35; luta, 48, 50, 144, 157, 179, 191, 206; meninas, 109; Mundugumor, 171, 176, 181, 185-87; relação de *buanyin,* 51; restabelecer, 50; Tchambuli, 234, 235, 244, 249

Filhas *(veja* Família)

Flautas, 50, 83, 85, 87, 173, 179, 181, 186, 208, 239

Fortune, Reo F., 15, 16, 177, 223, 244

Fuga, 48, 115, 122, 155, 158, 184, 214

G

Gêmeos, 190, 192, 193, 223, 224

Gerud, 43, 104

Gisambuti, 224

Governo Britânico, controle, 169, 225, 230; nomeados, 223, 261; oficiais, 230; prisão, 230; proteção, 237

Governo político, nenhum, 42, 47

Graham Kenneth (Edward e Selina), 287

Grande homem, 47, 48, 51, 53, 72, 123, 131, 145, 151, 181, 185

Gravidez, aborto, 137, 160, 259; atitude Arapesh, 56; controle do nascimento, 57;

enjoos matinais, 56; *Marsalai,* 42; mulheres das Planícies, 124; Mundugumor, 189, 190; solicitação de criança, 193; tabus, 56, 60, 121, 262

Guerra, armas, 37, 38, 173, 174; ausência de, 47, 48; desaprovação de, 73, 76; entre aldeias, 42, 48; mulheres na sociedade moderna, 297; Tchambuli, 235, 236, 273, 297, 298

H

Habitante do pântano, 171, 172

Henyakun, arbusto, 108

Herança *(veja* Economia)

Hipótese, 271, 285

Homem *(veja* Grande homem, *Tamberan),* aptidão natural, 51; como pais, 55-59; cultos, 16 *(veja Tamberan);* dócil, 220; inquietude, 78; qualidade de membro da casa dos homens, 240; ornamentos, 234, 235; papel assexuado, 94; papel do Arapesh, 23-24, 39, 40, 50, 51, 55-59, 88; papel do Mundugumor, 176, 185-91, 233, 234, 242, 244; papel do Tchambuli, 249, 250, 253, 254, 256; trabalho, 44, 45, 46, 61, 172, 173, 184, 185; violento, 50, 225

Homendjuai, 138, 139

Homicídio, 47-49, 156, 160, 225, 251

Homossexual, 249, 280, 281, 288, 289, 300

Hospitalidade, 34, 45, 175, 235

Hostilidade, aldeia, 48; estranhos, 75, 144; Mundugumor, 175; pai, 182; Tchambuli, 242; tradições, 36

I

Iatmül, 166

Ibanyos, 104

310

Idade avançada, 84, 85, 94, 103, 124, 216
Idade, classe etária, 274; como noivo, 106, 210; contraste de idades, 146; em comportamento, 67; ênfase, 145; grupo, 78, 94; no casamento, 129; responsabilidade, 192, 182; identificação, 82, 282, 284, 286, 287
Idugen, lagarta, 108
Ilhas do Almirantado, 279
Inadaptação, anti-social, 161; atitude na sociedade moderna, 289; casamento, 138, 139 (*veja* Casamento); causas da, 157, 259-61; cultural, 278; defeituoso, 122, 129, 133, 261; definição de, 277; doença, 103; explicação da, 150, 151, 152, 156, 157, 159; falta de padrão para, 144; mulheres, 223, 224, 261, 262; Mundugumor, 219, 221, 222, 225; psico-sexual, 280-81; sociedade complexa, 299; Tchambuli, 260-63; violência, 50, 144, 145. (*Veja também* Agilapwe, Amitoa, Kaviwon, Kwenda, Omblean, Ombomb, Sumali, Temos, Wabe, Yabinigi, Yangitimı).
Incesto, 100, 101, 201, 202
Indengai, 262
Índios, Cheyennes, 20; Dakotas, 25; Planícies, 280; Zuni, 279
Infância, primeira, 69, 70, 190, 197, 203, 204
Infância (*veja* Criação da criança, Infanticídio); andar, 196; atitude com respeito, 195-97; choques, 64; choro, 64, 194, 196, 242; doença, 195; empréstimo, 69; mundo hostil, 189, 196; pai-criança, 61, 69, 145, 190, 242; passividade, 77; postura, 64, 194, 195, 196; regras da, 197-200; rejeição, 197; relação com as mulheres, 242; segurança, 65-69; vida da, 203, 204

Infanticídio, 56, 57, 60, 155, 159, 170, 191, 192, 223
Informante, 223
Iniciação (*veja* Escarificação), engolir, 89, 90, 91; essencial, 90, 92, 93; grande, 90, 91; meninas, 107, 108, 109, 110, 182; Mundugumor, 181, 182; novas responsabilidades, 93; pagamento da, 91, 158; significado da, 92, 110, 207, 208; tabus quebrados, 92; *Tamberan*, 86, 87, 88; Tchambuli, 240, 257, 258
Inoman, 136, 157
Insano (*veja* Inadaptado)
Interrogação, 77
Inversão, 25, 248, 280, 281, 289
Irmã (*veja* Irmãos)
Irmão (*veja* Irmãos), irmão da mãe, 144, 158, 184, 186, 204
Irmãos, 99, 106, 121, 145, 175, 178, 179, 193; relações entre irmãos e irmãs, 99, 106, 107, 137, 150, 179, 182, 183, 191, 192, 193
Iwamini, 145

J

Jejum, 60, 105, 107
Jogos (*veja* Práticas orais), 71, 76, 77, 203, 204, 210, 247

K

Kalekúmban, 221, 222
Kalingmale, 259
Kanehoibis, 43
Karudik, árvore, 108
Kawívon, 261, 262
Kenakatem, 167, 224
Keram, rio, 166
Kilimbit, 251
Kina, 237, 244, 245, 246, 247, 256, 262
Kobelen, 153, 154, 155
Kolosomali, rio, 236
Komeákua, 221
Koshalam, 245

311

Kule, 61
Kumati, 105
Kwenda, história de, 223-25,
279

L

Laabe, 145
Labinem, 160
Lenda, 222
Lendas, 60
Liderança, (*veja* Grandes ho-
mens, *Buanyin*, relação
com; Wabe), capacidade
de, 151; como é usada, 42,
47, 50, 51, 151, 185
Ligação, 113, 114, 115, 248,
249
Limpeza, 31, 69
Língua, 16, 35, 83, 121, 171,
172, 198, 232, 234, 261
Linhas patrilineares, 42, 120,
178, 240, 246, 250
Liwo, 104, 154, 158
Lua de mel, 123
Luluai (nomeado do governo),
261

M

Madge, 127, 345
Magahine, 160
"Maggie", 283
Mágica, 36, 39, 48, 57, 58,
79, 110, 114, 117, 143, 148,
152, 154, 172, 254, 262
Magiel, 104
Maigi, 105
Maldição, 74, 130, 151, 158,
159, 175
Malipik, árvore (usada na ma-
gia), 108
Manufatura (*veja* Economia)
Manum, história de, 138, 139
Manuniki, 161, 162
Manus, 24, 78, 285
Maori, 21
Mapas, 165-68; mapa da Nova
Guiné, 18
Marienberg, 167
Marsalai (sobrenatural, geral-
mente personifica uma co-
bra ou anfíbio), 42, 43, 46,
56, 57, 60, 107, 143, 160,
210, 241

Masai, 20
Máscaras, 173, 181, 234, 248,
258
Mbunda, 223, 224
Mebu (terra usada como encantamento), 109
Me'elue, história de, 123, 124,
130, 131, 132, 137
Megan (mulher casada dentro
do mesmo clã), 121
Menala, 134-37, 152, 157
Meninas, acessos de raiva, 72;
aventuras, 213; beleza, 98,
104; borbulhar dos lábios,
66, 67; escolha do jovem,
104; expressão vicária, 287;
iniciação, 107-10, 182; preferência por, 153; qualidades
desejadas, 99, 102, 197;
quebra de tabu, 105; trabalho das, 77, 104, 110, 249;
troca ("retribuição"), 180,
204; vida das, 103, 104,
106, 107, 210
Meninos, atitudes, 243, 244;
borbulhando os lábios, 66,
67; casamento, 101-03; dependente da mulher, 244;
educação, 78, 89, 93, 150,
151, 202, 205; esportividade, 73; iniciação, 82, 89,
90, 182, 207, 243; isola-
mento, 243; matar prisio-
neiros, 207, 236; meninos
mais velhos, 203, 243; noviços, 233; pagens, 63; parentesco, 202, 203; preferi-
dos, 57; rejeição, 71, 72,
258; relação com o pai, 71,
178, 206; situação, 206, 287;
289; trabalho, 77, 210, 234;
vida, 210
Menstruação, 34, 42, 56, 60,
88, 105, 107, 117, 118, 121
Método, escolha do campo,
166, 167, 168, 229, 230;
divisão do trabalho, 16; uso
do tempo presente, 33, 169
Miduain, 104
Mishin (espírito), 117
Mitologia, 60
Modas, 36
Monbukinbit, 251
Morte (*veja* Feitiçaria), atitude com respeito a, 195;

312

brincando, 259; efeito sobre a esposa, 132, 133; enterro, 107, 174; festim da, 235; luto, 119, 174, 240; Mundugumor, 216; noiva, 122; ossos do, 148; responsabilidade pela, 38, 39, 49, 75, 119, 143, 160; ritual após, 114, 119; Tchambuli, 240, 259; vingança pela, 157

Mosquiteiros, 174, 180, 236, 246, 252

Mulheres (veja Roupas, Casamento, Esposa), compensação moderna, 290, 291; contraste de idades, 146; cunhada, 120; dominância, 253; entre os Tchambuli, 246, 247, 249, 252, 256; função das senhoras, 23; imagem perigosa para, 172; mulheres das Planícies, 116; no complexo, 175, 176, 205; papel das mulheres entre os Arapesh, 22, 39, 40, 145, 255, 256; papel entre os Mundugumor, 206; proveito, 252, 256; segurança, 33; solidariedade, 244, 253; Tamberan, 85, 86, 88, 89, 105; tipos de, entre os Arapesh, 116; trabalho, 32, 44, 129, 172, 173, 179, 184, 185, 233, 234, 245, 256; velhas, 84, 85, 216; violentas, 154, 225

Mundugumor, caráter, 174; estrutura, 216; estrutura formal, 221, 222; hostilidade, 176; não-ganancioso, 208; números, 171; organização, 177, 178; ricos, 184; território, 167, 170; vida ideal, 175, 255, 256

Música-canções, 35, 36, 50, 241

Mwai (máscaras usadas no cerimonial Tchambuli), 247

N

Naguel, 61

Nahomen, 157

Nascimento, amas, 58; idéias de concepção, 55, 56; normal, 51; onde, 56; pai dá à luz, 56, 58; parteira, 59, 263; Tchubukéima, esposa de Yangitimi, 261, 262

Natun, 129-31

Natureza humana, 146, 147, 269, 271

Ndebáme, 222

Nkumkwebil (uma planta usada na magia), 108

Noivado, Arapesh, 97; destruído pela morte, 122; escolha, 98; Mundugumor, 210, 214, 215; novo lar, 103, 104, 106, 122, 133; rearranjado, 106; significação do, 113, 114; Tchambuli, 244

Nomes, clã, 241, próprios, usados no nascimento, 58

Noviço, 233, 234

Nugum, 117

Numba, 222

Nyelahai, 85, 129, 130, 151, 152

O

Oceania, 107, 281

Ombléan, história de, 222-25, 263, 279

Ombomb, história de, 123-31, 134, 137, 152, 156, 159, 219

Onanismo, 69, 82, 83, 118

Órfãos, 245, 247, 251, 253

P

Pai (veja Família e Criança)

Papéis maternais, 40, 41, 59, 197

Parentes afins, 43, 44, 45, 51, 68, 99, 100, 101, 102, 120, 134, 135, 144, 175, 184, 202, 244

Parentesco, admoestação da criança, 73; brigas, 48, 49; classificação, 198, 199; decisão em termos de, 47; expressão de raiva, 74; feiticeiro, 38, 39; gracejo, 198, 202, 203; jogo, 203; Mundugumor, 171, 177, 178, 179, 180; "papaizinho", 240; quem protege a esposa,

313

134; quem são, 67, 68, 74, 75, 76, 81, 144, 149; Tchambuli, 244; segurança, 67, 68; termos, 201; viúva, 119. (*Veja* Relações afins, Corda e Linhas patrilineares.)

Paternidade, 56

Pele, doenças, 120, 160, 161, 193, 251 (*veja* Tinha)

Peleva (um feitiche masculino), 175

Penhor, sistema de, 244

Personalidade, aberrante, 151, 159; caracteres, 63, 64; condicionamento social, 268-71, 274, 283, 284, 285, 293, 295, 296; em três culturas, 268; ênfase da, 148, 168, 255; liderança, 51, 145; meninos, 151; mulheres, 217, 233, 259; Mundugumor, 190; padronização, 271, 294-96, 299; papel na hipótese, 298; sexo, 280, 281, 290, 297; Tchambuli, 255; temperamento, 301; tipos de, 162, 268, 296

Planícies, homens e mulheres das, 37, 38, 49, 64, 74, 75, 102, 116, 123, 137, 139, 143, 147, 153, 154, 156, 160, 167, 279

Poder, 191, 246

Poligamia, 60, 94, 95, 119, 121, 137, 174, 178, 179, 245, 246

Práticas orais, atitude para com vômito, 117; beijar, 119; borbulhar os lábios, 34, 66, 71, 77, 90; mastigar e fumar, 118; Mundugumor 196; não chupar polegar, 66; sensibilidade, 118, 119; símbolo da infância, 66; tabus, 118

Presentes, *abullu*, 52; enterro, 174; iniciação, 183; menina adolescente, 108; nascimento, 59; Tchambuli, 243; troca, 37; viúvas, 119

Propósito do estudo, 23, 26, 165

Propriedade (*veja* Economia)

Prostituição, 224

Puberdade, filhos (primogênitos), 42; fim da, 52, 53, 110; iniciação (*veja*); meninas, 82, 86, 107, 136, 182; meninos, 89, 91, 181, 258; pontos de ênfase, 92, 93, 181, 207; segregação de, 90, 107; supervisão, 110; tabus, 104, 105, 187

Putnam, Mrs. E. J. S., 23

R

Rapto, 48, 122, 134, 135, 145, 157, 259

Recrutamento, 167, 223, 230

Reféns, 172, 173, 174, 206, 209, 210

Relações sexuais, abertas, 104; Amitoa, 153; Arapesh, 117-118; clímax, 118, 153; complexidade, 248; Ombomb. 123; Wabe, 133, 134, 152 (*veja* Casamento)

Religião, adivinhação, 143; cultos, 134, 181, 182; espíritos, 42, 45, 107, 119, 143, 158, 240; espíritos da mata, 175; idéia da vida, 142, 143; imagens, 172; mulheres e o sobrenatural, 145, 146. (*Veja* Magia, *Marsalai*, Xamã, Tabus, *Tamberan*.)

Representações, 247, 257, 259

Residência, 44, 45, 69, 70, 175

Robinson, Eric, encarregado distrital, 229

Roubo, 79; alimento, 235; "roubou-a", 105, 126, 179; "roubou a irmã", 206

Roupa, 35, 38, 68, 116, 176, 197, 233, 234

S

Sagu, 105

Samoa, 147, 272, 279

Sangofélia, 222

Sangue, feminino, 49; hostilidade, 244; iniciação, 90; masculino, 40; perda de, 50; perigoso, 56; relação, 134; ritual, 114

Sauisua, 101
Sauwedjo, 123-31, 132, 134, 156, 219
Seaubaiyat, 104
Sedução, 105, 114, 116, 146, 152
Sepik, rio, 38, 166, 167, 170, 173, 229, 230, 231, 234, 236, 261
Sessão, 43
Sexo, assexuado na meia-idade, 94; categoria social, 284, 285, 286, 297; conceitos entre os Arapesh, 40, 55, 56, 103, 104, 113, 114, 291; conceitos entre os Mundugumor, 168, 178, 179, 180; conceitos entre os Tchambuli, 248-52; conceitos nos tempos modernos, 22, 23; contato físico, 285; definição, 146; diferenças, 68, 71, 88, 273, 274, 275, 296, 302; dominância, 23, 24, 25, 26 (veja Crescimento); instinto, 146; práticas orais, 66, 67; Tamberan, 83
Sibéria, 20, 21, 281
Silisium, 138, 139
Sinabai, 104, 133, 135, 136
Sistema, ambiente, 34, 175, 176, 199-201, 242; atitude com respeito à vida, 36, 37, 38, 39, 40, 99, 100, 141, 142, 147, 148, 184, 255, 256, 258, 259; contrastes, 145, 195, 198, 219, 220, 229, 236, 239, 240, 255, 256; emoções e, 148; tipos de comportamento, 47, 49, 50, 51, 75, 175, 198; valor, 36, 41, 42, 142, 147, 148
Society of Friends, 273
Suabibis, 99, 158
Suapali, 160
Suicida, 174
Sumali, 46, 139

T

Tabu, alimentar, 90, 182; canibal, 171; crescimento, 93; da mãe, 56, 57, 60; da menina, 104, 118, 182; dos velhos, 94, 103; "enguia", 59;

genital, 92, 118; gerações, 205; inhames, 82; lactação, 193; pai, 58, 59, 60; totens, 223
Talibu (Turba concha, inglês pidgin), 234, 237, 244, 245, 246, 247, 256
Tamberan (patrono sobrenatural do culto dos homens), 49, 56, 83, 84, 85-91, 94, 137, 161, 297; casamento, 114; chegada, 84, 87; convocação, 127; das mulheres, 86, 88, 89, 105; emergência, 87, 156; homens do litoral, 86; papel da integração, 181; significado, 86; Tchambuli, 257
Taumulimen, 116
Tanum, 263
Tapik, 158
Taukunbank, 261
Tavalavban, 252
Tchambuli, características, 245, 256, 292; estrutura, 240; fuga e retorno, 230, 231, 236; motivo, 16; número, 233; organização, 241, 246; território, 230; vida diária, 234
Tchengenbonga, 252
Tchengokwale, 263
Tchubukéima, 262
Tchuikumban, 251, 252
Técnicas, 46, 69, 70, 147, 148
Temos, 85, 133, 135, 136, 137, 138, 151, 152, 156, 162, 219, 279
Temperamento, aberrante, 22; Arapesh, 132, 142, 143, 148-51; como social, 284; compensação para gente talentosa, 291, 292; cultura, 148, 270, 272, 274; diferença entre os sexos, 146, 165, 205, 206; explanação do Arapesh, 147; extensão, 149; ideal do, 26; inadaptados, 150; individualidade, 147, 148; liderança, 145; padrão entre os Mundugumor, 206, 229; sexo e, 267, 268, 289; sociedade baseada no, 300, 301; Tchambuli, 256, 263, 298

315

Terra, relação com, 42, 43, 44, 46, 178, 240
Thurnwald, Dr., 166, 167
Tinha, 102, 117, 123, 126, 261, 274
Todas, 24
Totoalaibis, 158
Trabalho (veja Rapazes, Moças, Homens, Mulheres, Esposas), horticultura, 45; métodos, 46, 47
Trabalho, divisão do, 61
Traição, 173, 175, 261
Travestismo, 280, 281
Tribos, escolha das, 166, 167, 168, 229, 230; médio Sepik, 236, 246 (veja homens das Planícies); mista, 175
Tutela, 68, 104, 111, 146, 215, 248

U

Una, 104
Ungindo, 59

V

Vaerting, Mathilde e Mathis, 23
Violação, 117, 225
Virgindade, 211, 216
Viúvas, 72, 98, 101, 103, 119-21, 132, 133, 174, 205, 216, 217, 249, 250, 251
Voss Research Fund, 15

W

Wabalal, inhames, 108
Wabe, história de, 133-37, 152, 153, 156, 157, 159, 162, 219, 279
Wadjubel, 105
Waginara, 160
Walinakvon, 246

Wallis, 234
Warehas (nome Arapesh para Tamberan)
Waribin (homens das Planícies), 74
Washkuk, montanha, 230
Welima, história de, 134, 135-37, 152
Wheinyal (planta usada na magia), folha, 108
Wihun, 123, 138
Wishan (forma indireta de magia), 154
Wissler, Dr. Clark, 15
Wompun, 262
Wupali, 128
Wutue, 133
Wulus, saias de palha, 99

X

Xamã, 20, 21, 240, 241

Y

Yabinigi, 48, 129, 130
Yaluahaip, 160-62
Yamo (irmão em Arapesh), 129
Yangitimi, 261
Yapiaun, 138
Yauwiyu, 133, 137
Yelegen, 145
Yelusha, 145
Yepiwale, 251-53
Yesimba, 224
Yomonihi, 115
Yuarimo, 170
Yuat, Rio, 167, 170, 171, 172

Z

Zulu, 20
Zuñi, 279

316

ANTROPOLOGIA NA PERSPECTIVA

Sexo e Temperamento
Margaret Mead (D005)
O Crisântemo e a Espada
Ruth Benedict (D061)
Repensando a Antropologia
E. R. Leach (D088)
Êxtase Religioso
Ioan M. Lewis (D119)
Pureza e Perigo
Mary Douglas (D120)
O Fim de uma Tradição
Robert W. Shirley (D141)
Morfologia e Estrutura no Conto Folclórico
Alan Dundes (D252)
Negro, Macumba e Futebol
Anatol Rosenfeld (D258)
Os Nuer
E. E. Evans-Pritchard (E053)

Antropologia Aplicada
Roger Bastide (E060)
Desejo Colonial: Hibridismo em Teoria, Cultura e Raça
Robert J. C. Young (E216)
Claude Lévi-Strauss ou o Novo Festim de Esopo
Octavio Paz (E107)
Makunaíma e Jurupari: Cosmogonias Amerindias
Sérgio Medeiros (org.) (T013)
Afrografias da Memória
Leda Maria Martins (PERS)
Dias em Trujillo: Um Antropólogo Brasileiro em Honduras
Ruy Coelho (LSC)
Os Caraíbas Negros de Honduras
Ruy Coelho (LSC)

COLEÇÃO DEBATES
(últimos lançamentos)

324. *Judaísmo, Reflexões e Vivências*, Anatol Rosenfeld.
325. *Dramaturgia de Televisão*, Renata Pallottini.
326. *Brecht e o Teatro Épico*, Anatol Rosenfeld.
327. *Teatro no Brasil*, Ruggero Jacobbi.
328. *40 Questões Para Um Papel*, Jurij Alschitz.
329. *Teatro Brasileiro: Ideias de uma História*, J. Guinsburg e Rosangela Patriota.
330. *Dramaturgia: A Construção da Personagem*, Renata Pallottini.
331. *Caminhante, Não Há Caminho. Só Rastros*, Ana Cristina Colla.
332. *Ensaios de Atuação*, Renato Ferracini.
333. *A Vertical do Papel*, Jurij Alschitz
334. *Máscara e Personagem: O Judeu no Teatro Brasileiro*, Maria Augusta de Toledo Bergerman
335. *Razão de Estado e Outros Estados da Razão*, Roberto Romano
336. *Teatro em Crise*, Anatol Rosenfeld
337. *A Tradução Como Manipulação*, Cyril Aslanov
339. *Teoria da Alteridade Jurídica*, Carlos Eduardo Nicolletti Camillo
340. *Estética e Teatro Alemão*, Anatol Rosenfel

Este livro foi impresso na cidade de Cotia,
nas oficinas da Meta Brasil,
para a Editora Perspectiva.